Andy Bryner & Dawna Markova

Die lernende Intelligenz

Denken mit dem Körper

Reihe
Die Lernende Organisation in der Praxis
Band 2

Herausgegeben von Klaus Marwitz

Andy Bryner
Dawna Markova

Die lernende Intelligenz

Denken mit dem Körper

Vorwort von Peter Senge

Junfermann Verlag • Paderborn

2. Auflage 1998

Titel der amerikanischen Originalausgabe: An Unused Intelligence. Physical Thinking for 21st Century Leadership
Übersetzung: Michael Schmidt-Brodersen
Covergestaltung: Petra Friedrich

Satz: La Corde Noire – Peter Marwitz, Kiel

Die Deutsche Bibliothek – CIP-Einheitsaufnahme
Bryner, Andy:
Die lernende Intelligenz: Denken mit dem Körper. / Andy Bryner, Dawna Markova. Aus dem Amerikan. von Michael Schmidt-Brodersen. – Paderborn: Junfermann, 1997.
Einheitssacht.: An Unused Intelligence <dt.>
ISBN 3-87387-341-9

NE: Markova, Dawna; GT

ISBN 3-87387-341-9

INHALT

Widmung

Wenn Sie frisch vom Festland nach Hawaii kommen, ein bißchen zu helle und ein bißchen zu forsch sind und einen Inselbewohner bitten, Ihnen zu erklären, wie man Krebse fängt, wird er Ihnen sagen: „Nehmen Sie einen Eimer mit. Den ersten Krebs, den Sie fangen, stecken Sie in Ihre Tasche. Da behalten Sie ihn, bis Sie den zweiten Krebs zu fassen haben. Dann packen Sie beide zusammen in den Eimer."

Die meisten von uns Festlandbewohnern stellen unausweichlich die Frage: „Warum stecken Sie nicht gleich den ersten Krebs in den Eimer?" Der Insulaner wird Sie breit und sonnig anlächeln und erwidern: „Wenn Sie das machen, krabbelt er gleich wieder raus. Aber wenn man zwei in den Eimer packt, holt ein Krebs den anderen immer wieder auf den Boden zurück, sobald einer anfängt, die Wände hochzuklettern. Wenn man also immer mindestens zwei oder mehr Krebse im Eimer hat, braucht man sich keine Sorgen darüber zu machen, daß einer ausbüxt!"

Dieses Buch ist denen gewidmet, die sich wünschen, eine Möglichkeit zu finden, einander beim Herausklettern aus dem „Eimer des beschränkten Denkens" zu helfen – um die Weite des Horizonts zu erblicken.

In dankbarer Würdigung denjenigen, die uns beim Klettern geholfen haben:

Morihei Ueshiba
Koichi Tohei
Terry Dobson
Richard Kuboyama
Shinichi Suzuki
Lloyd Miyashiro
Dean Mayer
Glenn T. Nitta
Stefan Schweitzer
Mary Heiny
Peter Davis
Hugh Young
Aaron Ward
Shogo Yodogawa
Josh Silman
Edward Bales
Sara Norton
Ken Nisson

Moshe Feldenkrais
Ruthy Alon
Ilana Rubenfeld
Milton Erickson, M. D.
Thich Nhat Hanh
Rita Cleary
Peter Senge
Jeff Clanon
Linda Booth

George Roth
David A. Peck
Anne Powell
Jane LaPointe
June LaPointe
Dale Lowery
Peris Gumz
Jerry Cimmet
Sarah Helfman
Denys Candy
Leslie Pollitt
Frances Wong
Shauna Mae Frazier
Tamara McFall

Michael Goodman
Don McIlraith
Will Glennon
Emily Miles
Ame Beanland
Jennifer Brontsema

Judy Sorum Brown
Juanita Brown

David Issacs
Riki Moss
Lonnie Weiss

sowie denen, die uns „Lehrer“ nannten.

In dankbarer Würdigung für Beiträge zu diesem Buch:

Barbara Bauer
Dave Bazetta
Rick Bowles III
Jim Bradley
Bill Brenneman
Bill O'Brien
Sheila Busz
Susan Dupre
Janes Esper
Andy Ezzell
April Flanagan
Lester Heath
Bea Mah Holland
Elizabeth Holmes
B.C. Huselton
Brian Joiner
Laurie Joiner
Charles Kiefer
Fred Kofman
Dave Marsing
Dave Meador
Dan Mlakar
Renee Moorefield
Bill Mullin
Herb Rau
Sara Schley
Eric Siegel
Kathy Speck-Rossi
Rich Teerlink
Jean Tully
Iva Wilson
Bud Wonsiewicz
Jim Young

Und jener Frau, die nie geglaubt hätte, daß ein Buch mit einer „Eimergeschichte" beginnen könnte:

Mary Jane Ryan

Zuordnungstabelle: Ihre Fragen und die zugehörigen Übungen

Übung →	1	2	3	4	5	6	7	8	9	10	11	12	13	14	15	16	17	18	19	20	21
Die fünf Disziplinen																					
Mentale Modelle			◎	◎	◎	◎				◎			◎						◎	◎	◎
Personal Mastery (Selbstkompetenz)	◎	◎	◎	◎			◎			◎	◎		◎			◎			◎		
Teamlernen			◎		◎	◎		◎	◎			◎		◎	◎		◎	◎			◎
Gemeinsame Vision							◎		◎	◎	◎	◎									
Denken in Systemen																◎	◎		◎	◎	◎
Leadership																					
Die Praxis und Kultur der Leadership						◎															
Ziel: Werte finden										◎											
Vision in die Tat umsetzen („Walk your Talk“)									◎		◎	◎									
Ressourcen miteinander verbinden													◎			◎		◎			
Potential entfesseln																		◎	◎		
Hebelwirkung schaffen und nutzen			◎									◎					◎	◎			
Coaching, Mentoring						◎		◎	◎								◎				
Veränderungskräfte nutzbar machen											◎									◎	◎
Management																					
Prioritäten setzen, Planen							◎			◎				◎							◎

Ressourcen nutzen, Implementieren															◎	◎					
Delegieren, Ermächtigen					◎			◎	◎							◎	◎	◎			
Leben mit Streß, Chaos, Unsicherheit, Kontroll-„Verlust"	◎	◎	◎	◎		◎		◎					◎							◎	
Ins Gleichgewicht kommen zuhause/ am Arbeitsplatz			◎				◎			◎			◎								
Teamwork und Kooperation																					
Teams und Allianzen aufbauen				◎	◎			◎	◎		◎						◎				
Engagement schaffen												◎									◎
Vertrauen aufbauen				◎	◎							◎					◎				
Standpunkte miteinander versöhnen		◎											◎	◎	◎		◎		◎		◎
Mit „Grabenkriegen" umgehen															◎						◎
„Win-Win"-Situationen schaffen														◎			◎				
„Nein" sagen							◎	◎		◎											
Bewahren der Integrität, der Werte, der Absicht			◎				◎	◎		◎	◎							◎			
Kreativität, Lernen, Paradigmenwechsel																					
Kreativität freisetzen			◎							◎									◎	◎	
Wahlmöglichkeiten entdecken	◎		◎				◎					◎	◎				◎				◎
Klüger statt härter arbeiten				◎			◎				◎					◎	◎			◎	◎

Vorwort

Kürzlich sagte mir eine junge Chinesin, einer der Gründe für den Bestsellererfolg meines Buches *Die Fünfte Disziplin* in China und Taiwan sei, „daß wir es nicht als Business-Buch sehen. Wir verstehen es als ein Buch zur persönlichen Entwicklung." In den fünf Jahren seit Erscheinen der ersten Auflage in den Vereinigten Staaten hat noch keiner mir gegenüber diese Bemerkung gemacht.

Im Gegensatz zu der jungen Chinesin scheinen Leser in den Vereinigten Staaten und in Europa mit der Kernvorstellung der *Fünften Disziplin* schwer zu kämpfen zu haben: der Idee nämlivh, daß sich signifikante Veränderungen in der Lernfähigkeit einer Organisation ergeben, wenn die Art und Weise, wie Menschen denken und miteinander umgehen, verändert wird. Wir scheinen einen Weg gefunden zu haben, der unser persönliches Wachstum und unsere persönliche Veränderung vom notwendigen Wachstum und von Veränderungen in unseren Organisationen abspaltet. Wir scheinen die nötigen Veränderungen in Organisationsstruktur, Reengineering, neuen strategischen Bündnissen und neuen Technologien irgendwie so zu betrachten, als wären sie „da draußen" anstatt „hier drinnen".

Das Ergebnis ist, daß nur wenige Bemühungen um signifikante organisatorische Veränderungen Erfolg haben. Frustrierte CEOs gelangen wieder und wieder zu der Einsicht, daß es leichter ist, traditionelle Organisationsstrukturen zu verändern als traditionelle mentale Modelle. So ist es beispielsweise prinzipiell möglich, eine Organisation so umzugestalten, daß sich getrennte Prozesse über die traditionellen Funktionsgrenzen hinaus verbinden lassen – aber selbst in einer neuen Organisationsstruktur produzieren die gleichen alten Beschäftigten oft die gleichen alten Resultate. Die Menschen haben ein Leben lang gelernt, zu jemandem auf- und auf andere hinabzuschauen, statt sich gegenseitig ins Gesicht zu sehen; sie warten auf Anweisungen von oben, arbeiten, um die Karriereleiter zu erklimmen und den Menschen unter ihnen Befehle zu erteilen. „Reengineering-Versuche scheitern öfter, als sie gelingen", so Thomas Kiely in der März/April-Ausgabe des *Harvard Business Review* von 1995. Frühere Studien von Ernst, Young und Arthur D. Little zeigten, daß weniger als ein Drittel der in den späten Achtzigern und frühen Neunzigern begonnenen Total-Quality-Programme signifikante Auswirkungen auf die Profitabilität hatten; und ein großer Anteil dieser Programme wurde innerhalb weniger Jahre wieder eingestellt. Erfolgreiche Veränderungsbemühungen finden sich, wenn überhaupt, eher außerhalb des Business-Umfeldes als innerhalb, etwa in Industrien wie dem Gesundheitsmarkt und dem Erziehungswesen in Amerika. Irgendwie scheinen wir zu denken, daß wir organisatorische Veränderungen ohne persönliche Veränderungen bekommen können und daß wir, auch wenn die gewünschten Veränderungen eingetreten sind, am Ende mit leeren Händen dastehen könnten.

Das einzig Überraschende daran ist, daß es uns überrascht. Warum sollte eine „reenginierte" Organisationsstruktur reduktionistische Denker in System-Denker verwandeln? Warum sollte das Topmanagement Offenheit und Vertrauen für die wahrhaft gemeinsamen Visionen fordern oder warum sollten die traditionellen mentalen Modelle in Frage gestellt werden? Ernsthafte Versuche von Topmanagern, die Unternehmenskultur signifikant zu verändern, sind jahrelang gescheitert, untergraben von den gleichen autoritären Geisteshaltungen, internen unternehmenspolitischen Querelen und Spielchen, die schon in der „alten Kultur" Energie + Engagement abgetötet haben. Wirklich merkwürdig ist, daß wir weiterhin Organisationsveränderung von persönlicher Veränderung abspalten.

Vielleicht liegt die Lösung des Rätsels in der Erkenntnis, daß dies nur eins der vielen Symptome der Zersplitterung ist, die unser ganzes Leben durchziehen. Überall scheinen wir aus miteinander unverbundenen Teilexistenzen zu bestehen: Manager und Elternteil, Profi und Privatmensch, Arbeiter und Spieler, Analytiker und Künstler, Kopf und Herz. Diese Aufsplitterung ist so allgegenwärtig, daß wir sie als selbstverständlich hinnehmen. Wir haben so wenige Vorbilder für Integration – Menschen, die sich ganz und gar in ihre Arbeit einbringen, die Eltern und Manager in ein- und derselben Person sind, die mit ihrem Herzen denken und mit ihrem Geist fühlen –, daß wir leicht dem Glauben verfallen, ein solches Leben sei unmöglich.

Ich neige mehr und mehr dem Gedanken zu, daß diese Trennung natürlich gewachsen ist – ähnlich den Ästen, die sich ausformen, wenn ein Baum wächst. Wenn das so ist, könnten wir vielleicht Zugang zu einigen der frühesten Brüche in unserem Leben finden und diese neu bewerten, um ein anderes Licht auf spätere Entwicklungen zu werfen. Wenn wir beginnen könnten, diese Aufsplitterungen „nah am Stamm" rückgängig zu machen, sie zu reintegrieren, dann würden wir auf natürliche Weise auch die Reintegration der später entstandenen Äste in Gang setzen.

In diesem Geist erscheint Andy Bryners und Dawna Markovas radikaler Vorschlag, daß wir Profis neu lernen müssen, was es heißt, „in unserem Körper zu lernen", ein bißchen weniger radikal. Ihre Prämisse ist einfach – wir alle wurden durch einen kulturellen Mythos einer Gehirnwäsche unterzogen und glauben nun, „Lernen findet im Kopf statt" anstatt überall in uns. Unsere Fähigkeit zu tiefgreifendem Lernen aller Art ist ernstlich beschränkt, solange wir diese Überzeugung nicht in Frage stellen. Was noch wichtiger ist: Andy und Dawna predigen diese Botschaft nicht nur, sie bieten eine bündige und sorgfältig getestete Reihe von Körperübungen an, um auf diese Weise mit der Reintegration von Geist und

Körper zu beginnen, und zwar in Hinblick auf die Herausforderungen, denen sich Profis aller Art am heutigen Arbeitsplatz gegenübersehen.

Bereits seit zwei Jahren setzen wir jetzt diese „Verkörperungstechniken", die wir von Andy und Dawna gelernt haben, bei Managern am Center for Organizational Learning am M.I.T. (Massachusetts Institute of Technology) ein. Anfangs sehen manche Teilnehmer diese praktischen Betätigungen als den „Übungsteil" des Programms an, als eine Art orientalisches Aerobic. Manche gehen den Praxisübungen aus dem Weg, weil sie nicht unbeholfen wirken wollen. Manche trivialisieren die Übungen: „Wann kommen wir endlich zu den Dingen, um deretwillen wir hergekommen sind?" Und einige nehmen tatsächlich teil.

Alle diese Menschen beginnen, interessante Entdeckungen zu machen. Sie entdecken, wo im Körper sie zuerst erleben, was sie „Streß" nennen, wie ihr Körper steif, wie ihre Atmung flacher wird. Sie entdecken, wie es sich körperlich anfühlt, von jemandem abhängig zu sein, oder wenn ein anderer von ihnen abhängig ist. Sie entdecken, wie sie instinktiv kompensieren, wenn ihnen etwas Probleme macht, indem sie in einer bestimmten Situation mehr körperliche Kraft aufwenden. Diese anfänglichen Entdeckungen beginnen dann Türen zu öffnen. Plötzlich löst eine Konfliktsituation Neugier aus: „Auf welche Weise gibt mir mein Körper frühzeitig Warnsignale, daß mein Geist im Begriff ist, Kampf- oder Fluchtverhalten auszulösen?" Die Teilnehmer beginnen zu entdecken, wie schnell sie das Gefühl des In-sich-Ruhens verlieren, wenn sie meinen, jemand würde sie fallenlassen – und zu lernen, wie sie dieses Zentriertsein aufrechterhalten können. Sie entdecken die außergewöhnliche Macht der „aktiven Entspannung" und der „sanften Konzentration", mit der sie Resultate erzielen können, die weit über alles mit bloßer Körperkraft Erreichbare hinausgehen. Sie beginnen zu verstehen, wie die gesteigerte

Bewußtheit für ihren Körper das Lernen beschleunigen kann und wie das körperliche „Ankern" einer neuen Lernerfahrung ihnen diese Erfahrung später wieder zugänglich machen kann.

Nach und nach entdecken die Teilnehmer neu, daß unser Körper ein außergewöhnliches Lerninstrument ist. Für manche ist dies eine tiefgreifende Wiederentdeckung. „Von allem, was ich über das »Denken in Systemen« und über »Mentale Modelle« gelernt habe", schrieb ein Forschungs- und Entwicklungsleiter eines großen Telekommunikations-Unternehmens nach einem fünftägigen Einführungskurs, „war nichts so unmittelbar nützlich für mich wie die Entdeckung dessen, was bei einer Konferenz in meinem Körper vor sich geht."

Ich glaube nicht, daß Kleinkinder zwischen dem unterscheiden, was sie im Körper und was sie im Kopf lernen. Wenn wir älter werden, vermittelt uns die Kultur der Klassenzimmer, der Schulungen und Geschäftstreffen eine andere Sichtweise des Lernens. Wir lernen unverbundene Einzeltatsachen auswendig und verdauen abstrakte Theorien. Wir können rezitieren, was wir auf dem letzten Seminar gelernt haben, sind aber nicht notwendigerweise in der Lage, etwas anders zu machen, insbesondere in Situationen im wirklichen Leben, die mit Konflikten und Leistungsdruck einhergehen. Unser Lernen findet „im Kopf" statt, aber wir scheinen unfähig, es aus unserem Kopf wieder herauszuholen.

Dieses Buch wirft ein entscheidendes Licht darauf, weshalb wir im Westen so viele Probleme mit dem Konzept der Disziplin und mit dem Bedürfnis nach persönlichem Engagement als Grundlage dauerhafter organisatorischer Veränderung haben. Insoweit als wir unser Lernen von unserem Körper abspalten, können wir unseren Körper von unserer Arbeit abspalten. Von dort aus ist es nur ein kleiner Schritt zu dem Schluß, alle benötigten Veränderungen befänden sich „da draußen" anstatt „da draußen" *und* „hier drinnen".

Wenn Sie in einer chinesischen Stadt früh aufstehen und spazieren gehen, werden Sie eine große Zahl von Menschen jeden Alters in den Parkanlagen sehen, die Tai Chi betreiben, eine der uralten chinesischen Formen der Geist-Körper-Integration. Ihre langsamen, anmutigen Bewegungen sind ein machtvoller Kontrast zum Durcheinander im täglichen Leben der meisten modernen Organisationen. Könnte es sein, daß die Organisationen, die im einundzwanzigsten Jahrhundert Erfolg haben werden, jene Organisationen sind, die diese Fähigkeit für kontinuierliche, anmutige Bewegung, für Reaktionsfähigkeit ohne Verlust des Zentriertseins erlangen?

Noch läßt sich nicht genau sagen, inwieweit Körpertechniken wie die in diesem Buch vorgestellten für das Etablieren einer neuen Basis für lernstärkere Organisationen von Bedeutung sein können, aber ich glaube, sie sind ein Schritt in die richtige Richtung. Das Reintegrieren von Geist und Körper wird nach meiner Überzeugung ein lebenswichtiger Schritt sein für das Reintegrieren von Arbeit und Selbst sowie von organisatorischer und persönlicher Veränderung.

Peter M. Senge
Juli 1995

Welches ist die brachliegende Intelligenz, die unsere drückendsten Herausforderungen in einem neuen Licht erscheinen ließe?

EINE ERÖFFNUNG

Wir entdecken unsere ungenutzte Intelligenz

„Mr. Duffy lebte ein Stück von seinem Körper entfernt."

JAMES JOYCE

Die Übungshalle oder „Dojo" befand sich in einer Blechbaracke am Rande eines Baseballfeldes, auf dem die örtliche Kleine Liga gerade ein Spiel austrug. Das Schreien der Kinder verlor sich, als Andy und ich den grell neonbeleuchteten Raum betraten. Die Unterrichtsteilnehmer knieten auf den hellen blauen Matten, die den Boden bedeckten. Wie auf ein geheimes Signal hin verneigten sie sich vor ihrem Lehrer, dem Sensei, der sich daraufhin vor ihnen verneigte. Er war Japaner, vielleicht fünfzig, vielleicht siebzig; man konnte beim besten Willen nicht sagen, wie alt er war. Er trug eine weiße Tunika und Hakama, lange rockartige Hosen, das Gewand des Aikido-Meisters.

Ein halbes Dutzend stämmiger Männer kreiste ihn unter drohenden Gesten ein. Als sie begannen, ihn in die Zange zu nehmen, war er absolut still, ruhig, gelassen, eine Seemöwe geborgen in der Talsohle einer gewaltigen Welle während eines Hurrikans. Plötzlich, mit Kampfrufen, die von den metallenen Wänden widerhallten, griffen sie ihn gemeinsam an.

Was dann geschah, war bemerkenswert. Der Meister schien wie Wasser in die Masse der Angreifenden zu fließen, zwischen ihnen wirbelnd und sie mit seinem schwarzen Rock umfließend. Jedesmal, wenn die Angreifer ausholten, um seinen Körper zu treffen, war er nicht dort. So wie ein Kreisel, der um so mehr stillzustehen scheint, je schneller er sich dreht, war es auch mit dem Sensei, als er auf die Energie seiner Angreifer traf, sie zerstreute und umlenkte. Einen nach dem anderen aus dem Gemenge hinauswerfend, schien er jeden einzelnen behutsam auf den Boden zu legen.

Seine Handlungen waren so mühelos, daß es etwas unter der Oberfläche geben mußte, das man nicht einfach sehen konnte, etwas Unerklärliches. Was es auch war, es zog uns am nächsten Abend wieder zu dem Meister, und wir schauten zu, wie er eine Gruppe von fünf- bis sechsjährigen Kindern unterrichtete. Am Mattenrand standen zwanzig säuberlich aufgereihte Stehaufmännchen. Der Sensei verneigte sich vor den Kindern mit dem gleichen Respekt, den er in der Meisterklasse am Abend zuvor gezeigt hatte. Zwanzig weißgewandete Jungen und Mädchen beugten sich über ihre Knie und verneigten sich gemeinsam vor dem Meister.

Der Sensei bat Andy, zu ihm zu kommen und ihm dabei behilflich zu sein, eines der Grundprinzipien des Ki-Aikido zu demonstrieren – Koordination von Geist und Körper. Leicht amüsiert stand Andy neben dem Sensei, dessen Kopf kaum bis zu Andys Schulter reichte. Er bat Andy, ihn hochzuheben. Da Andy gut und gerne 75 Pfund schwerer war als der Meister, erwarteten wir, daß es ein Leichtes für ihn sein würde, als er den Sensei an der Taille umgriff. Andy hievte und hievte und hievte. Die Kinder legten ihre Hände über ihre Münder und kicherten. Andy, der früher einmal Ringer gewesen war und immer noch so aussah, hievte noch einmal und stöhnte dabei. Zweifellos war Andy am Rande seiner Möglichkeiten angekommen. Der Sensei schaute ihn mit jenen sanften, neugierigen braunen Augen an, blieb fest verwurzelt auf dem Boden stehen und rührte sich keinen Zentimeter.

Nachdem sie sich voreinander verneigt hatten, sagte der Sensei mit starkem Akzent und lyrischer Stimme: „Wenn dein Körper und dein Geist mit der natürlichen Energie des Universums im Einklang sind, bedeuten Größe und Kraft nichts." Er machte eine Pause und blickte nacheinander alle Kinder an, die aufmerksam nickten. „Andy kann nicht mit mir kämpfen, weil ich mich ihm nicht entgegenstellen muß. Eure Kraft ist die Kraft von Bergen, Flüssen, des Universums. Eine Qualle muß nicht stark sein – sie erhält ihre Kraft aus dem ganzen Ozean. Aikido lehrt uns, gegeneinander gerichtete Kräfte miteinander in Harmonie zu bringen." Es schien unmöglich, daß Kinder ein so weites Konzept verstehen konnten, aber als er in die Hände klatschte, sprangen sie auf die Beine. Als er von einem Kind zum anderen ging, seine Hände um ihr Taillen legte, hievte und vor Kraftanstrengung stöhnte, rührte sich kein einziges vom Fleck. Aber alle lächelten stolz und strahlten, als hätten sie den Mond verschluckt.

Nach Unterrichtsende näherte ich mich ihm eher schüchtern und bewahrte eine respektvolle Distanz. Als er sich umdrehte und mir zuwandte, fühlte ich, wie mich jedes Molekül seiner Aufmerksamkeit umgab. Ich wollte ihm nur danken, aber meine Neugier gewann die Oberhand. Ich mußte ihm einfach eine Frage stellen. „Entschuldigen Sie, Sensei, aber wie lange haben Sie gebraucht, um das zu tun – was Sie gestern abend mit den Männern gemacht haben, meine ich?"

Seine Augen wanderten ein wenig nach rechts und nach unten, und seine Mundwinkel hoben sich minimal, bevor er antwortete. „Sie meinen den *Rondori*? Den mehrfachen Angriff?"

„Wenn Sie das so nennen, ja. Bei Ihnen sah es so einfach aus!"

Seine Schüler stellten sich in einer Reihe auf und warteten auf das Ritual, das den Unterricht beschließen sollte, aber er war kein bißchen abgelenkt, ganz bei mir und meiner Frage.

„Ich übe *Rondori* seit vierzig Jahren, aber es tut mir leid, gelernt habe ich ihn noch nicht. Ich übe immer noch. Das ist alles. Einfach. Übung. Wie das Leben, ja?" Er verneigte sich, drehte sich um und war wieder ganz woanders.

Vierzig Jahre. Einfach vierzig Jahre.

Die Herausforderung, unsere ungenutzte Intelligenz zu entdecken

Die vielfachen Herausforderungen eines Rondori mit seinen chaotischen Kräften, die den Raum, aus vielen unterschiedlichen Richtungen gleichzeitig kommend, schnell enger und enger machen, kommen wohl jedem, der jeutzutage eine Führungsposition innehat, bekannt vor. Was war dort, oberflächlichen Blicken entzogen, unter der Oberfläche, das dem Sensei ermöglichte, auf eine Weise zu reagieren, wie kaum einer von uns reagieren würde? Wie schaffte er es, ausgeglichen, ruhig und gleichzeitig in Verbindung mit sich selbst und anderen zu bleiben?

Einen Hinweis darauf gab er am nächsten Abend beim Demonstrieren der Integration von Geist und Körper. Weil er mental, körperlich und spirituell integriert war, konnte er vom Zug äußerer Kräfte nicht zerrissen oder abgelenkt werden. Er hatte vierzig Jahre lang eine „Intelligenz" geübt, eine angeborene Art zu lernen.

Die Geschmeidigkeit und Anmut des Sensei unter Druck, die vereinte Präsenz seiner Aufmerksamkeit – wesentliche Elemente dessen, was gegenwärtig von Führungskräften verlangt wird –, kann man nicht aus Videofilmen oder vierzig Jahren Vorlesungen lernen. Was er gelernt hatte, war verkörpert, wurde kontinuierlich „auf der Matte", seinem Leben, integriert.

Wie der Sensei wissen auch andere Menschen im Sport und in den kämpfenden, heilenden und darstellenden Künsten, daß die Entwicklung künstlerischer Fähigkeiten die Integration von Geist, Körper und Spiritualität erfordert. Was würde es also für Leader in Organisationen bedeuten, ihre körperlichen und mentalen Intelligenzen zu integrieren und ihren Beruf zu „praktizieren" anstatt einfach nur einen Job zu machen?

Jeder, der mit Organisation zu tun hat, ist sich völlig bewußt, daß wir an einem Wendepunkt stehen. Wir können nicht länger neue Gedanken auf die gleiche alte Art und Weise denken. Das gemeinsame Nachdenken über die Zukunft und unsere Rolle in ihr wird von unserer Fähigkeit abhängen, zu lernen, neu, flexibel und neugierig zu reagieren und zu interagieren. Peter Senge hat festgestellt, daß „der größte Einfluß dort zu finden ist, wo er uns am wenigsten bewußt ist". Und was unsere Denkprozesse und -kapazitäten betrifft, so ist das

„Jedes Lebewesen spiegelt eine Intelligenz wider, die der menschliche Intellekt weder nachweisen noch angemessen erklären und daher nicht aus einer äußeren Quelle lernen kann."
J. ALLEN BOONE

Gebiet, wo wir am wenigsten bewußt sind, unser Körper. Wir haben unsere Fähigkeit vernachlässigt, körperlich – mit Hand und Fuß – zu denken.

Was ist es, das uns immer weiter von unserem Körper-Ich wegzieht, besonders bei der Arbeit? Wie kommt es, daß „erfolgreiche" Menschen ihr ganzes Leben leben, vieles erreichen und im Alter von zweiundsechzig plötzlich entdecken, daß sie an der Schwelle zum Tod stehen? Wie können wir beginnen, die Lücke zwischen dem Ort, an dem wir leben – dem Ort unserer Erfahrung –, und unserem Bewußtsein für unsere körperliche Intelligenz zu schließen? Was müßten wir tun, um die Aikido-Behauptung zu würdigen, derzufolge der Körper die Wetterfahne des Geistes ist?

Ein Mr. Duffy steckt in uns allen

„Wenn das, was Sie lernen, nicht in Ihrem Körper ist", fragt Peter Senge, „wo dann?" Die meisten von uns neigen dazu, zu denken, wir würden ausschließlich mit dem Kopf lernen. Es gibt jedoch mehr und mehr Beweise dafür, daß Lernen, wenn es vollständig und gewinnbringend sein soll, die folgenden Bestandteile enthalten muß: auditive Elemente (Wörter), visuelle Elemente (Bilder) und kinästhetisches (körperliches) Erleben. Die meisten existierenden Lernmethoden enthalten verbale Sprache und visuelle Imagination, lassen aber das körperliche Erleben außen vor. Manche Menschen begreifen ein Konzept nicht einmal in Grundzügen, bevor sie nicht die entsprechende Körpererfahrung haben. Es wird mehr und mehr akzeptiert, daß Menschen auf unterschiedliche Weise lernen. Manchen hilft kinästhetisches Lernen, Erfahrung zu organisieren. Anderen dient kinästhetisches Lernen dazu, verschiedene Möglichkeiten durchzuspielen. Für wieder andere stimuliert es das Erzeugen neuer Ideen.

„Analphabet im Jahre 2000 wird nicht sein, wer nicht lesen und schreiben kann, sondern wer nicht lernen, entlernen und neu lernen kann."
ALVIN TOFFLER

Durch den Körper zu denken kann viel zur Förderung flexibler und kreativer Geister beitragen, wie sie in Organisationen heute händeringend gesucht werden. Das Wort „incorporated" gibt uns diesen Hinweis in seiner Etymologie; seine lateinische Wurzel *corporare* bedeutet, etwas in einen Körper aufzunehmen oder zu einem Körper zu formen. Das Inkorporieren oder Ver-Körpern unseres Business-Denkens stellt eine dynamische Methode dar, den Weg zwischen abstrakten Ideen und der Umsetzung in Handlung zu erforschen.

In unserer westlichen Kultur wurde das Problemlöse-Potential unserer Körper bislang so gut wie nicht angezapft. Das liegt zu einem großen Teil an der Geschichte unseres Bildungswesens. Von früh an wird kinästhetisches oder körperliches Erleben an die Zuständigkeit der Körperertüchtigung, an die Sportstunde oder an die Fitneßübungen daheim übergeben. Bei der Arbeit ist unser Körper einfach ein Projekt mehr, mit dem pfleglich umgegangen werden muß, das gesund, abhängig und konditioniert zu halten ist, um auf die Bedürfnisse der Produktion abgestimmt zu sein. Wir wurden in Zeitmanagement, Verhandlungsführung, Qualitäts-Prozeduren und -Management geschult, aber darauf zu achten, wie wir uns körperlich oder energetisch mit den im Kontext unserer Arbeit auftretenden Inhalten, Menschen und Ereignissen in Beziehung setzen, wurde uns nie vermittelt.

„Lernen, das nicht von einer neuen Art des Handelns begleitet wird, ist kein Lernen. Lernen ist eine Kristallisation von Erfahrung."
MOSHE FELDENKRAIS

Bei der Arbeit liefert uns diese Unerfahrenheit im körperlichen Denken weithin unerforschten Reaktionen aus: Haltungen der Reaktivität, Starrheit und Opposition. Diese eingefahrenen Denkweisen führen vorhersehbar zu Streß, Konflikt und Verschwendung menschlichen Potentials. Allzuoft gehen wir komplexe und schwierige Probleme an, indem wir nur den Ideen Aufmerksamkeit schenken, anstatt auch darauf zu achten, was in dem Augenblick körperlich zwischen den Menschen vorgeht. Wenn beispielsweise jemand etwas weiter weg von Ihnen steht und sagt: „Ich möchte wirklich verstehen, was

Sie meinen", mit zu Fäusten geballten Händen, angespannten Kiefer- und Nackenmuskeln und flacher Atmung, wird Ihre Reaktion möglicherweise anders ausfallen, als wenn derjenige direkt neben Ihnen steht, eine Hand auf Ihrer Schulter und einem entspannten Lächeln im Gesicht. Selbst wenn die Worte gleich sind, wird die Interaktion die Bedeutung der Botschaft, die Sie empfangen, völlig verändern.

Unser Körper ist noch für ganz andere Sprachen empfänglich, nicht nur für Worte. Druck und Uneinigkeit bei der Arbeit werden oft als Spannung im Körper gefühlt und in Form von verbalem Defensivverhalten oder Halsstarrigkeit ausgedrückt. Lernen durch den Körper kann unsere Gewißheiten aufweichen und unseren Geist öffnen und neugierig machen. Das Einbeziehen der körperlichen Dimensionen der Wirklichkeit als eines Vehikels zum Lernen kann uns helfen, uns eine Weisheit zugänglich zu machen, die die meisten Business-Umgebungen völlig außer acht lassen. Körperliches Denken ist eine Einladung an uns, Körperbewußtheit von innen nach außen zu entwickeln und die Verbindung zu einer natürlichen schöpferischen Lebensquelle wiederherzustellen.

Wesentlich in diesen Zeiten rasanten Wandels ist, unsere Lernerfahrungen körperlich zu verankern, sie durch Verkörperung zu integrieren. Auf diese Weise können wir lernen, so flexibel zu denken wie der Sensei, auf alte Probleme frisch und unvoreingenommen zu reagieren und inmitten des Durcheinanders unser Gleichgewicht zu finden.

Während unserer Arbeit als Unternehmensberater haben wir ein Vakuum entdeckt, in dem Menschen sich enormem Druck ausgesetzt sahen, sich zu verändern, ohne jegliche Vorstellung davon, wie sie sich gegenseitig individuell unterstützen und miteinander lernen könnten. Ermutigt durch Peter Senge, Fred Kofman und andere Fachleute am Organizational Learning Center des MIT beginnen wir nun, diese Übungen zum körperlichen Denken als Programmteile für organisatorisches Lernen Unternehmen wie EDS, Phillips, Shell und Chrysler zu präsentieren. Teilnehmer, die anfänglich leicht amüsiert dabei waren, brachten die Übungen am Ende voller Enthusiasmus ihren Kollegen bei. Immer öfter wurden wir gefragt: „Wo gibt es mehr davon?" Dieses Buch ist unsere Antwort auf diese Frage.

Wir begannen die Recherchen zu diesem Buch, indem wir Managern und anderen Führungskräften der obengenannten und anderer Unternehmen wie Ford, U.S. West, AT&T, Merck, Armco, Harley Davidson und Intel die Frage stellten: „Welches sind die herausforderndsten Fragen, die sich im heutigen Geschäftsleben stellen?" Am häufigsten wurde genannt:

1. In welcher Weise müssen wir unser Denken verändern, um die wesentlichen Ideen einer Lernenden Organisation zu implementieren?
2. Wie wird man mit Streß bei der Arbeit fertig, und wie ändert man das Denken, das diesen Streß miterzeugt?
3. Wie schaffen wir Vertrauen und Unterstützung bei der Arbeit, wenn sich alles ständig verändert?
4. Wie schaffen wir gegenseitigen Respekt für unterschiedliche Bedürfnisse am Arbeitsplatz?
5. Wie ist es möglich, inmitten der Ablenkungen durch tägliche Herausforderungen das eigene Lebensziel zu finden und vorwärts zu gehen?
6. Wie geht man mit den Reibereien zwischen Mitarbeitern um?
7. Wie erzielen wir mit weniger Ressourcen effektivere Ergebnisse?
8. Wie lernen wir, das Ganze zu sehen, anstatt nur daran zu denken, wie wir als Einzelne überleben?

Diese Fragen wurden zum Schwerpunkt für die neun Kapitel dieses Buches mit Übungen und Untersuchungen. Unsere Absicht ist es, einiges von dem, was wir persönlich und bei unserer Arbeit gelernt haben, mit Profis des Wirtschaftslebens, des Gesundheitswesens und des Bildungswesens zu teilen.

„Jeder von uns hat etwas von einer schizophrenen Persönlichkeit, auf tragische Weise geschieden von sich selbst."
MARTIN LUTHER KING, JR.

„Alles ist bereit, wenn unser Geist es ist."
WILLIAM SHAKESPEARE

Unsere Hoffnung ist, daß dieses Buch dazu beitragen möge, die kleine Lücke zwischen dem Ort, wo Sie leben, und dem Ort, wo Ihr Körper lebt, zu schließen.

1

Mit Hilfe welcher neuen Denkweisen können wir die wesentlichen Ideen einer Lernenden Organisation umsetzen?

KÖRPERLICHES DENKEN

Lernen, den Geist unserer Organisation zu verändern

„Die entscheidenden Probleme, denen wir uns gegenübersehen, lassen sich nicht auf der gleichen Ebene des Denkens lösen, auf der wir sie geschaffen haben."

ALBERT EINSTEIN

Nummie und Dummie

„Angetrieben von der Kraft der Liebe streben die Fragmente der Welt einander zu, auf daß die Welt zur Welt komme.“
TEILHARD DE CHARDIN

Von Dawna:

Andy und ich kamen aus entgegengesetzten Richtungen zum körperlichen Denken. Das erste, was mir an ihm auffiel, war, wie ganz und gar er in seinem Körper lebte – umgeben vom Flair von Gesundheit und Sportschuhen. Er war immer in Bewegung, wollte etwas tun und die Dinge anfassen. Er beschrieb sich selbst als einen Mann der Tat und von wenig Worten. Als wir uns zum ersten Mal trafen, nannte ich ihn liebevoll „Dummie“. Er nannte mich entsprechend „Nummie“, weil ich überall lebte, nur nicht in meinem Körper (von „numb“ = gefühllos, taub; A. d. Ü.). Soweit ich betroffen war, betrachtete ich die meiste Zeit meines Lebens meinen Körper als eine Limousine für mein Gehirn. Podest wäre vielleicht eine noch treffendere Metapher.

Bewegung gab es in meinem Bild nicht. Ich war ein Visions-Vamp, ein Ideen-Idol. Auf dem College hatte ich jede Sportstunde geschwänzt, abgesehen vom Modernen Tanz, bei dem man nur eines können mußte: auf dem Boden herumrollen. Wenn ich bei körperlichen Aktivitäten aller Art zusah, übersetzte ich, was ich sah, sofort in eine Metapher oder Analogie: ein Football-Spiel erschien mir nur als ein Haufen von Männern, die den Konkurrenzkampf zweier Unternehmen um Marktdominanz aufführten. Ein Ski-Abfahrtslauf stellte dar, wie man die Hindernisse des Lebens umfahren konnte.

Als Andy und ich uns zum ersten Mal trafen, kämpfte ich mit etwas, das als Fall von unheilbarem Krebs diagnostiziert worden war. Bis zu diesem Zeitpunkt erlebte ich meinen Körper als fünfundfünfzig Prozent Schmerz und fünfundvierzig Prozent Styropor. Die besten medizinischen „Hirne“, die ich finden konnte, hatten das Handtuch geworfen. Jetzt war ich der Dummie, auf mich allein gestellt beim Dechiffrieren der

Sprache, die mein Körper sprach. Ich war eine „Fremde in einem fremden Land", aber da Andy dieses körperliche Gebiet bewohnt, nahm ich an, daß er mir bei der Übersetzung helfen konnte.

Zur gleichen Zeit begann ich, mich mit dem Werk eines Mannes namens Moshe Feldenkrais zu beschäftigen. Moshe Feldenkrais war ein Arzt aus Israel und Träger des Schwarzen Gürtels im Judo, der eine rezeptive, kooperative Form der Körperarbeit namens seelisch-körperliche Neuerziehung („Psycho-physical re-education") propagierte. Als ich zum ersten Mal davon hörte, faszinierte mich, daß es bei diesem Ansatz ums Lernen, nicht ums Reparieren ging. Reedukation, Umerziehung, was das Verhältnis zwischen meinem Geist und meinem Körper betraf, war definitiv das, was ich zur Heilung benötigte.

„Bewegung ist Leben. Ohne Bewegung ist Leben undenkbar."
MOSHE FELDENKRAIS

Moshe war ein kurzgewachsener, intensiv wirkender Mann mit Teilglatze und sah überhaupt nicht wie einer der Sportlehrer aus, die ich in der Schule gehabt hatte. Als ich in Berkeley zu meiner ersten Stunde bei ihm ging, hörte ich eine vertraute innere Stimme in meinem Inneren: „Warum mache ich das? Ich kann diese Übungen sowieso nie. Ich werde mich nur mal wieder zum Narren machen. Vielleicht könnte ich mich ja bis zur Kaffeepause im Umkleideraum verstecken." Aber zu lernen, meinen Geist und meinen Körper zu integrieren, war damals für mich eine Angelegenheit auf Leben und Tod, und dieser Mann galt weit und breit als Genie auf diesem Gebiet. Also legte ich mich gemeinsam mit den anderen rund achtzig Leuten auf den Boden und versprach mir selbst, daß ich mich wirklich bemühen würde, diesen Körperkram richtig zu machen.

Aber um „richtig" ging es bei diesem „Kram" gar nicht. Die Bewegungen, durch die uns Moshe und seine Assistenten leiteten, waren so einfach, daß selbst Peter Plump, der Tolpatsch, sie machen konnte. Feldenkrais lehrte, daß an Stellen, wo es nur wenig Gewahrsein gab, die Verletzungs- und Krankheitsgefahr im Körper aufgrund reduzierter Zirkulation zunahm. Entsprechend nahm mit zunehmendem Gewahrsein auch die Zirkulation zu und damit auch das Potential für Gesundheit. Immer wieder wurden wir ermutigt, uns zu „unterwältigen", weniger zu tun, als wir tun konnten, dafür aber das, was wir taten, mehr zu genießen, unsere sinnliche Bewußtheit für jeden Moment zu steigern. Diese „Bewußtheit" war für mich etwas Brandneues. Und Magisches. Damit flutete sinnliche Empfindung zurück in meinen lange Zeit abgestumpften Körper. Anscheinend konnte man diese Bewegungen überhaupt nicht „falsch" machen. Es war wie ein schlechter Witz, der ein gutes Ende nahm. Mein Denken beiseite zu stellen half mir, meine Abstumpfung aufzugeben. Ich begann zu verstehen, daß mein Körper auf seine eigene Weise dachte, mit seiner eigenen Logik. Ich häufte keine Ideen an, aber ich erlebte die köstliche Einfachheit, die es in jedem Augenblick der Realität gibt.

„Bin ich die Glühbirne oder das Licht?"
JOSEPH CAMPBELL

Im Laufe der Zeit gingen Andy und ich eine Lern-und-Lehr-Partnerschaft ein, und wir begannen, zusammen Ki-Aikido zu lernen. Peter Plump war in jeder Stunde mit von der Partie. Während Andy sofort verstand und jede waza (körperliche Abfolge), die uns beigebracht wurde, sofort ausführen konnte, holperte und stolperte ich und tat mein Bestes, um nicht irgendwem mit meinem Ellbogen das Auge auszustechen. Doch während es mir noch schwerfiel, die kinästhetischen Details der Bewegungen zu erlernen und im Gedächtnis zu behalten, spürte ich jede Bewegung und genoß jedes Hinfallen. Nach jeder Stunde befand ich mich in einem fast verzückten Zustand, in dem mein Geist Analogien für die Welt der Organisationen spann, in der wir arbeiteten. „Oh, natürlich! Der doppelte Armzug entspricht genau dem, wie wir lernen, mit den Entweder-Oder-Entscheidungen umzugehen, mit denen uns das Reengineering Tag für Tag konfrontiert!"

In mir bekannten Situationen wie etwa kontroversen Besprechungen, in denen ich drauf und dran war, mich zu verhärten und meine Ansicht zu verteidigen, sah ich plötzlich eine Aikido-Bewegung vor meinem geistigen Auge, und ich war in der Lage, viel flexibler und zentrierter zu reagieren.

Wenn Andy und ich heute Organisationen mit dieser Art zu denken vertraut machen, finden wir immer Leute, die sich in den Bewegungen sofort zuhause fühlen, als ob sie ihre Muttersprache wären. Andere machen im hinteren Teil des Raumes einen Klatschclub auf und fragen sich, ob die Übungen ihnen wohl helfen würden, Gewicht zu verlieren.

Da dieser Lernkanal von den Lehrern weitgehend vernachlässigt wurde, ist er auch weitgehend unvergiftet und frei von Vorannahmen. Gerade diejenigen, die sich kaum zutrauen, eine Banane auf koordinierte Weise zu schälen, sind von dem innovativen Denken, das diese Art zu lernen stimuliert, oft am meisten überrascht und begeistert. Unbewußte Annahmen werden auf eine Weise bewußt, die ernsthaft Spaß macht.

Die Menschen beginnen, mit Hand und Fuß zu denken und eins zu sein in Wort und Tat auf eine alles einbeziehende Weise. Aber es erfordert auch Geduld mit dem Unbekannten und Unvertrauten. So wie wir die Sterne erst deutlich sehen können, wenn sich unsere Augen an die Dunkelheit gewöhnt haben.

Von Andy:

Auf der Ringermatte, neunte Stufe, erkannte ich zum ersten Mal in meinem Leben, daß ich gut war bei etwas. Es war ein Augenblick, der zum Meilenstein für mich wurde, und in mir kam ein köstliches Gefühl auf, die Freude am Lebendigsein.

In den folgenden Jahren erlebte ich weitere Augenblicke dieser Art auf bewaldeten Skihängen im Staate New York, auf einer Ölbohrplattform in Pennsylvania, auf blanken Felsen und Gletschern, während ich an der Colorado Outward Bound

„Wir alle sind Fremde in einem fremden Land, die es nach Hause zieht ohne zu wissen, wo unser Zuhause ist. Manchmal erhaschen wir einen Blick darauf in unseren Träumen oder wenn wir eine neue Richtung einschlagen, und plötzlich ist da eine seltsame, süße Vertrautheit, die fast so schnell vergeht wie sie kommt.“
MADELEINE L'ENGLE

School und an der Wyoming National Outdoor Leadership School unterrichtete, 15 Meter über Grund auf dem First eines Hauses während meiner Arbeit als Bauarbeiter in New Hampshire, auf meinem Motorrad in Vermont, als ich zu meiner Arbeit als Massagetherapeut und chiropraktischer Assistent in dem Unternehmen U.S. Olympic Skiers pendelte, und auf einem Surfbrett, das in den Dry Tortugas übers Meer flog. In allen diesen Momenten war ich total lebendig, dachte ich in meinem und durch meinen Körper.

Seltsamerweise erlebte ich solche besonderen Momente während meiner Schulzeit und in meinem Beruf überhaupt nicht. Mir wurde beigebracht, mich besonders anzustrengen, um gut auszusehen und gute Noten zu bekommen, um einen Platz in einem guten MBA-Programm in Dartmouth zu ergattern, um einen guten Job in einer Bank in New York City zu bekommen, damit ich dann durch mein Abschlußzeugnis gute Referenzen vorweisen konnte. Bei alldem wurde „gut" gemessen an den Normen der Außenwelt und hinterließ in mir das Gefühl, unecht zu sein, und ein Gefühl der Einsamkeit. Ich lebte wie ein Fisch außerhalb des Wassers oder wie ein Geist außerhalb des Körpers.

Und dann bescherte mir das Leben einen wichtigen Lehrer ausgerechnet in der unwahrscheinlichen Gestalt Dawnas. Sie führte mich in etwas ein, das sie im Verlauf ihres eigenen Heilungsprozesses gelernt hatte. Sie tat etwas, was mir damals verrückt und wundervoll vorkam, wie etwa mich zu bitten, ein Problem mit meinen Händen zu beschreiben, ohne Worte. Sie stellte mir auch aufrüttelnde Fragen wie: „Warum verbringst du so viel deiner Zeit mit Dingen, die dir keine Freude machen?"

„Es geht nicht um ein Zuwenig an Handlung. Es geht darum, Handlung kommen zu lassen von einem stillen Ort im Innern."
RAM DASS

Wir begannen, eine Kampfkunst namens Shin Shin Toitsu Ki Aikido zu erlernen; dieser Name bedeutet die Harmonie des Geistes und des Körpers mit dem Spirituellen. Von Aikido hatten wir über unseren Freund Terry Dobson gehört, der in Japan bei dem Begründer, Morihei Ueshiba, gelernt hatte.

In meiner ersten Unterrichtsstunde mit Sensei Richard Kuboyama in Hawaii tat ich, was ich am besten konnte – ich setzte meine ganze Kraft ein, um bei dem, was ich tat, so gut zu sein wie möglich. Der Sensei sagte mir, ich solle aufhören, so viel Kraft einzusetzen, und beginnen, mich zu entspannen, mich nicht so anzustrengen. Ich hatte nie zuvor einen Mann so etwas sagen hören. Er sagte mir, ich solle im Angesicht starker Energie frei und natürlich reagieren. Diese Konzepte waren meiner Ringer-, Football- und Arbeitsethik so fremd, daß er ebensogut hätte Marsianisch sprechen können. Immer wieder tat ich, worin ich trainiert worden war, und übermannte meine Übungspartner mit schierer Körperkraft. Ich erklärte ihm, daß mir jahrelang beigebracht worden war, „die Konkurrenz in den Hintern zu treten" und „ordentlich auf die Pauke zu hauen". Er lächelte nur geduldig und fuhr fort, mich eine andere Art von Kraft zu lehren.

Schließlich begann ich zu verstehen, wie rigide und einschränkend die Art Stärke war, auf die ich so stolz gewesen war. Eines Abends sagte er mir während des Unterrichts: „Selbst wenn Sie stark genug sind, um einen muskulösen Gegner von 400 Pfund zu überwältigen, werden Sie eines Tages auf einen 401-Pfünder treffen, der stärker ist als Sie. Um jemanden zu beeinflussen, müssen Sie lernen, harmonisch mit der Energie des anderen zu arbeiten, anstatt gegen sie anzukämpfen." Mit vierzig verstand ich allmählich die Weisheit dieser Aussage.

Der Gründer dieser Philosophie, Morihei Ueshiba, war ein großer Krieger in der „Budo"-Tradition der Samurai. Und dann kamen die Bombardierungen von Nagasaki und Hiroshima, und mit den Bombardierungen die definitive Erkenntnis, daß im Krieg keiner gewinnt. Im Laufe seines Lebens und Übens definierten seine Lehren die Konzepte des

Kriegers, des Gewinnens und Verlierens neu. Er entwickelte eine Kunst, die nicht darauf abzielte, den Angreifer zu verletzen, sondern darauf, mit der Energie mitzufließen und dabei Schaden möglichst zu vermeiden.

Ueshibas Aikido lehrte eine körperliche Disziplin und eine Lebenshaltung, deren Essenz darin bestand, kraftvoll zu reagieren und andere durch die Herrschaft über sich selbst zu beeinflussen. Gegen Ende seines Lebens erkannte er, daß „Kampfgeist" nur Kämpfe anzieht. Seine letzte Definition der Mission von Aikido war „die Verwirklichung von Liebe".

Die körperliche Erfahrung einer dritten Alternative jenseits von Kampf oder Flucht und Gewinnen oder Verlieren öffnete meinen Geist für eine Welt neuer Möglichkeiten. Ich fand die Prinzipien immens nützlich, weil sie natürliche Gesetze des Mentalen, Körperlichen und Geistigen sind, die für alle Aspekte des Lebens gelten. Dawna und ich verbanden unsere 35 Jahre Erfahrung mit dem Dienst im Gesundheits- und Erziehungswesen, um durch eine Synthese von Mentalem, Körperlichem und Geistigem neues Lernen zu ermöglichen.

Und was haben Sie damit zu tun?

Fünfundsechzig Prozent der in der Fortune-500-Liste von 1970 aufgeführten Unternehmen gibt es nicht mehr. Offenbar ist die Art und Weise, wie wir in der Vergangenheit Erfolg definierten und erreichten, nicht länger gültig. Das „Informationszeitalter" verändert radikal unser Verständnis dessen, was in einem organisatorischen Kontext von Wert ist. In der Titelstory der Juni-Ausgabe 1995 beschrieb das Magazin *Fortune* das intellektuelle Kapital als Amerikas wertvollsten Aktivposten: „Die Herausforderung besteht darin, herauszufinden, was man hat – und es zu nutzen!" Das heißt, unsere Fähigkeit zu individuellem und gemeinsamem Lernen zu entfesseln.

Indem wir erkennen, wie wichtig es ist, daß wir das intellektuelle Kapital – unsere kollektive Fähigkeit, flexibel zu denken und innerhalb unserer Organisationen zu lernen – ebenso stark erweitern wie das strukturelle Kapital, können wir unsere Organisationen revitalisieren.

„Wenn Menschen Gewinn bringen, warum behandeln wir sie dann wie Kosten?" fragt Daniel Kim herausfordernd. Er ist Mitglied des Organizational Learning Center am MIT sowie Mitbegründer der Zeitschrift *The Systems Thinker*. „In der Bilanz erscheinen Menschen als Gehalts-Verbindlichkeiten. Wenn Menschen wirklich der wertvollste Aktivposten eines Unternehmens sind, dann ist es doch seltsam, daß wir so wenig tun, um ihre vollen Fähigkeiten auch nur annähernd zu bemerken, zu verstehen und von diesen Fähigkeiten zu profitieren. Wenn wir Beschäftigte wirklich als Aktivposten behandelten, würden wir sie nicht als Kosten sehen, die es zu beschneiden gilt, sondern als Pluspunkte, in die wir investieren und von denen wir uns Erfolg versprechen." Unternehmen werden langfristig nur florieren, wenn es dem Management gelingt, diese „verborgenen" Werte anzuzapfen, und wenn das Unternehmen die Fähigkeit entwickelt, zu lernen und sich schnell den ständigen Veränderungen des Marktes anzupassen.

„Wir haben in unseren Organisationen viel Infrastruktur für das Treffen guter Entscheidungen; wir haben sehr wenig Infrastruktur für das Lernen."
BOB ALLEN, Vorstand bei AT&T

In den heutigen Organisationen haben nur wenige Menschen das Gefühl, daß ihre Welt stabiler und vorhersagbarer ist als noch vor zehn Jahren. Und nur wenige erwarten, daß die Welt in der Zukunft vorhersagbarer wird. Wir scheinen in einer Welt rapider und turbulenter Veränderung zu leben, in einer Welt, die der Fachbuchautor Peter Vaill als „permanente Strudel" bezeichnet, in denen wir kaum Zeit zum Luftholen haben, während wir von einer Krise in die nächste fallen. Gibt es eine goldene Mitte zwischen bürokratischen Organisationen mit ihren Problemen, sich auf Veränderung einzustellen, und total unvorhersagbarem Chaos? Gibt es etwas zwischen blinder Defensivität und reiner Reaktivität?

Anstatt den Kräften rundherum Widerstand zu leisten oder gegen diese Kräfte anzukämpfen, reagiert man im Aikido, indem man eine Position einnimmt, in der keine Energie durch Reibung oder Opposition verlorengeht. Die gesamte Aufmerksamkeit konzentriert sich darauf, zu lernen und positive Handlungen hervorzubringen.

Es ist unwahrscheinlich, daß Organisationen die Fähigkeit flexiblen Reagierens entwickeln, wenn nicht die einzelnen in dieser Organisation diese Fähigkeit entwickeln. Das werden wir nicht durch Verordnungen des Managements erreichen, durch neue Incentive-Systeme oder durch Reorganisation. Wir werden das nur erreichen, wenn wir lernen, wie man lernt – gemeinsam lernt.

„Ich werde niemals besiegt, egal, wie schnell der Feind auch angreifen mag. Nicht, weil meine Technik schneller ist. Es ist keine Frage der Geschwindigkeit. Der Kampf ist beendet, bevor er begonnen wird. Gewinnen bedeutet das Besiegen des Geistes der Zwietracht in einem selbst. Es bedeutet, die mir verliehene Mission zu verwirklichen."
MORIHEI UESHIBA, O SENSEI

Mit mehr Verantwortlichkeit und weniger Gewißheit als je zuvor müssen wir in der Lage sein, uns in Frage zu stellen, statt auf Antworten zu warten. Wie bewegen wir uns von einer Kultur der Gewißheit zu einer Kultur der Neugier? In den sich rasant wandelnden Märkten der schnellebigen „New Economy" ist eine Bereitschaft zu kontinuierlichem Lernen sowohl für den einzelnen als auch für Organisationen zu einer missions-entscheidenden Fertigkeit geworden.

Entsprechend ist gerade in jüngster Zeit das weltweite Interesse an den Möglichkeiten zur Umwandlung von Wirtschaftsorganisationen, Gesundheitswesen und Bildungssystem in Lernende Organisationen sprunghaft angestiegen. Lernende Organisationen sind Organisationen, deren zentrales Wesen sich um Lernen anstelle von Kontrolle dreht und um das Schaffen neuen Wissens anstelle des blinden Auslebens von Konzepten und Routinen der Vergangenheit.

Bei der Recherche für dieses Buch suchten wir nach Methoden, mit denen sich diese kollektiven Gebiete der Neugier schaffen ließen. Wir hielten nach Werkzeugen Ausschau, mit denen man eine Brücke bauen konnte zwischen unbeantwortbaren Fragen und der Weisheit, die es in und unter den Teilhabern eines jeden Systems gibt. Wir hielten Ausschau nach Prozessen, die die Mauern zwischen dem, was man intuitiv weiß, und dem, was man am dringendsten wissen muß, durchlässig machen. Wir haben versucht, einen Ansatz zu finden, der Menschen in Organisationen eine Anregung bietet, flexibler zu denken.

Die fünf Disziplinen einer Lernenden Organisation

Ein bestimmter Ansatz für die Entwicklung Lernender Organisationen, den Peter Senge am Organizational Learning Center am MIT populär machte, hat internationale Aufmerksamkeit auf sich gezogen, weil er darauf abzielt, das Bedürfnis sowohl nach organisatorischer als auch individueller Veränderung miteinander zu verbinden. Mit seinem Set von Prinzipien und Übungen schafft dieser Ansatz einen dynamischen Kontext sowohl für individuelles als auch kollektives Lernen. Senge sagt: „Durch das Lernen nehmen wir die Welt und unsere Beziehung zu ihr neu wahr. Eine Lernende Organisation ist ein Ort, an dem Menschen kontinuierlich entdecken, wie sie ihre Realität erschaffen und wie sie diese Realität verändern können." (1994)

„Der Manager der Zukunft wird nur noch Lernberater sein."
PETER DRUCKER

Der Kern der Bildung einer Lernenden Organisation steckt in dem, was Senge die fünf Disziplinen oder lebenslangen Studien- und Praxisprogramme nennt: Personal Mastery (Selbstkompetenz), Teamlernen, Mentale Modelle, Gemeinsame Vision und das Denken in Systemen. Senge beschreibt diese Konzepte detailliert in seinem Buch *Die fünfte Diziplin* und, zusammen mit Charlotte Roberts, Richard Ross, Bryan Smith und Art Kleiner, in einem pragmatischen Anwendungshandbuch *Das Fieldbook zur Fünften Disziplin* (1996). Senges

Fünf-Diziplinen-Theorie definiert das Gebiet, das dieses Buch umfaßt. Einige Leser werden mit den fünf Disziplinen bereits vertraut sein, aber alle, für die die fünf Disziplinen noch Neuland sind, finden in diesem Buch einen Anhang, der die fünf Disziplinen kurz zusammenfaßt, sowie eine Tabelle, die Auskunft darüber gibt, wie die fünf Disziplinen mit den Übungen in diesem Buch korrespondieren.

Mit Hinblick auf die Disziplinen sagt Senge: „Auf einer bestimmten Ebene sind die fünf Disziplinen nichts Neues. Sie stellen den modernen Ausdruck sehr alter Ideen dar – Ideen wie Vision, Dialog und das Verstehen von Systemen – in Kombination mit neuen Werkzeugen und Methoden zur Durchführung der Disziplinen und zur Bewältigung praktischer Management-Situationen."

„Die Fähigkeiten einer Lernenden Organisation beinhalten, daß jeder in der Lage ist, vorherrschende Denkmuster immer neu zu hinterfragen, die Fähigkeit, in Systemen zu denken (das Big Picture zu sehen und die Kurzzeit- und Langzeitkonsequenzen von Entscheidungen auszubalancieren) und die Fähigkeit, gemeinsame Visionen zu schaffen, die das höchste Streben der Menschen wahrhaft gefangennehmen."
PETER SENGE

Innerhalb des wachsenden Wissens um Lernende Organisationen gibt es noch zahlreiche weitere Werkzeuge, die Menschen helfen können, ihre Vorannahmen und mentalen Modelle zu erforschen – die Systemdynamik, der strategische Dialog, Computer-Lernlaboratorien –, um nur einige zu nennen. Aber viele Menschen haben Probleme damit, die fünf Disziplinen im täglichen Leben in die Tat umzusetzen. Wir hören immer wieder: „Ich stimme mit diesen Ideen völlig überein, aber wie setzen wir sie montagmorgen in die Tat um?" Wir glauben, daß diese Probleme so lange weiterbestehen, bis die Disziplinen tiefer im körperlichen Bewußtsein verankert sind.

Und zwar deswegen, weil man sich erst dann etwas wirklich angeeignet hat, wenn es am eigenen Leib erlebt wurde. Man braucht ein Hologramm als Referenzpunkt, und dieses Hologramm entsteht nur, wenn es zu einer zellulären Erfahrung kommt. Wenn jemand fragt: „Wie setzen wir diese Ideen um?", dann ist dies eine Frage nach der kinästhetischen Komponente des Lernens. Um also Konzepte so vollständig zu assimilieren, daß wir nach Bedarf auf sie zurückgreifen können, müssen wir auf die körperliche Intelligenz zugreifen können, die mit jenen Ideen korrespondiert. Dieses Buch soll den Wirkungsgrad der Implentierung dieser Ideen für Sie erhöhen.

Mentale Modelle

Im Verlaufe dieses Buches wird sich Ihre Bewußtheit für mentale Modelle durch die Übung des Zentrierens erweitern, die Sie in Kapitel 2 kennenlernen werden. Außerdem werden Sie jedesmal die Elastizität Ihrer mentalen Modelle erhöhen, wenn Sie vom Untersuchen einer Idee zum Erfinden einer Körperdenk-Übung für diese Idee wechseln. Die Integrationsfragen am Ende jeder Übung sollen Ihnen genau dabei helfen.

Personal Mastery – Selbstkompetenz

In jedem Kapitel dieses Buches finden Sie eine „Solo"-Übung, die Ihnen helfen soll, sowohl Ihre gegenwärtige Realität als auch Ihre persönliche Vision mit größerer Klarheit wahrzunehmen und sich in der kreativen Spannung, in der Sie beide Elemente halten, wohler zu fühlen.

Teamlernen

Die Gruppenübungen in jedem Kapitel sollen die Beziehungslogik fördern und Ihnen und Ihren Mitarbeitern Gelegenheit geben, die Möglichkeit zu entwickeln, durch Zusammenarbeit einen gemeinsamen Vorteil zu erzielen.

„Man sagt, das Nichtverfügen über Disziplin ähnele dem Versuch, ohne Beine zu gehen."
Chögyam Trungpa

Gemeinsame Vision

Was passiert, wenn wir ein Leitbild verändern? Wie machen wir das? Welche Kernprozesse unterstützen diesen Wandel? Durch das Erleben und Verarbeiten der Übungen in diesem Buch mit anderen Menschen in Ihrer Arbeitsumgebung werden sich gemeinsame Visionen ganz natürlich ergeben. In Kapitel 5 werden Sie in die Dinge, die Ihnen als Individuum und als Gemeinschaft etwas bedeuten, noch wesentlich tiefer eintauchen.

Denken in Systemen

Dem Denken in Systemen kann man sich auf verschiedenen Wegen nähern – als einer philosophischen Lebensgrundlage, als einer Sammlung von Lernprozessen, mit denen sich jedes beliebige Problem angehen läßt, und als Geschichten oder Fallstudien, die spezifische Situationen illustrieren. In Kapitel 8 geht es besonders um einen Ansatz, das Ganze wahrzunehmen, während Ihnen die Paarübungen in jedem Kapitel helfen, die Möglichkeiten wahrzunehmen, die im Beziehungsdenken angelegt sind.

Lernen lernen – im Unternehmen

Wieviel wird im Wirtschaftsleben eigentlich gelernt? „Als Gesellschaft neigen wir dazu, Lernen mit Schulung oder Training zu verwechseln. Wir erwarten von professionellen Trainern ganz natürlich, daß sie dafür sorgen, daß gelernt wird, so wie wir das von unseren Lehrern erwartet haben, als wir Kinder waren. Im Grunde ist Lernen ein Phänomen, das viel zu komplex ist, um auf das Klassenzimmer beschränkt zu werden", hielt Peter Senge vor kurzem in der Begrüßungsansprache auf einer Konferenz über organisationales Lernen fest. „Lernen ist unauflösbar verbunden mit der Art, wie wir unser Leben leben, und mit der Begeisterung, mit den Herausforderungen, der Motivation und der Unterstützung, die mit unserem täglichen Erleben verwoben sind."

„Sowohl Männer als auch Frauen müssen die empfänglichen, intuitiven Kräfte willkommen heißen, die in einer Form körperlicher Weisheit begründet sind."
DAVID WHYTE

Wir wurden darin trainiert, mit Hilfe des logischen Denkens Probleme zu lösen und mit Hilfe des binären Denkens Entscheidungen zu fällen und dadurch die Karriereleiter zu erklimmen. Wir wurden darin trainiert, Möglichkeiten auszuschalten, um so schnell wie möglich die richtige Antwort parat zu haben. Wir werden dann gefördert und mit Preisen bedacht – mit der höchsten Punktzahl bei einem Test, mit einem akademischen Grad oder einem höheren Monatsgehalt. Wir wurden darin trainiert, Informationen wie Wäschestücke in zwei Kategorien zu sortieren: sauber oder schmutzig, weiß oder farbig, wertvoll oder nutzlos. Dann stehen wir zwischen den beiden und wählen die »richtige« Sorte.

Wir schaffen, was David Issacs von Whole Systems Associates »Expertokratien« nennt – Strukturen des Lernens, die auf der linearen Leiter oder dem binären Entweder-Oder basieren. Entweder weiß ich, oder ich weiß nicht. Sie wissen mehr als ich, also sind Sie „höher". Sie haben mehr, und ich habe weniger. Auf dieser Grundlage bin ich weniger klug, und von daher »unter« Ihnen. Hierbei geht es im Grunde aber um das Anhäufen von Wissen, nicht um Lernen. Es beruht auf der Annahme, daß das, was wir lernen müssen, immer außerhalb von uns liegt, daß der Mensch, der wir sind, gleich ist mit dem, was wir wissen, und daß unsere Fähigkeit, Wissen zu erwerben, feststeht, begrenzt und durch Umstände vorherbestimmt ist, die jenseits unserer Einflußmöglichkeiten liegen.

Nichts ist weiter von der Wahrheit entfernt. Fest steht, daß das menschliche Gehirn als Lernmechanismus unübertroffen ist. Es kann durchschnittlich dreihunderttausend unterschiedliche Arten der Betonung und zwei Millionen Farbschattierungen unterscheiden und speichern. Die Leistungsfähigkeit unserer mentalen Fähigkeiten ist buchstäblich astronomisch – wir haben so viele Neuronen in unserem zentralen Nervensystem, wie es Sterne in der Galaxis gibt – einhundert Milliarden. Eine Botschaft legt den Weg von unserem Gehirn zu unserem Fuß in einer fünfzigstel Sekunde zurück. Die Gedächtniskapazität dieses Systems ist nahezu unendlich.

Aber über diese Kapazität verfügen und sie benutzen sind zweierlei. In der Schule und am Arbeitsplatz wurden wir darin trainiert, niemals ein Risiko einzugehen. Wir lernen, indem wir stillsitzen und auf Anweisungen warten, wie wir etwas richtig machen, und lösen Probleme, indem wir die eine richtige Antwort aus der Tasche ziehen. Wir verbringen unsere Zeit

„*Der Zweck des Lernens heute besteht darin, das Verständnis von gestern zu besiegen.*“
MIYAMOTO MUSASHI

damit und richten unser Interesse auf das, was gerade getan wird, und nicht auf den Gesamtprozeß des Tuns. Wir sind wohltrainiert, aber inwieweit erlauben wir uns, zu lernen?

Lernen ist ein ganz anderer Prozeß als Training. Das Gehirn ist wie ein kybernetischer Mechanismus, wie etwa ein Hitzesensor oder ein Thermostat. Es funktioniert am besten, wenn es sein Ziel kennt und klares Feedback von der inneren und äußeren Umwelt erhält, das ihm hilft, eine Folge immer geringer werdender Anpassungen vorzunehmen. Wahres Lernen ist dann automatisch und unvermeidlich, so wie ein Kind krabbeln, laufen, nach einer Tasse greifen oder ganz ohne Anweisungen sprechen lernt.

Hier ist eine Gelegenheit für Sie, Ihr erstes Experiment in körperlichem Denken zu machen – Sie erfahren dadurch diese Idee in einer Form, die Ihnen die Idee einverleibt. Alles, was Sie dazu brauchen, ist Ihre Neugier:

> *Stellen Sie sich auf einen Fuß und achten Sie neugierig auf die kleinen Anpassungsbewegungen, die Ihr Körper automatisch macht, um Sie im Gleichgewicht zu halten. Die Schwankungen werden immer kleiner, da Ihr körperlich-mentales System mit Möglichkeiten experimentiert und durch Reaktion auf Feedback merkt, wenn es „vom Weg abkommt“.*

Versuchen Sie jetzt nur um des Experimentierens willen einmal, auf dem anderen Bein zu balancieren, und geben Sie sich selbst dabei Anweisungen: „Nein, das ist falsch. Du machst zuviel ..., nicht genug ...“ Betonen Sie also, was Sie gerade falsch machen.

„*Wir sind geworden, wozu unsere Gedanken uns gemacht haben.*“
THE DHAMMAPADA

Nachdem Sie nun diese beiden Optionen am eigenen Leibe erlebt haben, reflektieren Sie bitte die beiden folgenden Fragen und berufen Sie sich dabei auf Ihre eigene körperliche Erfahrung, anstatt auf eine „Idee“ davon, was Sie für die „richtige“ Antwort halten: Mit welcher Methode haben Sie effektiver gelernt? Welche Methode motivierte Sie stärker zum Weitermachen?

Wie wir lernen, im Kleinen wie im Großen, bestimmt, was wir lernen. Die Leistung wird optimiert, wenn sich das Gehirn an Erfolge erinnert und seine Mißerfolge links liegen läßt, ohne sich selbst zu schelten oder sich zu beweihräuchern, wenn es tief verwurzelte Anweisungen, wie es etwas „richtig machen" soll, hinter sich läßt.

Die Vorteile körperlichen Lernens für das Unternehmen

Wir glauben, daß es mindestens zwei Gründe dafür gibt, warum körperliches Lernen so wirkungsvoll ist. Der erste Grund ist, daß es uns hilft, den Kontext zu verändern, innerhalb dessen wir über etwas nachdenken. Dr. Milton H. Erickson, der einer der größten klinischen Experten auf dem Gebiet des unbewußten Lernens war, erklärte, daß Lernen im Erwachsenenalter sehr schwer fällt, wenn man auf der Ebene des rationalen Glaubenssystems beginnt. Seine Forschung und Erfahrung legten statt dessen nahe, daß sich die Wahrnehmungen eines Menschen ändern, wenn man den Kontext ändert, in dem jemand über etwas nachdenkt. Die Veränderung der Wahrnehmungen versetzt den Lernenden in die Lage, sein Verhalten zu verändern, was dann ermöglicht, Überzeugungen und Glaubenssätze zu verändern: Verändere den Kontext, verändere die Wahrnehmung, verändere das Verhalten, verändere die Überzeugung. Erickson sagte, daß die meisten Menschen, die diese Reihenfolge umkehren, sich in alten mentalen Geleisen festfahren.

Hier ein Beispiel: Als wir kürzlich den Topmanager eines Unternehmens coachten, beschrieb er einen Manager, der ihn seit Jahren »in den Wahnsinn getrieben« habe. Er sagte, er habe das Gefühl, er sei total unfähig, sich diesem Manager verständlich zu machen. Wir fragten ihn, welche innere Ressource ihm beim Kommunizieren mit anderen Managern in schwierigen Situationen half. Er erwiderte sofort, daß diese innere Ressource sein Sinn für Humor sei. Gefragt, mit welcher Metapher er die Person beschreiben würde, mit der er Probleme hatte, antwortete er spontan: „Eine Venusfliegenfalle".

Wir riefen also ein Gartencenter am Ort an und bestellten eine Venusfliegenfalle, die wir in sein Büro liefern ließen, um ihm nahezulegen, so viel wie möglich über die Pflege und Fütterung dieser Pflanze zu lernen. Das Jahr über schaute der Topmanager immer dann, wenn der „Problem"-Manager in sein Büro kam, die Pflanze an, saß einen Augenblick lang still und stellte fest, daß er den „Problemfall" auf ganz neue Weise sah. Er gelangte zu der Überzeugung, daß dieser Manager jemand war, der hungrig darauf war, gute Leistungen zu erbringen, anstatt Probleme zu machen. Durch die Veränderung des Kontextes hin zu einer Pflanze veränderte der Topmanager seine Art der Wahrnehmung und konnte seinen Geist für viel mehr Reaktionsmöglichkeiten öffnen.

„Die Menschen haben in einer Umgebung gelernt, die zu siebzig bis neunzig Prozent aus Furcht und Frustration und zehn bis dreißig Prozent Interesse besteht. Unser Ziel ist, die Prozentzahl so zu verändern, daß Interesse und Neugier mehr als fünfzig Prozent unserer Motivation ausmachen."
WENDY PALMER, SENSEI

Howard Gardner, Professor der Erziehungswissenschaften an der Harvard University, entdeckte, daß die meisten seiner besten Studenten in allen Standard-Verständnistests zwar hervorragend abschnitten – sie kannten eine Riesenmenge Fakten, konnten dieses Wissen aber nicht auf Alltagssituationen anwenden, wenn es z.B. darum ging zu erklären, warum es auf der nördlichen Erdhalbkugel im Sommer wärmer wurde. Erickson sagte, daß effektives Nutzen des eigenen Geistes heißt, aus der eigenen Erfahrung zu lernen, so wie der Topmanager aus seinem Studium der Venusfliegenfalle lernte (was die graduierten Studenten nicht taten) – und das Gelernte auf eine andere Situation anzuwenden. Offensichtlich ist das eine Übung, die uns allen guttäte.

Körperliches Denken schafft ein Übungsfeld, auf dem Sie den Kontext Ihrer Frage verändern können. Körperliches Denken zeigt auf, wie eine abstrakte Idee, eine schwierige Frage, eine konzeptuelle Inkohärenz sich in Aktion und Interaktion niederschlägt. Körperliches Denken hilft uns, uns von stillem oder implizitem Wissen zum expliziten Bereich zu bewegen, indem wir die Möglichkeiten wahrnehmen können, die vorher nicht offensichtlich waren.

„Das Lernen ist ein Begleiter auf einer Reise in ein seltsames Land. Lernen ist unerschöpfbare Stärke."
Aus: HITOPADESO, einer Sammlung hinduistischer Schriften

Der zweite Grund für die Wirksamkeit dieser Art des Lernens ist, daß das körperliche Lernen die weitgehend ungenutzten Ressourcen nutzt, die in unserem körperlichen Sein begründet liegen. Über die Jahrtausende hat die Natur einen großen Teil der Weisheit unserer Gattung in unserem Körper kodiert, und trotzdem haben wir uns streng auf das beschränkt, was der Fachbuchautor Thomas Berry „kulturelle Kodierung" nennt. Wir haben die Fähigkeit eingebüßt, das kodierte Körperwissen wahrzunehmen und zu erkennen. Ein großer Teil der westlichen Kultur sieht den Körper als einen zu manipulierenden Gegenstand. Unter Körperbewußtsein verstehen wir mittlerweile das äußere Bild, das wir mit Hilfe der Werbung und des örtlichen Bodybuildingclubs projizieren und kreieren. Um also wiederzuentdecken, daß wir uns selbst, zu unserer Organisation und zu unserer Gemeinschaft gehören, müssen wir zuerst wiederentdecken, daß wir in unseren Körper gehören.

»Was ist der wichtigste Aspekt des Lebens?« »Erfahrung.« »Wie wird man erfahren?« »Gutes Urteil.« »Wie lernt man, gut zu urteilen?« »Schlechtes Urteil.«
CHINESISCHE MAXIME

Lassen Sie uns das jetzt mit einem Partner-Experiment in körperlichem Denken üben; dieses Experiment bezieht sich auf eine der Disziplinen einer Lernenden Organisation: auf den Aspekt „Personal Mastery", der Selbstkompetenz, die besagt, daß man seine eigene Vision lebt. Sie haben vielleicht schon viel über diese Idee gelesen oder von ihr gehört. Wie fühlt es sich an, sich diese Idee „einzuverleiben?"

Nehmen wir an, Sie sind jemand, der recht genau weiß, was er mit seiner Arbeit bewirken will, was sein Ziel ist, aber

Sie haben das Gefühl, daß Sie auf ein äußeres Hindernis nach dem anderen stoßen und von diesen Hindernissen blockiert werden. Jedes dieser Hindernisse scheint einen Großteil Ihrer Energie zu verbrauchen und Ihnen wenig Energie dafür zu lassen, sich auf das zuzubewegen, was Sie wirklich wollen. Sie brauchen jemanden, der Ihnen dabei hilft.

Während Sie an einer Seite des Raumes stehen, stellen Sie sich vor, das, was Sie wirklich wollen, befände sich auf der gegenüberliegenden Seite. Bitten Sie Ihren Partner, genau in der Mitte dazwischen zu stehen, das Gesicht Ihnen zugewandt. Beginnen Sie auf Ihr Ziel zuzugehen, und in dem Moment, in dem Sie an Ihrem Partner vorbeigehen wollen, streckt er einen Arm aus und blockiert Ihre Bewegung. Wenn das passiert, widmen Sie all Ihre Aufmerksamkeit diesem Arm. Fühlt sich das vertraut an?

Um eine Alternative zu üben, stellen Sie sich vor, wie Sie Holz spalten. Sie haben das Holzscheit auf den Holzblock gestellt und zielen auf die Oberseite des Holzscheits – dorthin, wo die Axt auftreffen soll. Höchstwahrscheinlich geht es daneben. Jetzt zielen Sie auf die Fläche des Holzklotzes unter dem Holzscheit – und Ihr Schlag wird höchstwahrscheinlich das Holz spalten. Gehen Sie … „vorwärts" an Ihr Ziel auf der gegenüberliegenden Seites des Raumes und nicht an den Arm des Partners. Denken Sie nicht „gegen den Arm", sondern „durch den Arm hindurch". Sie werden sich mit Leichtigkeit auf Ihr Ziel zubewegen. Was eben noch ein Hindernis war, wird einfach eine Herausforderung, die Ihnen hilft, sich daran zu erinnern, wohin Sie wirklich wollen.

Hier ist Ihre Gelegenheit, Ihren Geist auf wirklich machtvolle Weise zu gebrauchen. Wie können Sie das, was Sie gerade erfahren haben, rückübertragen auf ähnliche Arbeitsumstände?

„Es kann sein, daß wir erst dann, wenn wir nicht mehr wissen, wohin wir gehen sollen, unsere wirkliche Reise begonnen haben. Der Geist, der nicht verblüfft ist, ist nicht beschäftigt. Der beengte Strom ist derjenige, der singt."
WENDELL BERRY

Gebrauchsanleitung für dieses Buch

Dieses Buch hat keine Antworten auf die Fragen, die sich im heutigen Geschäftsleben am häufigsten stellen. Um ehrlich zu sein: Wir kennen diese Antworten nicht (und trauen auch niemandem, der behauptet, sie zu kennen)! Was wir statt dessen anbieten, sind experimentelle Übungsfelder, innerhalb derer Sie diesen Fragen auf ganz neue Weise nachspüren und sich neue Reaktionsmöglichkeiten eröffnen können.

Wir laden Sie ein, die folgenden zwei Aspekte der ungenutzten Intelligenz zu entwickeln: Der erste ist das Vermögen, körperlich zu denken, und der zweite ist die Fähigkeit, diese neue Art zu denken auf Schlüsselherausforderungen anzuwenden, denen Sie sich heute gegenübersehen.

Alle Übungen zum körperlichen Denken in diesem Buch betonen die folgenden Prinzipien:

- sich selbst entwickeln, bevor man versucht, andere Menschen zu verändern;
- sein eigenes Bewußtsein für das erweitern, was man gewohnheitsmäßig tut;
- die eigene Absicht in beliebigen Interaktionen kennenlernen;
- Konflikte in Herausforderungen verwandeln, innovativ zu werden;
- hinwirken auf positive Veränderung im System als Ganzes;
- auf Zusammenarbeit bestehen.

„Es gibt nichts Gefährlicheres als eine Idee – wenn es die einzige ist, die man hat.“
EMILE CHARTIER

Weil wir glauben, daß unterschiedliche Menschen auf unterschiedliche Weise lernen, laden wir Sie ein, mit diesem Buch auf eine Weise zu arbeiten, die Ihnen größtmöglichen Nutzen bringt. Jedes Kapitel enthält kontextuelle und konzeptuelle Informationen, metaphorisches Lernen in Form von Geschichten, körperlichen Übungen, Integrationsfragen, Szenarien und Fallstudien. Einige Leser werden fragen: „Worum geht es hier?“, noch bevor sie irgendwelche Erfahrungen gemacht haben. Sollten Sie dazu gehören, könnten Sie das Orientierungs- und konzeptuelle Material zuerst lesen. Andere ziehen eine „Seitentür“ vor und möchten mit Hilfe von Metaphern und persönlichen Geschichten lernen. Diesen Lesern empfehlen wir, mit der Lehrgeschichte anzufangen. Und dann gibt es Leser, die geradeheraus fragen: „Na und?" und: „Und jetzt?", weil sie zuerst etwas erleben und dann erst Ideen und Geschichten berücksichtigen möchten. Wenn das Ihr bevorzugter Lernstil ist, dann sollten Sie keine Hemmungen haben, den ganzen übrigen Stoff zu überspringen und mit den Übungen selbst zu beginnen.

Dem Aufbau des Buches liegt eine absichtsvolle Reihenfolge zugrunde – versuchen Sie, diese Reihenfolge in Übereinstimmung mit Ihrer eigenen Lernstilpräferenz einzuhalten. Wenn Sie beispielsweise erst eine ganze Übung durchlesen wollen, können Sie hinterher zurückgehen und sie wirklich machen. Andere Leser finden vielleicht mehr Gefallen daran, die Übungen auf Kassette zu sprechen und sich dann von den eigenen aufgenommenen Worten Schritt für Schritt durch eine Übung leiten zu lassen.

Bitte passen Sie das Gelesene Ihrer eigenen Erfahrung an. Wenn die vorgestellten Fälle aus dem Geschäftsleben nicht zu Ihrer Situation passen, dann überlegen Sie sich, in welcher Weise die Fälle sich auf Ihre spezifischen, wie auch immer gearteten Umstände beziehen. In diesem Buch geht es nicht um richtig oder falsch. Jede Übung hält für jeden Übenden eine unbegrenzte Anzahl von Lektionen bereit. Jede Übung illustriert Reaktionsmöglichkeiten, von denen einige wirksamer sein werden als andere.

„Wenn Sie Ihre Situation wirklich verbessern wollen, können Sie an dem arbeiten, was Sie kontrollieren – sich selbst. ... Erweitern Sie Ihre Perspektive, indem Sie Ihren Geist erweitern."
STEVEN R. COVEY

Jetzt verstehen Sie wahrscheinlich, daß Sie, sollten Sie dieses Buch nur lesen, ohne die Übungen zu machen, einfach nur noch mehr Wissen anhäufen, aber kaum etwas zu einem Lerneffekt für sich beisteuern. Bitte machen Sie sich selbst das Geschenk, Ihre eigene Weisheit durch Übung zu entdecken.

Hier noch einige weitere Vorschläge, die dazu beitragen sollten, den Lerneffekt für Sie zu maximieren:

- Üben Sie im Rahmen Ihrer spezifischen körperlichen Fähigkeiten. Das kann heißen, daß man sich nicht bis zum Äußersten fordert, sondern dafür weniger mit mehr Bewußtheit macht; das kann bedeuten, daß man Pausen einlegt und sich selbst Grenzen setzt, wenn man sich durch sich selbst oder andere gedrängt oder zur Hast ermuntert fühlt; es kann heißen, daß man eine Übung im Geiste macht, wenn der Körper die Vorschläge nicht ausführen kann; es kann bedeuten, einander zum Wachsen und Lernen herauszufordern, anstatt daß man zu beweisen versucht, wer recht hat und wer nicht.

„Wie gefühlt, so getan."
SANSKRIT-SPRICHWORT

- Schaffen Sie einen besonders dafür reservierten Übungsraum und planen Sie Zeit ein, die Sie diesen Lernübungen widmen wollen. Teilen Sie Ihre Übungszeit ein, egal ob zehn Minuten oder eine Stunde, damit Sie frei sind von äußeren Unterbrechungen und Anforderungen. Sehen Sie in dieser Zeit Phasen der Reflexion vor, in denen Sie überdenken können, inwieweit die Übung für Ihre tägliche Aktivität relevant ist.
- Gehen Sie mit echter Neugier oder mit echtem Entdeckergeist zu Werke. Vermeiden Sie den zynischen, voreingenommenen „Kenn ich schon, hab ich schon gemacht"-Ansatz, bei dem die Teilnehmer die Übung kurz mitmachen und dann mit einem oder zwei sarkastischen Witzen abschließen. Um diese Neugier zu erhalten, vermeiden Sie, Übungen als gut oder schlecht zu klassifizieren. Man kann auch eine Menge aus Übungen lernen, die auf den ersten Blick merkwürdig aussehen. Merkwürdigkeit ist oft eine Möglichkeit, an die Grenzen unseres Lernens vorzustoßen. Achten Sie darauf, ob Sie dazu neigen, auf merkwürdige Übungen defensiv zu reagieren. Fragen Sie sich selbst: Gibt es hier etwas Wichtiges für mich, das das Erleben der Merkwürdigkeit lohnenswert macht?
- Entwickeln Sie insgesamt eine respektvolle Einstellung zum Lernen. Was Sie hier lernen, ist nicht zu vergleichen mit dem, was man typischerweise in Sport- oder Aerobicstunden lernt. Die Übungen hier stellen aktive Handlungsforschung dar. Auf welche Weise können Sie Zeit für diese Forschung bereithalten, in der Sie „ganz geborgen", sozusagen abgeschirmt, Fehler machen können, nichts wissen müssen, das Gefühl der eigenen

„Unter den richtigen Umständen schaffen ganz gewöhnliche Menschen – nur aus Träumen, Beharrlichkeit und der Freiheit des Probierens – immer wieder außergewöhnliche Dinge."
DEE HOCK

Ungeschicklichkeit genießen und einfach Fragen stellen und tagträumen können?

- Wählen Sie Ihre Übungspartner bewußt, mit Bedacht und mit einem gegenseitigen Verständnis dafür, wie die Übungszeit gestaltet werden soll. Ihre Partner können aus Ihrem eigenen Gebiet oder aus anderen Gebieten stammen, die mit Ihrem Gebiet zu tun haben, damit die Übungen maximale Wirksamkeit für Ihre Organisation oder für Ihr Team entfalten können.

Nahrung fürs Leben

Der schwedische Terminus *narings liv* bedeutet sowohl „Business" als auch „Nahrung fürs Leben". Der chinesische Terminus *Jo Sang Yi* bedeutet sowohl „Geschäfte machen" als auch „den Sinn des Lebens von ganzem Herzen erfüllen". Wie auch immer Sie Ihre Lebenskraft nennen (Geist, *Ki, Chi, Prana*, Gott) – Sie werden nur eine absehbare Anzahl von Jahren auf Erden verbringen. Die durchschnittliche Lebenserwartung in den USA beträgt für Männer 75 Jahre und für Frauen 79 Jahre. Womit werden Sie die wertvolle Zeit, die Ihnen gegeben ist, füllen?

Im weitesten Sinne geht es in diesem Buch um Macht. Und um Geist. Es geht darum, wie man die Rufe und Berufungen seiner Seele erforscht und im Einklang mit ihnen handelt. Es geht darum, gleichzeitig sich selbst und der Welt zu dienen, von der man ein Teil ist. Mit welcher Motivation Sie dieses Buch auch lesen – wir hoffen, daß Sie noch mehr davon profitieren, unter anderem durch ernsthaften Spaß; dadurch, daß Sie sich selbst und anderen näherkommen; durch gesteigerte persönliche Befriedigung und Freude; durch erhöhte Anerkennung Ihrer persönlichen Kompetenzen und Vision; durch das Entdecken von Geschichten über Ihr Leben, die Sie über Kampf und Streit hinauswachsen lassen; durch erhöhte Neugier in bezug auf das Wunder und Geheimnis der Reise

Ihrer Seele; und eine engere Verbindung mit dem Geist, der uns zusammenhält.

Indem Sie Ihrer Körperintelligenz gewahr werden, fühlen Sie sich in ganz neuer Weise mit Ihren Emotionen, Ihrem Körper, Ihrem Geist und auch mit anderen Menschen in Ihrer Arbeitsumgebung verbunden. Durch das körperliche Lernen werden wir in die Lage versetzt, die Ursprünge sowohl unserer eigenen Kämpfe wie auch die Kämpfe anderer Menschen zu erkennen, so daß wir mit mehr Zuversicht uns selbst vertrauen und unsere Fähigkeit erweitern können, zu wählen, wie wir in einer gegebenen Situation reagieren möchten. In Teams und Gruppen wird die Ressource des körperlichen Denkens ein Übungsfeld für kollektive Forschung, ein „leibhaftiger" Dialog, der uns helfen kann, mehr von dem zu verwirklichen, was unsere Bestimmung ist. Körperliches Denken lehrt auf subtile, aber eindrückliche Art und Weise. Wenn man einen kleinen Kiesel in einen Teich wirft, mag der Kiesel den Anschein erwecken, er habe wenig Substanz, aber die Wellen, die er hervorbringt, können sich weit in alle Richtungen ausbreiten.

„Was gewinnen wir durch den Flug zum Mond, wenn wir nicht in der Lage sind, den Abgrund zu überwinden, der uns von uns selbst trennt?"
THOMAS MERTON

2

Wie verarbeitet man Streß bei der Arbeit, und wie verändert man das Denken, das diesen Streß miterzeugt?

IM AUGE DES STURMS

Vom Streß zum Gleichgewicht

„In Zeiten der Veränderung wird der Lernende die Erde erben, während die Erfahrenen aufs beste gerüstet sind für eine Welt, die es nicht mehr gibt."

ERIC HOFFER

Inmitten von allem

inspiriert von Thich Nhat Hanh

Stellen Sie sich vor, Sie sind in die höchsten Zweige einer großen alten Eiche geklettert. Die Perspektive von dort oben ist wunderschön, Sie können bis zum Horizont sehen. Aber plötzlich beginnt sich etwas zu verändern. Sie bemerken, wie sich der Himmel plötzlich verdunkelt, und bevor Sie sich versehen, fegt schon ein Sturm über die Landschaft. Der Wind bläst Ihnen ins Gesicht und reißt die Blätter von den Zweigen, an denen Sie sich festhalten. Sie klammern sich fest, es geht ums nackte Überleben, aber Sie können hören, wie überall um Sie herum Äste und Stämme knacken und brechen. Im momentanen Chaos sieht es so aus, als wäre alles verloren.

Als der Sturm noch stärker wird, atmen Sie einmal tief durch und lockern Ihren Griff. Gleichzeitig erlauben Sie der Schwerkraft, Sie nach unten zu ziehen. Zuerst rutschen Sie haltlos, aber gleich darauf umarmen Sie schon den dicken Stamm des Baumes, und Ihre Füße werden von den knorrigen Wurzeln und der Erde darunter getragen. Obwohl der Sturm überall um Sie herum tobt, ist der Stamm des Baumes standhaft und unbeweglich. In dieser Position wissen Sie aus dem Innersten heraus, daß der Baum nicht verloren ist, und so wissen Sie genau, wo Sie sind.

„Ohne persönliche Transformation geschieht gar nichts."
W. EDWARDS DEMING

Je turbulenter die Umgebung, so illustriert diese Geschichte, desto wertvoller ist die Fähigkeit, in eine stabile, stille Denkposition übergehen zu können, in der man einen zentrierten Kraftpunkt einnehmen kann, von dem aus man Entscheidungen treffen kann.

Auf dem Markt von heute können wir nicht erfolgreich sein, wenn wir nicht aus unserer Erfahrung lernen. Und wir können aus unserer Erfahrung nicht lernen, wenn wir es uns nicht zur Gewohnheit machen, reflektierend zu handeln und aktiv zu reflektieren. Aber wie lernen wir, unsere Art zu denken wirklich zu verändern, wie lernen wir, die Introspektion hoch genug zu schätzen, um wirklich neue Arten des Denkens zu erlernen?

Orientierung

In einem Bericht darüber, wie wichtig es für Führungskräfte ist, gekonnt reflektieren zu können, zitiert das Magazin *Fortune* (August 1994) Richard Pascale mit den Worten: „Wenn man am Ende der Fahnenstange angelangt ist, wird Introspektion außerordentlich wichtig. Die Fähigkeit, in Unsicherheit zu leben, statt stets auf Antworten aus zu sein, hilft, Augen und Ohren offen zu halten." Mainstream-Unternehmen wie AT&T, Pepsi Co. und Aetna bauen mittlerweile diverse Formen des Introspektionstrainings in Management-Entwicklungsprogramme ein, weil sie das Gefühl haben, daß die Fähigkeit zur Introspektion über weiteres Wachstum entscheidet.

„Wenn wir in uns einen ruhigen, offenen Raum schaffen und die Intuition in diesen Raum eintreten lassen, befähigen wir uns, das Wesen der Dinge zu hören, zu sehen oder zu fühlen."
WENDY PALMER, SENSEI

Dieses vorsichtige Sich-Hinwenden zur Reflexion ist jedoch leichter gesagt als getan. In unserer Kultur stören wir keinen, der anscheinend mit etwas beschäftigt ist; wir warten, bis er still und ruhig ist, um ihn dann anzusprechen. Bei uns im Westen spüren wir schon von Kindesbeinen an den Druck, ständig mit etwas beschäftigt zu sein. Schon als Kinder sollen wir uns beeilen, nicht dauernd so rumtrödeln, endlich in die Gänge kommen, loslegen. Wenn wir tagträumen, uns also in einem reflektiven Zustand befinden, sollen wir lieber „aufmerksam sein". Für Japan gilt jedoch das Gegenteil; wenn Menschen still und ruhig sind, nimmt man an, daß sie sich in einem sehr wichtigen Zustand der Reflexion befinden, in dem sie nicht gestört werden sollten.

Albert Einstein, der sicher einen großen Teil seines intellektuellen Kapitals entwickelt und genutzt hat, äußerte einmal einem Freund gegenüber, daß er, wenn er „tagträume", dauernd „Gedankenexperimente" mache, bei denen er sich vorstelle, was passieren würde, wenn er in den verschiedensten

Teilen des Universums Uhren plazierte. Und das lange, bevor er sich eine schöne Uhr für sein eigenes Zuhause leisten konnte. Seine Lehrer hatten keine Ahnung, daß Einsteins scheinbare Unaufmerksamkeit sein Weg war, die Relativitätstheorie träumenderweise aus der Taufe zu heben. In der Kultur der Gegenwart hätte er also die Diagnose „Konzentrationsstörung" verpaßt bekommen.

Manchmal merkt man nicht, wieviel man *eigentlich* tut und mit welcher Anspannung man etwas tut, bis man eine Weile lang nichts tut. Indem man die Knoten des eigenen Willens löst, den eisernen Griff lockert, sich einen Moment Zeit nimmt, die Seele baumeln zu lassen, kann man beginnen, auf eine andere, ausgeglichenere Art aufmerksam zu sein. Indem Sie Ihrem Körper und Ihrer Seele erlauben, auf gleiche Höhe mit Ihrem Geist zu kommen, können Sie sich zurückbesinnen und aus Ihrer Integrität heraus operieren, anstatt durch den Wind der Veränderung vom Kurs abgebracht zu werden. Im Büro können drei tiefe Atemzüge vor dem Abnehmen des Telefonhörers schon das sein, was man braucht – man nutzt die Quelle der Störung und Ablenkung als ein Signal, den eigenen Mittelpunkt aufzusuchen, bevor man etwas anderes tut.

„Die Menschen, die am meisten zur Welt beigetragen haben, sind den Zyklen von Rückzug und Wiederkehr gefolgt."
ARNOLD TOYNBEE

In einem jüngst erschienenen Artikel in der Zeitschrift *US Air* berichtete C.W. Metcalf, daß 75% aller Krankschreibungen an Arbeitsplätzen in Nordamerika auf das Konto streßbedingter Krankheiten gehen. Die vorherrschende Sichtweise in vielen Organisationen: „Nun reißen Sie sich aber zusammen, etwas mehr Disziplin gefälligst ..." könnte für einen Großteil dieses Stresses verantwortlich sein. Denn um dem ständigen Druck standzuhalten, muß man starr und steif werden, und wenn man steif ist, nimmt die Wahrscheinlichkeit eines „Bruches" zu.

Liegt die Antwort wirklich darin, daß man härter und mehr arbeiten sollte? Die aktuelle Lernforschung zeigt, daß einer Handlungsflut stets eine Ebbe der Reflexion folgen muß – und das in ständigem Wechselspiel –, damit man überhaupt effektiv sein kann. Die gesteigerte Nachfrage nach Ergebnissen hindert uns also geradezu daran, die Fähigkeit, effektiv zu sein, zu erlernen.

In dieser Zeit zunehmender Ungewißheit und Herausforderung brauchen wir ein gutes Koordinatensystem, das uns ermöglicht, unseren Kurs zu bestimmen. Anstatt uns zwischen den äußerlich festgelegten Polaritäten des Entweder-Oder, Kampf oder Flucht, Erfolg oder Versagen zu zerreißen, muß jeder von uns lernen, seinen Kurs, ausgehend von seinem inneren Schwerkraftzentrum, zu finden, dem Zentrum, in dem auch unsere Werte und unser natürliches Verlangen, zu lernen und Fortschritte zu machen, liegen. Davon ausgehend können wir die natürliche Beweglichkeit unseres Denkens und die natürliche Freiheit des kreativen Reagierens auf Probleme wiedererlangen, unabhängig von äußeren Umständen. Wenn wir lernen, so zu denken, wandelt sich unsere Ausrichtung vom rigiden Manipulieren von Beschränkungen und „Alleserledigenwollen" zu einem kreativen Manövrieren in einem flexiblen Tanz der Möglichkeiten.

Entsprechend ist dieses Kapitel eine Einladung an Sie, für ein paar Augenblicke aus der Bürokratie Ihres Denkens herauszutreten und zu lernen, in der gegenwärtigen Realität ins Gleichgewicht zu kommen. Dieses Kapitel bietet Ihnen eine Soloübung an, mit der Sie Ihren Leib erleben und sich Ihr „Erleben einverleiben" können, sowie eine Partnerübung für mehr Möglichkeiten des Reagierens, außerdem ein kleines Gruppenübungsfeld, in dem Sie lernen, wie Sie Druck, dem Sie ausgesetzt sind, für das Erreichen Ihres eigenen Zieles in einer beliebigen Umgebung nutzen können.

Zentrieren: Den Gleichgewichtspunkt finden

Wie Sie in einem bestimmten Augenblick handeln, bestimmt, wohin der Augenblick Sie führen wird. Reagieren Sie unter

Druck mit negativem Streß oder mit Effektivität? Sehen Sie alles als einen Fluch oder als Herausforderung? Sie können lernen, Ihre persönliche Energie auf eine Weise zu beherrschen, die über Streßmanagement hinausgeht. Wie ein Segler können Sie wechselhafte Winde sogar als Energiequelle nutzen. Dazu müssen Sie als erstes Ihr Gleichgewichtszentrum finden – den Dreh- und Angelpunkt, um den herum die Kompaßnadel Ihres Lebens kreist. Dieses Zentrum ist der Punkt, von dem das Handeln ausgeht und zu dem es wieder zurückkehrt.

„Selbst in den tiefsten Wald kann man nur bis zur Mitte hineingehen. Dann geht man schon wieder hinaus.“
CHINESISCHES SPRICHWORT

Das erste Grundprinzip für das Finden des Gleichgewichts im Unbekannten – und in den inneren und äußeren Konflikten des Chaos – ist das Zentrieren, ein Prozeß, durch den Sie die gewohnheitsmäßig abgespaltenen Aspekte Ihres Selbst – Körperliches, Mentales, Geist, Herz, Kraft und gesunden Menschenverstand – wieder in Ihren natürlichen Zustand der Integrität zusammenführen. Praktisch entspringt dieser Zusammenführung eine gesteigerte Bewußtheit des jeweiligen Augenblicks und Ihr Gegenwärtigsein in diesem Augenblick. Statt Opfer zu sein, dem alles mögliche zustößt, werden Sie zum aktiv Handelnden in Ihrem eigenen Leben.

Zentrieren bedeutet die Erhöhung der eigenen Bewußtheit für das, was gerade geschieht, und das Annehmen der Dinge, wie sie sich in der eigenen gegenwärtigen Realität darstellen. Zentrieren ist eine Gelegenheit, im Zentrum der Dinge zu ruhen. Zentrieren heißt, eine Pause einzulegen, eine Zeitlang nichts zu tun, und sei es nur einen Augenblick oder drei Atemzüge lang oder einen ganzen Morgen, so als würde man einen Bericht über die eigenen inneren und äußeren Aktivitäten anfertigen.

„Der physikalische Mittelpunkt unseres Körpers ist derjenige Teil von uns, der sich daran erinnert, daß wir dem gesamten Universum angehören.“
GEORGE LEONARD

Zentrieren ist eine Einladung an Sie, auf andere Weise aufmerksam zu sein, durch den Körper als lebendiges Spielfeld, als Objekt, auf das Sie sich konzentrieren, bis Sie an einen Punkt der Ruhe gelangen, einen Ort, an dem Sie beginnen können, sich Ihrem eigenen Selbst zu öffnen. Von diesem Ort aus können Sie sich sowohl reflexiv nach innen als auch aktiv nach außen wenden.

Der Prozeß selbst ist ziemlich einfach, wenn Sie Ihre Neugier und Bereitschaft mit ins Spiel bringen, reflexiv und offen für das Unerwartete zu sein. Jedes Mal, wenn Sie sich zentrieren, laden Sie sich selbst ein, ein paar Minuten lang jedes Bedürfnis nach Rechthaben, Urteilen, geistigem Vorwegnehmen oder Unterstellungen ruhen zu lassen. Sie kommen zu sich selbst nach Hause, indem Sie Ihre Bewußtheit in Ihren Körper verlagern, die Wahrheit Ihrer Sinneswahrnehmungen und Emotionen akzeptieren und dabei anderen Menschen um Sie herum räumlich und beziehungsmäßig nah sind.

Zentrieren fördert unsere Fähigkeit, in Situationen und Emotionen geistesgegenwärtig zu sein, die uns sonst überfordern würden; der Körper wird fähig, das Chaos in sich aufzunehmen. Durch die Konzentration auf die Körperempfindungen, die diese Emotionen hervorbringen, fällt es leichter in ihrer Gegenwart zu bleiben und ihrer tieferen Natur gewahr zu werden.

Jedesmal, wenn Sie sich auf diese Weise mit sich selbst wiederverbinden, erweitern Sie Ihre angeborene Fähigkeit, sich mit Hilfe eben des Stresses ins Gleichgewicht zu bringen, der aus kontinuierlicher Veränderung und Herausforderung entsteht. Ihre Perspektive erweitert sich, indem Ihre Aufmerksamkeit sich von einem starren Einweg-Geisteszustand zu einer immer weiter werdenden strategischen Intuition verlagert, die Ihnen ein erweitertes Gefühl für die Wahlmöglichkeiten schenkt, die Ihnen zur Verfügung stehen.

Die folgende Soloübung im Zentrieren nutzt Ihre Bewußtheit für Ihren Atem, um Sie durch das Erspüren Ihres inneren Prozesses Ihrem Stamm und Ihren Wurzeln näher zu bringen. Wenn man aufgeregt ist, spiegelt der Atem diesen Zustand unmittelbar wider: Er geht flach und schnell. Wie Wasser in einer Schüssel zur Ruhe kommt, die man andächtig in den

„Es ist besser, den Sieg über sich selbst zu erringen, als tausend andere Kriege zu gewinnen, denn dann ist der Sieg wirklich errungen und kann einem nicht genommen werden, weder von Engeln noch Dämonen, weder vom Himmel noch von der Hölle …“
DHAMMAPADA

„Ich sage zu meinem Atem noch einmal: Kleiner Atem, komm von vorn und geh durch mich hindurch, rudere mich jetzt ruhig so weit, wie du kannst, denn ich bin ein Abgrund, den ich zu überqueren versuche.“
W.S. MERWIN

Händen hält, wird Ihr Atem von selbst zur Ruhe kommen, wenn Sie sich seiner bewußt sind. Sie brauchen die Wogen nicht zu glätten, und Sie brauchen nicht zu versuchen, Ihren Atem zu beruhigen.

ÜBUNG EINS: SOLO

Zentrieren auf einem Stuhl

- Setzen Sie sich auf einen Stuhl mit gerader Rückenlehne, stellen Sie Ihre Füße auf den Boden und spreizen Sie die Knie, bis Sie bequem sitzen. Experimentieren Sie mit Ihrer Sitzhaltung: Setzen Sie sich zuerst ganz wachsam hin, als würden Sie dem Stuhl nicht zutrauen, daß er Sie tragen könnte – als ob er jeden Moment unter Ihnen zusammenbrechen würde. Nach ein paar Augenblicken stellen Sie sich vor, wie Sie reagieren würden, wenn man Sie plötzlich von hinten erschrecken würde.
- Experimentieren Sie weiter, indem Sie sich wie ein nasser Sack auf den Stuhl fallen lassen, so als wenn Sie Ihren Geist für eine Weile in die Ferien schicken wollten. Sacken Sie auf dem Stuhl völlig in sich zusammen und überlegen Sie sich nach einigen Augenblicken, wie Sie reagieren würden, wenn man Sie plötzlich von hinten erschrecken würde.
- Erforschen Sie als nächstes eine Beziehung nicht nur zum Stuhl und zu fiktiven Überraschungsmomenten, sondern auch zu Ihrem Atem und Körper:

„Erkenne alle Konflikte als Muster von Energie, die ein harmonisches Gleichgewicht in einem Ganzen anstreben.“
DHYANI YWHOO, Etowah Cherokee

Rutschen Sie auf dem Stuhl ein Stück nach vorn. Achten Sie auf die Empfindungen in Ihrem Körper. Wie fühlt es sich für Ihre Wirbelsäule an, nicht von der Rückenlehne des Stuhls gestützt zu werden?

Bemerken Sie Ihr Gewicht oder Ihre Schwere auf der Sitzfläche. Lassen Sie acht bis zehn Atemzüge lang das volle Gewicht Ihres Oberkörpers über Ihre Gesäßknochen auf den Stuhl ein-

wirken. Erlauben Sie Ihrem Atem von innen heraus, Ihrer Haltung im Raum Form zu verleihen.

Achten Sie darauf, wie Ihr rechter Fuß den Boden berührt und wieviel Gewicht Ihr Fuß auf die Erde überträgt. Beginnen Sie beim Einatmen, mit Ihrem rechten Fuß etwas mehr Druck auf den Boden auszuüben; der rechte Fuß beginnt zu drücken, und der übrige Körper bleibt entspannt und locker – wie im Urlaub. Wenn Ihr rechter Fuß in den Boden drückt, warten Sie auf den Gegendruck des Bodens, der in Ihren Körper strömt. Entlasten Sie dann Ihren rechten Fuß und achten Sie darauf, wie das auf den restlichen Körper wirkt.

Verlagern Sie den Druck beim Einatmen auf Ihren linken Fuß. Erlauben Sie sich mit jedem Atemzug, jede Art von Anspannung gehen zu lassen.

Wechseln Sie hin und her vom rechten Fuß zum linken Fuß, lassen Sie beide abwechselnd drücken. Jedesmal, wenn das drückende Bein Sie in eine neue Lage versetzt, erlauben Sie dem Rest des Körpers, entspannt in der neuen Position zu bleiben. Erlauben Sie Ihrem Bauch, weich und weit zu bleiben. Achten Sie darauf, wie Ihr Körper einer Unterwasserpflanze gleicht, die in einer warmen Meeresströmung mitfließt.

Machen Sie eine Pause, entspannen Sie sich und spüren Sie, wie Sie jetzt sitzen. Atmen Sie sanft ein, stemmen Sie beide Füße in den Boden und warten Sie, bis Ihre senkrechte Position die Wirkung dieses Druckes spürt. Experimentieren Sie beim Atmen mit einer Umverteilung Ihres Körpergewichtes zwischen Ihren Füßen und Ihrer Wirbelsäule. Finden Sie den Ort des Gleichgewichts, an dem das bloße Stehen Ihrer Füße auf dem Boden ein erhebendes Gefühl im ganzen Körper erzeugt.

Finden Sie nun eine neutrale Position, weder vor- noch zurückgelehnt, in der Sie ohne zusammenzusacken oder übermäßige Anstrengung sitzen können. Immer wenn Sie spüren, daß Ihre Wirbelsäule müde wird, bringen Sie Ihre Aufmerksamkeit zurück in Ihre Füße; atmen Sie, machen Sie Ihren Körper weich, damit er sich auf die neue aufrechte Haltung einschwingen kann, die dieser Raum vermittelt.

Stellen Sie sich vor, daß Ihre Haltung nicht statisch ist, sondern sich immer dem Boden anpaßt – auf innere Strömungen oder Brisen reagiert. Je stärker Ihre Füße in den Boden drücken, desto stärker erhebt es Sie. Überlegen Sie sich noch einmal, wie Sie reagieren würden, wenn man Sie plötzlich von hinten erschrecken würde.

INTEGRATIONSFRAGEN

1. Auf welche Situationen in Ihrem Leben reagieren Sie mit Mißtrauen? In welchen Situationen bereiten Sie sich wachsam darauf vor, daß der Boden unter Ihnen nachgibt?
2. Auf welche Situationen im Leben reagieren Sie so, daß Sie zusammenbrechen?
3. Auf welche Situationen in Ihrem Leben reagieren Sie mit Neugier und Flexibilität, wie bei der dritten Art des Sitzens?
4. Nutzen Sie diese neue Zentrierungsübung während hochstressiger Konferenzen, an Ihrem Schreibtisch während eines brisanten Telefongespräches oder in anderen Situationen, in denen Sie gewohnheitsmäßig sich selbst abhanden kommen, weil Sie sich nur auf die Aufgabe oder auf andere Menschen konzentrieren.
5. Verbinden Sie den Zustand des Zentriertseins mit bestimmten Ressourcen. Ein uns bekannter Anwalt spürt beispielsweise, daß er zentriert ist, wenn er am Abschlagpunkt auf dem Golfplatz steht und bereit ist, den Ball zu schlagen. Eine Beraterin weiß, daß sie zentriert ist, wenn sie in Ihrem Kräutergarten ist. Ein Zahnarzt weiß, daß er zentriert ist, wenn er Forellen angeln geht. Wenn Sie dann inmitten einer stressigen Arbeitssituation sind, erinnern Sie sich an Ihre persönliche Ressource. Die Beraterin beispielsweise stellt sich in Streßsituationen vor, sie würde in ihrem Kräutergarten hartnäckiges Unkraut jäten; der Zahnarzt stellt sich bei der Vorbereitung auf eine Operation einen Moment lang vor, er würde knietief in einem rauschenden Bach stehen und einen soeben gefangenen Fisch einholen.

Der unerschütterliche Geist: Ruhe in Aktion

Streß hat weniger mit äußerlichen Druckmomenten zu tun als damit, daß wir auf diese Druckmomente mit exzessiver Anspannung (wie beim steifen Sitzen auf dem Stuhl) oder mit Zusammensacken und einer schlaffen Haltung (wie beim Zusammensacken auf dem Stuhl) überreagieren. Die meisten Menschen halten die erste Einstellung für stark oder kraftvoll und die zweite für schwach. Aber im Grunde ist keine dieser Kampf- oder Flucht-Reaktionen maximal effektiv. Wenn man sich versteift, wird es praktisch unmöglich, sich geschmeidig zu bewegen, unmöglich, mit Elan in eine neue Richtung zu gehen, was eine wertvolle Eigenschaft im schnellebigen Business ist. Auf ähnliche Weise werden Sie, wenn Sie auf anderen herumtrampeln, um ganz nach oben zu kommen, immer auf der Hut sein vor Menschen, die Sie benutzen wollen, um nach oben zu kommen. Ein Leben mit ständig erhöhtem Adrenalinspiegel wegen vorausgeahnter Lebenskrisen gibt einem zwar ein gesteigertes Gefühl der Wachheit, führt aber schließlich zum Zusammenbruch.

„Wenn wir an einen Punkt des Ruhens im eigenen Sein gelangt sind, begegnet uns eine Welt, in der alle Dinge in Ruhe sind, und dann wird ein Baum zum Geheimnis, eine Wolke wird zur Offenbarung, und jeder Mensch, den wir treffen, wird zu einem Kosmos, dessen Reichtümer wir nur erahnen können."
DAG HAMMARSKJÖLD

Heutzutage finden viele Menschen es ziemlich schwierig, sich zu entspannen, obwohl fast jeder erzählt, daß Entspanntsein ein erstrebenswerter Zustand sei. Viele Menschen verbringen ihr Leben in einem dauernden Wechsel zwischen Haltungen exzessiver Anspannung und exzessiver Laschheit, die beide eine Abkoppelung oder Spaltung zwischen Körper und Geist anzeigen.

Wenn der Geist aufgewühlt und vom Bewußtsein für den eigenen Körper abgetrennt ist, neigt der Körper dazu, sich zu versteifen, die Körperenergie zieht sich zusammen, und wahrscheinlich fühlt man sich auch von Menschen und den Umständen drumherum getrennt, weil man zu starr ist, um sich auf die Menschen einzustellen und mit ihnen mitzugehen. Ist man andererseits zu lasch, geht man allzu eilfertig

„In meinen Augen ist Faulheit nicht Untätigkeit, sondern Unaufmerksamkeit.“
WENDY PALMER, SENSEI

Kompromisse ein, beugt man sich den Anforderungen anderer, verliert die Lebensinitiative und wird allgemein gleichgültig. Diese Einstellung wird häufig auch Faulheit genannt.

Die Formulierung „ruhig energetisiert" beschreibt den Zustand des Zentriertseins in Aktion. Wenn Sie ruhig energetisiert sind, fühlen Sie sich wohl in Ihrem Körper; Ihr Körper fühlt sich leicht an, ohne zusammenzusacken; Sie fühlen sowohl die Schwerkraft, die Sie zum Erdmittelpunkt zieht, als auch den Auftrieb von der Zentrifugalkraft der Erde. Das Bild ist das eines Kreisels, der sich in Achsennähe in Ruhe und dabei mit Maximalgeschwindigkeit dreht, anstatt beim Verlangsamen ins Schlingern zu kommen. Wahre Vitalität hat in ihrem Mittelpunkt diese Ruhe.

Wenn man ruhig konzentriert mit etwas beschäftigt ist, wird der eigene Atem so ruhig, daß er fast nicht zu hören ist. Bei Schwertkämpfen der Samurai konnten Beobachter den Sieger oft vorhersagen, indem sie den Atem der Wettstreiter beobachteten. Wenn einer der Samurai furchtsam oder wütend kämpfte, spiegelte sein Atem seinen Zustand wider, was anzeigte, daß sein Geist nicht ruhig und klar war.

Zentrieren hilft, flexibel zu sein und sich verändernden Umständen bei der Arbeit anzupassen. Man fühlt sich selbst innerlich wohl genug, daß man auch andere Menschen sie selbst sein lassen kann. Unter Druck kann man sich dafür entscheiden, sich auszudehnen, anstatt dem Druck mit Steifheit und Widerstand zu begegnen.

Zentrieren von Körper und Geist bedeutet, daß man über eine Kraft verfügt, die entspannt, flexibel und nicht-konfrontativ ist. Denn man hat erkannt, daß der Geist, der ständig auf Kampf ausgerichtet ist, zum Scheitern verurteilt ist, und daß Anspannung die eigene Kraft vermindert. Je angespannter man ist, desto beschränkter sind die Möglichkeiten. Wenn man offen und wach ist in Körper, Geist, Haltung und Einstellung, verfügt man über Flexibilität im Reagieren und den Mut, Veränderungen freudig entgegenzusehen. Man stellt sich Herausforderungen mit Neugier, als ob man mit ihnen tanzen würde, anstatt sie zu bekämpfen oder vor ihnen zu fliehen.

„Es ist nicht so, daß ich nicht zuweilen aus meiner Mitte geworfen würde; ich korrigiere mich nur so schnell, daß es niemand sieht.“
MORIHEI UESHIBA, O SENSEI

ÜBUNG ZWEI: PAAR

Zentrieren mit Hindernis

Standortbestimmung: Nehmen Sie sich einen Augenblick Zeit und überlegen Sie, welche Einstellung bei Ihrer Arbeit vorherrschend ist. Mit welchen Metaphern können Sie diese Einstellung beschreiben? Sind Sie beispielsweise „gewappnet gegen Ärger", „mit den Hufen scharrend", „schon halb zur Tür raus", kommen Sie „nie zur Ruhe", nehmen Sie „das Ruder in die Hand"? Welche Adjektive passen zu Ihrem Typ? Harmonisch, kontrollierend, leichtherzig, wütend, streitsüchtig, hoffnungslos, verbittert, sarkastisch, freudig, rechthaberisch? Notieren Sie ein paar Stichworte zu Ihren Reaktionen; wir kommen später darauf zurück.

Die folgende Übung machen Sie zusammen mit einem Partner. Wie auf den Fotos zu sehen, steht Person A mit dem linken Bein einen halben Schritt vor dem rechten Bein. Person B wird diesen Stand auf die Probe stellen, indem sie aus einem Abstand von drei bis sechs Zentimetern fest mit den Fingerspitzen ihrer rechten Hand gegen die linke Schulter von A drückt.

Diese Herausforderung wiederholt B dreimal, wobei A die

Gelegenheit bekommt, auf drei verschiedene Weisen auf die Herausforderung durch B zu reagieren, durch verschiedene Einstellungen und Haltungen – aggressiv, passiv und zentriert. Die ersten beiden Denk- oder Reaktionseinstellungen sind wahrscheinlich recht vertraut und benötigen nicht viel Übung; der dritte – zentrierte – Zustand ist vielleicht noch nicht in Fleisch und Blut übergegangen; wir machen daher einige übungsbegleitende Vorschläge.

Herausforderung 1

Aggressiv: *Person A sollte versuchen, die Herausforderung zu antizipieren und mit Kraft und Beharrungsvermögen auf den Versuch von Person B reagieren, sie wegzuschieben.*

Welche körperlichen Empfindungen haben Sie bei dieser Art energetischer Herausforderung? Wie würden Sie die Beziehung zwischen A und B charakterisieren? Denken Sie an eine Gelegenheit bei der Arbeit, bei der diese Situation die energetische Dynamik zwischen Ihnen und einer anderen Person widerspiegelte.

Herausforderung 2

Passiv: *Person A sollte versuchen, die Herausforderung zu antizipieren und so nachgebend und anpassungswillig sein wie möglich, um Konflikt zu vermeiden.*

Welche körperlichen Empfindungen haben Sie bei dieser Art energetischer Herausforderung? Wie würden Sie die Beziehung zwischen A und B charakterisieren? Denken Sie an eine Gelegenheit bei der Arbeit, bei der diese

Situation die energetische Dynamik zwischen Ihnen und einer anderen Person widerspiegelte.

Herausforderung 3

Zentriert: *A richtet seine Aufmerksamkeit auf sich und vereinigt Körper und Geist: Lassen Sie allen Streß aus Ihrem Körper gehen. Sie können sich dazu beispielsweise auf die Fußballen stellen und die Hände und Handgelenke in Hüfthöhe schütteln, als ob Sie versuchen würden, Wasser von den Fingerspitzen abzuschütteln. Lassen Sie dann diese Bewegungen langsam kleiner werden. Wenn Sie nach und nach zur Ruhe kommen, senken Sie die Füße ab, bis Ihre Hacken gerade eben den Boden berühren; halten Sie dabei Ihre Knie flexibel.*

Legen Sie Ihre Hand knapp unter Ihren Nabel und atmen Sie in Ihren Bauch, in das körperliche Schwerkraftzentrum Ihres Leibes, und sammeln Sie dort Ihren Geist. Sie können sich vorstellen, wie das gesamte Universum sich in diesem Punkt zentriert oder wie eine Fontäne dort entspringt und nach außen sprüht, durch Ihre Beine, Ihren Rumpf, Ihre Arme, Ihren Kopf hindurch, sich dabei immer weiter nach außen öffnend. Während Sie den Energiefluß zulassen, können Sie auch Ihre peripheren Wahrnehmungen erweitern, so daß Sie mit Augen, Ohren und Haut gleichzeitig wahrnehmen, und zwar nicht nur Ihre eigene energetische Gegenwart, sondern auch die Gegenwart der Welt um Sie herum.

B fordert nun A ein weiteres Mal heraus und benutzt dabei den gleichen Druck wie vorher. Achten Sie auf den Unterschied in Gefühl und Reaktion.

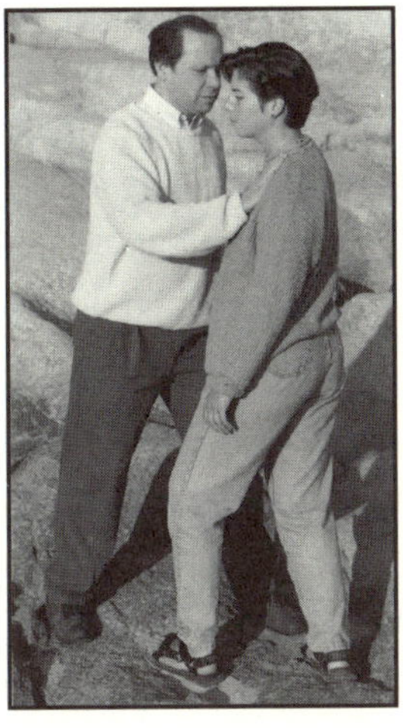

Welche körperlichen Empfindungen haben Sie bei dieser Art der energetischen Herausforderung? Wie würden Sie die Beziehung zwischen A und B charakterisieren? Denken Sie an eine Gelegenheit bei der Arbeit, bei der diese Situation die energetische Dynamik zwischen Ihnen und einer anderen Person widerspiegelte.

Tauschen Sie die Positionen, so daß Person A Herausforderer und Person B Lernender wird.

Standortvergleich: Nehmen Sie sich einen Moment Zeit und gehen Sie noch einmal die Metaphern und Adjektive durch, mit denen Sie begonnen haben. Was haben Sie aus dieser Übung gelernt, was Ihnen mehr Freiheit dabei gibt, auf Ereignisse bei der Arbeit zu reagieren?

INTEGRATIONSFRAGEN

1. Beginnen Sie mit einer starren, aggressiven Haltung gegenüber der Herausforderung und achten Sie darauf, was Sie tun müssen, um zu einer zentrierten Haltung zurückzukehren, wie beispielsweise Erweitern des Wahrnehmungsfeldes oder Entspannen.
2. Beginnen Sie mit einer zusammengefallenen, passiven Haltung und achten Sie darauf, was Sie tun müssen, um zu einer zentrierten Haltung zurückzukehren, wie beispielsweise einen Lebensenergiestrom fühlen, der durch Beine und Hände fließt.
3. Beginnen Sie mit einer zentrierten Haltung und achten Sie darauf, welche Variablen Sie zu Aggressivität oder Passivität hin ablenken; ein Blick, den Ihnen jemand zuwirft? Ein Bild in Ihrem Kopf? Eine Geschichte über ein Gefühl, die Sie sich selbst erzählen? Ein bestimmer Tonfall?
4. Fragen Sie sich, was Sie aus dieser Übung über streßvolle Herausforderungen lernen können.
5. Denken Sie an drei Situationen am Arbeitsplatz, in denen Sie jede dieser drei Reaktionsarten zeigen.
6. Denken Sie an einige Ihrer Kollegen, die unter Druck gewohnheitsmäßig aggressiv starr sind oder passiv zusammenbrechen. Was haben Sie hier gelernt, das in solchen Situationen zu einer anderen Wirkung führen könnte?

Verantwortlichkeit und Reaktionsfähigkeit

Nicht, was uns zustößt, bestimmt, wer wir sind, sondern wie wir auf uns wirken lassen, was uns zustößt. Wir alle sind dann und wann nahe am Siedepunkt, in Augenblicken, in denen wir überkochen oder wir implodieren, wenn wir weiterhin machen, was wir die ganze Zeit gemacht haben. Wenn wir diese Siedepunkte überschreiten, haben wir im Grunde keine Wahl mehr, wie wir reagieren. Wenn wir jedoch lernen, unsere Siedepunkte zu erkennen, wenn wir uns ihnen nähern, haben wir Raum und Zeit, zu manövrieren und uns für etwas anderes zu entscheiden, anstatt unkontrollierbare Zustände die Entscheidungen für uns treffen zu lassen. Zentrieren ist eine Disziplin, die uns dabei hilft.

„Ich habe nie Angst gehabt zu scheitern."
MICHAEL JORDAN

Wir können unsere Fähigkeit einbüßen, sowohl auf uns selbst als auch auf andere zu reagieren. Ein Hinweis darauf ist die Aufspaltung der Rollen, in denen wir uns sehen: „Heute ist Samstag, also bin ich Liebhaber; Sonntag, also bin ich Elternteil; Montag, also bin ich Manager." Oder die folgende Interessenkollision: „Ein Teil von mir will hierhin, aber ein anderer Teil von mir will dorthin, und wieder ein anderer Teil denkt, all das spielt sowieso keine Rolle." Ein weiterer Hinweis ist die Art und Weise, wie wir unsere Grundbedürfnisse erfüllen: „Ich brauche Ruhe, aber ich muß erst diesen Job erledigen, und ich muß meinen Beschäftigten wirklich mehr Aufmerksamkeit entgegenbringen, aber ich brauche auch ein bißchen Zeit, um Pläne für die nächste Woche zu machen, und ich brauche körperliche Betätigung und frische Luft." Dann gibt es noch die Aufspaltung der Emotionen: „Mich erschreckt das ganze Downsizing, aber ich werde dem keine Aufmerksamkeit schenken, weil es mir furchtbar peinlich wäre, wenn jemand denken würde, ich könnte mit diesem Problem nicht fertig werden, aber ich ärgere mich wirklich darüber, daß ich mir so viel Gedanken darüber machen soll, was andere Leute denken, und ich bin traurig, weil ich in dem, was ich tue, wirklich keinen Sinn mehr finden kann." Dies sind fünf Minuten im Geist des Durchschnittsamerikaners. Es ist schon stressig, es zu lesen, und es macht einen verrückt, wenn man versucht, damit zu leben!

Zum Zentrieren nutzen, was man nicht verändern kann

„Wenn die Macht der Liebe die Liebe zur Macht überwindet, dann wird es wahren Frieden geben."
SRI CHINMOY

Sich inmitten all dieses Chaos zu zentrieren bedeutet, sich daran zu erinnern, daß man mehr ist als der Kampf. Anstatt sich in sein Schneckenhaus zurückzuziehen und möglichst viel Entfernung zwischen sich und das Chaos zu bringen oder verzweifelt zu versuchen, das ganze Durcheinander zu ignorieren, können Sie lernen, sich so weit auszudehnen, daß Sie das Chaos umfassen – als wären Sie der Himmel und jedes dieser Fragmente eine Wolke, die vorüberzieht. Sie nehmen jede dieser Wolken wahr, benennen sie, fühlen ihre Auswirkungen in Ihrem Körper, erkennen ihre Gegenwart an und halten sie in dem unendlich weiten Horizont, der Sie sind. Ja, die Angst ist da. Sie ignorieren sie nicht. Es ist eher so, daß Sie auf die Angst reagieren, indem Sie sich beugen. Diese Art zu reagieren bedeutet nicht, daß Sie für alle Zeit so bleiben, sich verändern oder unterliegen müssen. Es bedeutet, einfach Raum zu schaffen, damit eben alles existieren kann, damit es bewußt wird und damit es mit den restlichen Teilen von uns ins Gleichgewicht kommt.

Zentrieren inmitten des äußeren Chaos beinhaltet „paradoxes Denken", das Ihrem linearen Geist sinnlos erscheint. Die meisten von uns denken paradox, um sich zu dezentrieren, beispielsweise: „Je länger John das und das noch macht, desto angespannter werde ich." Wenn man so denkt, gibt man seinem Gehirn jedesmal, wenn John das und das macht, die Instruktion, das Programm für „Anspannung" laufen zu lassen. Aber was wäre, wenn Sie Johns nervtötendes Verhalten für sich arbeiten lassen? Wenn Sie beispielsweise sich selbst sagen würden: „Je länger John das und das noch macht, desto mehr werde ich mich daran erinnern, mich zu zentrieren und auf meinen Atem zu achten." Oder: „Je schneller er redet, desto mehr komme ich in meinem Innern zur Ruhe." Diese Art zu denken klingt vielleicht nicht sehr logisch für Ihren linearen Geist, aber damit können Sie das, was nicht unter Ihrer Kontrolle steht, effektiv nutzen, um sich wieder mit Ihrem eigenen Gleichgewichtszentrum zu verbinden, anstatt sich davon fertigmachen zu lassen.

Wenn Sie sich auf diese Weise zentrieren, nehmen Sie nicht unbedingt mehr Informationen auf, aber Sie verarbeiten sie auf effektivere Weise. Die Informationen, die Sie aufnehmen, können Sie wachsam werden lassen für das, was Sie wissen müssen, Ihnen Einsichten in nützliche Möglichkeiten eröffnen und Ihnen helfen, ein wesentlich klareres Gefühl für die gegenwärtige Realität zu bekommen, allgemein bekannt als Geistesgegenwart oder Gelassenheit. Diese Informationen werden Ihnen auch helfen, weniger anfällig für irritierendes Verhalten anderer Menschen zu sein.

An dieser Stelle bietet sich Ihnen die Gelegenheit, die Macht Ihres Geistes zu nutzen, um die gelernten Prinzipien auf eine Situation zu übertragen, in der Sie verbal oder psychologisch besonders gefordert sind. Das kann der erste Schritt sein, Ihr Gehirn mit einem anderen Reaktions-„Softwarepaket" auszustatten, damit gewohnheitsmäßige „Kniereflex"-Reaktionen sichtbar werden und dann vermieden werden können.

„Der Angreifer ist nicht da draußen, sondern hier drinnen."
MORIHEI UESHIBA, O SENSEI

ÜBUNG DREI: GRUPPE

Zentrieren unter bestimmten Herausforderungen

Gleichgültig, ob eine stressige Herausforderung sich Ihnen als körperlicher Druck, als ausgesprochene Bitte oder als visuelle Überlastung präsentiert, es wird immer Energie auf Sie gerichtet, und Sie können frei wählen, wie Sie reagieren möchten und welche Bedeutung Sie der Herausforderung zuordnen wollen.

Beginnen Sie mit der Übung, indem Sie sich die Arbeitssituation vorstellen, in der Sie am ehesten Ihr Zentrum, sich selbst, verlieren. Nehmen Sie die wesentlichen Bestandteile der Situation, in der Sie sich am stärksten gefordert fühlen, und stellen Sie diese Situation in der Gegenwart als Rollenspiel oder Simulation nach. Zum Beispiel eine laute, chaotische Situation, in der jemand von Ihnen eine schnelle Antwort verlangt, oder eine Situation, in der Sie mit visuellen Daten zugeschüttet werden, oder eine Situation, in der Sie gebeten werden, aus dem Stegreif eine Zusammenfassung zu formulieren.

Wählen Sie aus der Gruppe verschiedene Teilnehmer aus, die dann die verschiedenen Variablen Ihrer bestimmten Situation darstellen – vielleicht kann jemand die Rolle eines fordernden Managers spielen und jemand anderes die eines passiven Kollegen, und so weiter. Zusätzlich zu diesen Streß-Repräsentanten können Sie, wenn Sie möchten, auch Zentrierungs-Repräsentanten oder Coaches schaffen. Beispielsweise könnte jemand, während um Sie herum das Chaos tobt, in Ihrer Nähe stehen und Ihnen leicht die Hand drücken, um Ihnen zu helfen, sich an einige der Fertigkeiten aus Übung zwei zu erinnern. Oder Sie lassen jemanden auf einem Stuhl in Ihrer Nähe sitzen und Sie mit ruhiger Stimme fragen, ob Sie beim Atmen fühlen, daß Ihre Füße in Verbindung mit der Erde stehen (wie in Übung eins). Oder jemand könnte einen Gegenstand hochhalten und Sie so visuell daran erinnern, daß Sie frei atmen oder herumgehen können.

„Im tiefsten Winter entdeckte ich schließlich, daß es in mir einen unbesiegbaren Frühling gibt.“
ALBERT CAMUS

Sich im eigenen Körper und im eigenen Atem zu zentrieren ist der wesentliche erste Schritt, ganz gleich, was die Leute um Sie herum machen. Möglicherweise lenkt Ihr erster Impuls Ihre Aufmerksamkeit aus Gewohnheit darauf, was andere tun – um Ihnen etwas beizubringen, Sie zu verändern oder Ihnen etwas zu beweisen. Paradoxerweise verliert man dadurch, daß man andere in den Mittelpunkt der Aufmerksamkeit stellt, selbst das Gleichgewicht. Möchten Sie recht haben oder effektiv sein? Wenn Sie statt dessen den Augenblick nutzen, um sich selbst zu zentrieren, eröffnen Sie sich wieder Zugang zu Ihrer Wahlfreiheit.

Nehmen Sie Ihr Lernen selbst in die Hand, indem Sie anfangen, pausieren, aufhören und bei Bedarf aus der Situation heraustreten, damit Sie paradox denken können: „Je lauter die anderen werden, desto mehr werde ich die Ruhe in meinem Zentrum spüren." So können Sie sich Ihren eigenen Ressourcen öffnen, ohne andere Menschen auszuschließen. Sie können sogar jemanden bitten, während der Simulationsübung Ihren Platz einzunehmen, damit Sie aus einiger Entfernung anteilnehmend und neugierig beobachten können.

Sobald Sie sich zentriert fühlen, öffnen Sie sich für Ihre Umgebung – Sie werden neugierig auf die fordernde Situation und gehen mit einer Einstellung offenherzigen Interesses auf sie zu. Achten Sie auf alles, was Ihnen dabei hilft – zum Beispiel herumgehen, während andere reden, auf Papier kritzeln, wegschauen oder sich selbst innerlich eine Melodie vorsummen. Die Absicht ist dabei nicht, sich der Meinung anderer anzupassen oder mit der Meinung anderer übereinzustimmen, sondern eine bewußtere und angemessenere Weise zu finden, die Situation Ihren Vorstellungen entsprechend zu gestalten.

„Aikido leitet Mentales, Körperliches und Geistiges in eine harmonische Beziehung und in inspiriertes Handeln über. Weil Aikido eine Körperkunst ist, ist es eine besonders machtvolle Lernmetapher für intellektuelle Unternehmensumfelder."
CHRIS THORSEN

INTEGRATIONSFRAGEN

1. Halten Sie nach der Übung in irgendeiner Form fest, was für Sie bei Ihnen funktioniert hat. Was hat Ihnen geholfen, während der „Siedepunkte" ruhig zu bleiben?
2. Fragen Sie sich selbst: Was kann ich tun, um das, was ich gelernt habe, auf meinen Arbeitsplatz zu übertragen?
3. Gibt es eine Möglichkeit für Sie, am Arbeitsplatz eine Art „Zentrierungs-Coach" zu finden? Sie könnten beispielsweise jemanden bitten, Sie an der Schulter zu berühren, Ihnen eine Unterlage oder einen Stift zu reichen oder Sie zu fragen, ob Sie

spüren, wie Ihre Füße auf dem Boden stehen, wenn er das Gefühl hat, daß Sie „unter Streß stehen".

Business-Anekdote

„Um Wissen zu erwerben, füge jeden Tag etwas hinzu. Um Weisheit zu erwerben, entferne jeden Tag etwas."
LAO-TSE

John, CEO eines Unternehmens im mittleren Westen, das wir berieten, war eine charismatische Führungskraft und hielt sich selbst für einen kooperativen und effektiven Förderer von Teamarbeit. Den größten Teil eines Morgens verbrachten wir damit, diese Übungen mit den Mitgliedern des „Senior Managements" durchzuführen. Als wir uns hinsetzten, um das Gelernte für den Arbeitsplatz zu übersetzen, flog eine Wespe in den Raum, und eine Frau schrie, sie sei allergisch gegen Wespen. Sofort griff sich John eine Zeitschrift, rollte sie zusammen und stellte sich auf einen Stuhl, um nach der Wespe zu schlagen.

Da rief Nancy, eine der Führungsassistentinnen: „Alle sofort aufhören und zentrieren." Sofort atmete jeder, einschließlich John, dreimal tief durch. Nancy ging zu der allergischen Frau hin, berührte sie an der Schulter, wie wir es den ganzen Morgen über geübt hatten, um sie daran zu erinnern, zurück in ihren Körper zu kommen, und sagte dann: „John! Genau das passiert bei jedem Problem mit Teams. Sie werden dominant, und wir stehen einfach daneben und lassen Sie machen." John lächelte reuevoll und rieb sich das Kinn. „Statt dessen", fuhr Nancy fort, „lassen Sie uns hier und jetzt anwenden, was wir gerade gelernt haben." John stieg vom Stuhl herunter und gab Nancy die Zeitschrift. Sie legte sie hin und fragte die Gruppe: „Was ist Ihrer Meinung nach die Absicht der Wespe?" Einer der Männer rief: „Rausfliegen. Die Fenster sind alle zu, und die Wespe ist gefangen." Daraufhin ging sofort jemand los, um ein Fenster zu öffnen, und ein anderer holte ein Glas und eine Karteikarte und fing die Wespe damit. Als er sie aus dem Fenster ließ, klatschten alle Beifall.

„Disziplin heißt, sich an das zu erinnern, was man wirklich will."
ANONYM

Als wir uns hinsetzten, um über das Geschehene zu diskutieren, sagte John: „Das *ist* mein Muster. Das mache ich immer. Sehr interessant. Ich habe es sogar während der Übungen weitergemacht, mit reiner Körperkraft und dominant. Plötzlich wurden mir meine alten Gewohnheiten ganz deutlich. Ihr alle wart viel besser, wenn ich mich nicht einmischte." Als er diese Einsicht mit den anderen teilte, erhoben sich alle von ihren Stühlen und klatschten stürmisch Beifall. In den folgenden Monaten wurde „Denk an die Wespe" eine sanfte Erinnerung, sich zu zentrieren, wenn jemand begann, dominant oder passiv zu werden.

RICHTLINIEN FÜR DAS ZENTRIEREN

HILFREICHE FRAGEN:

⇒ *„Möchte ich recht haben oder effektiv sein?"*

⇒ *„Was ist mir in diesem Augenblick wirklich wichtig?"*

DIE ÜBUNG:

- Entspannen Sie Ihren Körper vollständig. Schütteln Sie sich aus.
- Atmen Sie dreimal bewußt ein und aus und lenken Sie dabei Ihre Aufmerksamkeit in das Zentrum Ihres Bauches.
- Erweitern Sie Ihre periphere Wahrnehmung: Sehen Sie weit, hören Sie weit, fühlen Sie weit.
- Erlauben Sie Ihrem Gewicht, „unterhalb" von Ihnen zu sein, und „atmen Sie durch Ihre Fußsohlen ein".
- Denken Sie paradox: „Je mehr X, desto stärker achte ich auf mein Zentrum", oder: „Je lauter er schreit, desto ruhiger werde ich mich in meinem Körper fühlen."
- Stellen Sie sich für einen Augenblick eine Situation vor, in der Sie sich von ganz allein zentrieren, und nutzen Sie das, um sich in einer Streßsituation zu zentrieren.

3 *Wie können wir Vertrauen und Unterstützung am Arbeitsplatz aufbauen, wenn alles ständig im Wandel begriffen ist?*

BEZIEHUNGSLOGIK

Vertrauen aufbauen in unsicheren Zeiten

„Gibt es keine Gewißheit, so braucht es Mut. Mut zu haben heißt, daß man zunächst die Angst vor dem Unbekannten überwindet. … Wir haben Angst davor, loszulassen, aber Loslassenkönnen ist eine Grundvoraussetzung für den Umgang mit dem Chaos. Viele von uns glauben noch, daß die Welt ohne eiserne Hand auseinanderfallen würde. Und doch sagt uns die neue Wissenschaft vom Chaos, daß dem Universum eine Ordnung zugrunde liegt, die unserer Kontrolle nicht bedarf, und daß das Chaos ein Sprungbrett zu Quantensprüngen in der Entwicklung zum Besseren hin sein kann.“

DANIEL KIM

Woran halten Sie eigentlich fest?

gehört von Jack Kornfield

Um Ihrer Bitte nach zusätzlicher Information zu Abschnitt Nr. 3 Ihres Berichtsformulars nachzukommen – als Ursache für meinen Unfall hatte ich „schlechte Planung" angegeben. Hier die relevanten Details:

Von Beruf bin ich Maurer. Am Tag des Unfalls arbeitete ich allein auf dem Dach eines neuen, dreistöckigen Gebäudes. Als ich meine Arbeit beendete, waren noch rund 250 Kilo Steine übrig. Anstatt sie von Hand vom Dach zu tragen, beschloß ich, sie mit dem Flaschenzug an der Seite des Gebäudes in einem Transportkorb herunterzulassen. Nachdem ich das Seil unten festgemacht hatte, stieg ich wieder aufs Dach, zog den Korb zu mir und lud die Steine ein. Dann ging ich wieder nach unten, machte das Seil los und hielt es kräftig fest, um sicherzustellen, daß die 250 Kilo Steine langsam nach unten kommen.

In Abschnitt Nr. 11 des Berichtes werden Sie gelesen haben, daß mein Gewicht 62 Kilo beträgt. Angesichts meiner Überraschung, so plötzlich vom Boden weg nach oben gerissen zu werden, vergaß ich, das Seil loszulassen. Ich brauche wohl nicht zu erwähnen, daß ich also mit einem ziemlichen Tempo das Gebäude hochsauste. Ungefähr in Höhe des zweiten Stockes begegnete ich dem Korb, der gerade auf dem Weg nach unten war. Daher das gebrochene Schlüsselbein.

Nur wenig langsamer geworden, setzte ich meinen Aufschwung fort und hielt nicht eher an, als bis die Knöchel meiner rechten Hand tief im Flaschenzug steckten. Hoch oben in der Luft hatte ich die Geistesgegenwart, mich daran zu erinnern, ja das Seil festzuhalten. Der Korb jedoch schlug mittlerweile auf dem Boden auf, und unglücklicherweise schlug der Aufprall dem Korb den Boden aus. Ohne das Gewicht der Mauersteine wog der Korb nun ungefähr 25 Kilo. Ich verweise Sie nochmals auf mein Gewicht in Abschnitt 11. Wie Sie sich vorstellen können, begann ich nun, rasant an der Seite des Gebäudes nach unten zu sausen. …

Diese Geschichte legt einen durch die Mangel gedrehten Finger auf ein wichtiges Prinzip: Wenn man keine Kontrolle hat über das, was passiert, dann sollte man mit dem, was passiert, anders umgehen. Wir müssen uns der Gelegenheiten und ineffektiven Prozesse bewußt werden, bei denen wir zwanghaft und in destruktiver Weise an etwas festhalten. Wir müssen uns aus der Umklammerung dessen befreien, was uns nicht weiterbringt, damit wir frei werden, inmitten des Unbekannten zu lernen.

„Die größte Gefahr ist, daß wir eines Tages aufwachen und feststellen, daß wir nicht unser eigenes Leben, sondern das eines anderen gelebt haben."
DAVID WHYTE

Orientierung

Die heutige Geschäftswelt wirbelt im permanenten Strudel ständiger Veränderung. Manchmal fühlt es sich wie der Versuch an, ein Kriegsschiff in einem schmalen Fluß mit starker Strömung zu wenden. Egal, wie effektiv wir weiterhin alte Analysestrategien einsetzen, wieviel härter wir arbeiten, wie überlegen wir technologisch und politisch sind – es genügt nicht, um in diesen Stromschnellen zu manövrieren. Wir haben uns den neuesten Trends angepaßt, haben unsere Abläufe minutiös optimiert, unsere Qualität kontrolliert, und immer noch wird der Druck, mit weniger mehr zu erreichen, stärker und stärker. Wir reengineeren die Struktur unserer Unternehmen, aber wir müssen auch den Geist derjenigen reengineeren, die diese Strukturen geschaffen haben.

Die Kernfähigkeit, die uns der Konkurrenz überlegen macht, scheint die Fähigkeit der betreffenden Organisation zu sein, inmitten radikaler Veränderung auf allen Ebenen handlungsfähig zu bleiben. Dazu muß sich zuerst unser Denken verändern. Wir können uns nicht länger an unsere rigiden Definitionen, richtigen Antworten und richtigen Arbeitsweisen klammern. Nicht das Chaos wirft uns Steine zwischen die Beine, sondern unser Widerstand gegenüber dem Chaos. Weil wir keine Gewißheit haben können, müssen wir bereit sein zu lernen, zu entlernen und individuell und kollektiv neu zu lernen.

Eine wahrhaft lebendige Organisation ist eine Organisation, die ständig lernt und sich entwickelt. General Motors hat seine Aktivitäten weg vom Autoverkaufen und hin zum Erhöhen der Mobilität seiner Kunden verlagert. Shell Oil verlagerte die Aktivitäten weg vom Verkaufen von Benzin und hin zum Befriedigen der Energiebedürfnisse der Kunden.

Diese Metamorphose muß bewußt vor sich gehen. Erfolgreiches Geschäftemachen hängt von der Fähigkeit ab, die gegenwärtige Situation richtig zu beurteilen, diese Beurteilung anderen effektiv mitzuteilen, unter Druck ruhig zu bleiben, die Strömungen der Veränderung geistig vorwegzunehmen und effektiv darauf zu reagieren. Wenn Informationen und Entscheidungen auf so vielen Schultern ruhen, muß jeder von uns in der Lage sein, mit beiden Beinen auf dem Boden zu stehen – leicht, selbständig und jeden Moment bereit, eine neue Richtung einzuschlagen, als säßen wir alle in einem Boot. Wenn wir angesichts der Ungewißheit maximal effektiv sein wollen, ist es wesentlich, daß wir in der Lage sind, menschliche Ressourcen zusammenzuführen und miteinander zu verbinden.

„Die Saat, die wachsen soll, muß aufhören, Saat zu sein. Und jene, die kriechen, können sich verpuppen und Flügel bekommen. Willst du, Sterblicher, dich also an Hüllen festhalten, die dir fälschlicherweise als dein Selbst erscheinen?“
Wu Wei

Dieses Kapitel ist eine Einladung an Sie, Ihre gewohnheitsmäßigen Reaktionen auf Ungewißheit fallenzulassen. Es lädt Sie zu einer Soloübung ein, die Ihnen helfen soll zu lernen, dem Unbekannten zu vertrauen, sowie zu einer Partnerübung, die Ihnen helfen soll, Ihrem Zusammenspiel mit anderen zu vertrauen, und zu einer Gruppenübung, bei der Sie lernen, dem kooperativen Prozeß zu vertrauen.

Beziehungslogik: Jenseits von Kommando und Kontrolle

Vielleicht haben wir so viel Angst vor Veränderung, weil wir so wenig Vertrauen in unsere Lernfähigkeit haben. Die Menschen, die am meisten zu unserer Gesellschaft beigetragen haben, sind diejenigen, denen lebenslanges Lernen eine Selbstverständlichkeit ist und die erfolgreich darin sind. Wenn wir dieser Fähigkeit vertrauen, dann wird Ungewißheit ein Teil von allem, was wir machen, so wie eine leere Leinwand für einen Maler am Anfang steht, oder so wie Stille für einen Musiker die Pause ist, in der die Musik geboren wird. Wir können lernen, Ungewißheit effektiver zu nutzen. Was beispielsweise, wenn wir weniger sicher wüßten, wie unmöglich manche Dinge sind? Und wenn wir aufhören würden, Veränderung zu kontrollieren, und uns statt dessen darauf konzentrieren, das zu verändern, was uns vom Erreichen unserer vollen Kapazität als menschliche Wesen abhält?

Margaret Wheatley, Verfasserin von *Leadership and the New Science*, hat aufbauend auf neuen Entdeckungen der Chaostheorie diesen Ansatz in einer Ansprache zusammengefaßt: „Wir müssen uns überlegen, wie wir das Chaos zu unserem Partner machen können. Um eine starke Kernidentität oder ein starkes Zentrum entwickeln zu können, muß eine Organisation die Fähigkeit entwickeln, sich selbst ständig auf den neuesten Stand zu bringen, verbunden und in Verbindung zu bleiben, Beziehungen zu entwickeln, nötige Informationen zu finden und zu wissen, wie diese Informationen zu interpretieren sind. Ein wesentlich größerer Teil unserer Aufmerksamkeit muß sich darauf richten, wie wir miteinander arbeiten und inwieweit wir füreinander da sind."

„Solange man nicht bereit ist, Verwirrung zu empfinden in bezug auf das, was man bereits weiß, wird das, was man weiß, niemals an Weite, Größe oder Tiefe gewinnen."
MILTON ERICKSON

Wir haben den ruppigen Individualismus und die Logik des Konkurrenzdenkens gemeistert, die wir zum Überleben einst brauchten. Heute sind wir gezwungen, zueinander zu finden und uns mit Hilfe einer völlig anderen Art von Logik zu orientieren. Unseren Kurs im Unbekannten zu finden ist etwas anderes als Spitzenreiter bei allem zu sein. Um unseren Kurs zu finden, müssen wir gewillt sein, alte Meinungen, Überzeugungen und Annahmen über Sein und Möglichkeiten loszulassen, müssen wir bereit sein, neu zu schauen, zuzuhören und hinzufühlen, müssen wir uns auf die Möglichkeiten, die in der Gegenwart als unerwartete neue Qualität entstehen, einstimmen. Das Leben in Ungewißheit ruft danach, daß wir inmitten aller Turbulenzen mit ganzem Hirn, Herz und Körper gegenwärtig sind.

Die Herausforderung der Veränderung: Sich selbst vertrauen im Unbekannten

Veränderung ist ein natürlicher Zustand. Wir selbst sind Meisterwerke der Veränderung. Von Augenblick zu Augenblick sterben Zellen ab und werden Zellen neu geboren. Wie sich der Fluß verändert, der immer der „gleiche alte Fluß" zu sein scheint, wenn wir hineingehen, so ist das Wasser, das unsere Füße umspült, in Wirklichkeit immer wieder anders, immer wieder neu. Kontrolle ist die Illusion – zu versuchen, etwas immer gleich bleiben zu lassen, so wie es immer gewesen ist, feststehend und vorhersagbar.

Die Wissenschaft hat entdeckt, daß dem Chaos eine Ordnung zugrunde liegt, selbst wenn diese Ordnung nicht vorhersagbar ist. Obwohl wir also die Idee der Beständigkeit gehen lassen müssen, können wir immer noch wohlgeordnete Organisationen bilden. Eine Beziehung zur Ungewißheit und Unsicherheit in uns selbst zu finden ist der Ausgangspunkt, um innerhalb organisatorischer Instabilität zur Balance zu finden. Dazu müssen wir die alten, starren Denkweisen aufgeben – damit wir lernen können, uns selbst im Unbekannten zu vertrauen. Dazu müssen wir bereit sein, das Chaos zu durchschreiten, die Verwirrung durchzustehen und die Furcht zu meistern.

„Die Wissenschaft kann das letzte Geheimnis der Natur nicht erklären. Und zwar, weil wir in letzter Analyse selbst Teil des Geheimnisses sind, das wir zu erklären versuchen."
MAX PLANCK

Nehmen Sie sich jetzt einen Augenblick Zeit und überlegen Sie, welche Veränderungen sich in Ihrem Leben gerade abspielen. Wie reagieren Sie auf diese Veränderungen? Welche Einstellungen sollten Sie aufgeben? Die meisten Menschen reagieren auf die der Unsicherheit entspringenden Furcht und Verwirrung, indem sie versuchen, sie zu kontrollieren. Ein erfahrener älterer Manager eines sehr großen Kommunikationsunternehmens beschrieb diese gewohnheitsmäßige Herangehensweise als „Paralyse durch Analyse". Er haßte Unordnung und Durcheinander jeder Art, und entsprechend wurde er immer kontrollierender und versuchte, „den Anschluß nicht zu verpassen". Je angestrengter er versuchte, die Lage zu kontrollieren, desto rigider wurde er schließlich, bis er nach all der Anstrengung schließlich erkannte, daß er sich mit seinen Scheuklappen festgefahren hatte. Er konnte immer nur noch mehr von dem tun, was er bereits getan hatte.

Im Aikido gibt es ein Sprichwort, das sagt: „Wenn du auf Fels stößt, werde Wasser. Wenn du auf Wasser triffst, werde Fels." Wenn sich alles um uns herum dauernd verändert und instabil ist (Wasser), bedeutet Fels zu werden nicht, härter und härter zu werden wie der Manager. Fels zu werden bedeutet hier mehr, sich im Fluß (der Ungewißheit) wohl zu fühlen. Anstatt den Versuch zu unternehmen, zu manipulieren, was außerhalb von uns selbst liegt und nicht zu kontrollieren ist, kommt man zu sich selbst, denn dort ist man frei, sich dafür zu entscheiden, flüssig zu manövrieren.

Die meisten Menschen, die auf Furcht und/oder Verwirrung treffen, verschließen gewohnheitsmäßig ihren Geist und warten, bis sie eine richtige Antwort oder die einzig beste Aktion gefunden haben. Wir haben gelernt, uns angesichts des Wirrwarrs vieler Möglichkeiten so unwohl zu fühlen, daß wir versuchen, so schnell wie möglich so viele Möglichkeiten wie möglich auszumerzen.

Aber wir sind nicht unsere Gewohnheiten. Unserem wahren Wesen nach sind wir Menschen bemerkenswert flexibel und geschickt. Wie kann man, außer mit Kontrolle, Kampf oder Flucht, mit Furcht und Verwirrung umgehen? Als Morihei Ueshiba, Begründer des Aikido und einer der bedeutendsten

„Bin ich bereit, das aufzugeben, was ich habe, um zu sein, was ich noch nicht bin? Bin ich bereit, zuzulassen, daß sich meine Vorstellungen von mir selbst, von der Menschheit verändern?"
M.C. RICHARDS

Kampfkünstler in Japan, gefragt wurde, ob er jemals Furcht empfinde, erwiderte er: „Ich fühle, was Sie fühlen, aber Sie nennen es Furcht. Ich nenne es einen Appell zu handeln." Anstatt zu versuchen, die Furcht angesichts der Ungewißheit einer Schlacht loszuwerden, verneigte sich der Samurai respektvoll vor seiner Furcht und erkannte ihre Vitalität an. Er erweiterte seine Aufmerksamkeit bis zur Quelle der Furcht – er achtete also auf die Erfahrung der Energie in seinem Körper, anstatt den Geschichten in seinem Kopf darüber, warum er die Furcht fühlen oder nicht fühlen sollte, Aufmerksamkeit zu schenken.

Von dieser Position aus kann das Gehirn von Verwirrung und Durcheinander zu einem immer weiter werdenden Geisteszustand übergehen, der einem Kaleidoskop ähnelt, in dem immer neue Muster entstehen. In diesem erweiterten Geisteszustand verlagert sich die Perspektive zum Big Picture; man denkt eher an den Wald als an einzelne Bäume, man hört die Musik und nicht mehr so sehr die einzelnen Töne.

Wir verfügen über die Fähigkeit, die Dinge so zu nehmen, wie sie wirklich sind, und uns dann, wenn wir mit ihnen ins Gleichgewicht gekommen sind, vorzustellen, wie wir am weisesten und effektivsten reagieren können. Als Mittel zur Steigerung Ihres Vertrauens in sich selbst angesichts des Unbekannten geben Ihnen die folgenden Übungen Gelegenheit, auf äußere und innere Situationen der Instabilität neu zu reagieren.

ÜBUNG VIER: SOLO

Bewußtseinserweiterung beim Gehen

Um zu lernen, wie wir uns in unserer Beziehung zu Veränderungen selbst vertrauen und unterstützen können, werden wir zehn Minuten damit verbringen, langsam einen Prozeß zu erforschen, den wir für völlig selbstverständlich halten – das Gehen.

Wählen Sie sich einen Ort im Raum, den Sie ansprechend finden, und gehen Sie direkt auf dieses Ziel zu. Fassen Sie beim Gehen alles in Worte, was Sie erleben. Zum Beispiel: „Ich denke darüber nach, wie ich am besten zu diesem Ziel gelange, und ich spüre aufgestaute Energie in meiner Brust."

Kehren Sie zu Ihrem Ausgangspunkt zurück. Führen Sie nun ein Element der Veränderung ein, indem Sie diesmal mit geschlossenen Augen auf Ihr Ziel zugehen. Fassen Sie beim Gehen alles in Worte, was Sie erleben. Wenn Sie an Ihrem Ziel angelangt sind, machen Sie eine Pause und öffnen Sie dann die Augen.

Erweitern Sie fünf Minuten lang Ihre Aufmerksamkeit, indem Sie Ihren Atem und Ihre Schritte aufeinander abstimmen: Bei jedem Einatmen machen Sie einen Schritt mit einem Fuß. Bei jedem Ausatmen machen Sie einen Schritt mit dem anderen Fuß. Führen Sie dieses langsame Ein-Atemzug-einen-Schritt-Gehen fünf Minuten lang durch und bleiben Sie mit Ihrer Aufmerksamkeit dabei stets gegenwärtig in diesem koordinierten Ablauf.

Werfen Sie zum Schluß ein Dutzend Tennisbälle oder andere Gegenstände ziellos in den Raum, schließen Sie die Augen und gehen Sie von einer Seite des Raumes zur anderen. (Wenn Sie Zugang zu einem unaufgeräumten Kinderzimmer haben, können Sie auch dieses Kinderzimmer im Dunkeln durchqueren!)

INTEGRATIONSFRAGEN

1. Was brauchten Sie, als Sie auf die veränderten Umstände durch Dunkelheit beziehungsweise Zufallshindernisse trafen? Zum Beispiel: „Ich durfte mich nicht so sehr darauf konzentrieren, mein Ziel zu erreichen, sondern eher darauf, wie ich ging."
2. Was haben Sie über Ihr Vertrauen in Ihre Fähigkeit gelernt, den blinden Zufallsweg zu gehen? Zum Beispiel: „Ich habe gelernt, meinem eigenen Rhythmus zu vertrauen, auch wenn dieser sehr langsam war."
3. Inwiefern brachte Sie diese Übung dazu, sich auf Sinne zu verlassen, die Sie normalerweise ignorieren? Zum Beispiel: „Ich mußte mich auf das Erspüren meiner Bewegung, des Fußbodens

„Viele der hellsten Köpfe unserer Kultur gehen ins Business. Manche von ihnen sind in der Lage, den Schmerz zu erkennen, den das Business erzeugt, und diese Menschen sind reif, sich den neuen Möglichkeiten zu öffnen, die sich aus einer Neubestimmung dessen ergeben, was Business sein könnte, damit es den größeren Bedürfnissen sowohl der menschlichen als auch der nicht-menschlichen Welt dient."
MATTHEW FOX

und der Gegenstände verlassen, anstatt mit meinen Augen zu navigieren."

4. In welchen Arbeitssituationen bewegen Sie sich auf Ziele zu und tappen dabei im Dunkeln oder über unebenen Boden? Welchen Rat kann Ihnen diese Übung für den Umgang mit Veränderung in dieser Arbeitssituation geben? Wie könnten Sie Sinne und Fähigkeiten nutzen, die bei der Arbeit normalerweise nicht zum Tragen kommen?
5. Was würde passieren, wenn Sie sich eines jeden Schrittes einer Konferenz oder eines Projektes bewußt wären?

Von Abhängigkeit zur Interdependenz: Sich selbst vertrauen zusammen mit anderen

Die Verträge, auf denen unsere geschäftlichen Beziehungen beruhen, wurden geschlossen, um äußere Sicherheit zu schaffen. Aber äußere Sicherheit gleicht einer Nachttischlampe. Man kann sich nur solange darauf verlassen, daß die Lampe die Dunkelheit erhellt, wie nicht der Strom ausfällt. Diese Art von Sicherheit beruht darauf, daß etwas Äußeres Quelle der Stabilität ist. Äußere Sicherheit vermittelt die Illusion permanenter Stabilität. Innere Sicherheit ist jedoch das Gegenteil: Diese Quelle befindet sich im eigenen Innern, und die Aufmerksamkeit richtet sich auf etwas Äußeres – als hätte man eine Taschenlampe im Bauch.

Wir haben versucht, äußerlich sichere Strukturen aufzubauen und der Veränderung zu trotzen, weil wir fürchten, das etwas passieren könnte, wenn wir unseren Würgegriff lockern oder zulassen würden, daß Mitglieder unserer Organisation offen miteinander sprechen. Wir haben Angst, daß alles auseinanderfallen könnte, und genauso sieht es ja auch aus. Beim Übergang in das neue Jahrtausend werden die alten Sozialverträge, aus denen wir unsere äußere Sicherheit schöpften, verschwinden. Diese Verträge basierten auf bestimmten impliziten Werten, auf einer ausgesprochenen oder unausgesprochenen „Vereinbarung", mit der Sicherheit des Arbeitsplatzes durch Loyalität erkauft wird. In dem Magazin *Fortune* drückte Marketing- und Meinungsforscher Daniel Yankovitch das folgendermaßen aus: „Die Unternehmen sind sich der furchtbaren Wirkung nicht bewußt, die sie haben. Sie bemerken nicht, daß sie dabei sind, einen ungeschriebenen, aber wichtigen Sozialvertrag zu brechen, der zwischen ihnen und ihren Arbeitskräften besteht."

„Neue Wahrnehmungsorgane entstehen als Resultat der Notwendigkeit. Deshalb, o Mensch, erhöhe deine Notwendigkeit, auf daß deine Wahrnehmung zunehme."
RUMI

Keine Klimaanlage der Welt kann den Unmut, die Sorge, die Angst und die mürrische Willfährigkeit wegfiltern, die die Atmosphäre in vielen Organisationen durchdringt, in einer Zeit, in der so dringend Frische, Flexibilität und Innovation benötigt werden. Das Bewahren von Engagement ohne den Anreiz lebenslänglicher äußerer Sicherheit wird außerordentlich schwierig. Wie erschaffen wir eine innere Sicherheit, die nicht verlorengehen kann? Welche neue Vereinbarung würde eigentlich unser intellektuelles Kapital mehren und unsere Fähigkeit fördern, im permanenten Strudel der Ungewißheit zu manövrieren?

Was wie ein Verlust oder ein Ende aussieht, kann, wenn man weit genug zurücktritt, um das ganze Muster wahrzunehmen, sogar ein Gewinn sein, ein neuer Anfang. Der Nobelpreisträger Ilya Prigogine bemerkte, daß lebendige Systeme, die mit umwälzenden, radikalen Veränderungen konfrontiert werden, zusammenbrechen, danach aber die Möglichkeit haben, sich selbst auf eine Weise neu zu konfigurieren, die es ihnen ermöglicht, in ihrer Umwelt besser zu funktionieren. Die radikale Veränderung, die wir erleben, bringt uns von der mechanistischen Auffassung separater und diskreter Einzelteile hin zu einer Auffassung miteinander in Beziehung stehender Ganzheiten. Anstatt uns selbst und einander als „menschliche Ausführungsgehilfen", als statische Produktionsinstrumente zu sehen, die ausschließlich auf

Verträge und Projekte ausgerichtet sind, müssen wir uns auf Partnerschaften und Beziehungen konzentrieren, die uns festen Boden unter den Füßen geben und uns als menschliche Wesen fördern, die sich ständig weiterentwickeln, ständig lernen und sich ständig selbst erneuern.

Implizit fordern die Arbeiter das Management auf, ihnen die neue soziale Ordnung zu erklären. So verschiedene Unternehmen wie AT&T, Chevron, Prudential und Intel sehen ein, daß sowohl das altväterliche Management – Paternalismus –, als auch die Codependence tot sind und durch eine neue Vereinbarung ersetzt werden müssen, die auf Kommunikation unter erwachsenen Menschen und Aufrichtigkeit basiert. Anstatt der alten „Papa weiß es am besten"-Einstellung besteht der neue Vertrag darauf, daß die Beschäftigten selbständig denken. Anstatt gesagt zu bekommen, was sie tun sollen, wird von den Beschäftigten jetzt erwartet, daß sie selbst die Initiative ergreifen. In diesem Modell verwandelt sich die familienhierarchische Kommunikation zu einem Ansatz, der zu Gemeinschaft überleitet. Arbeitsplatzgarantien werden durch Anreize ersetzt, den eigenen Wert für den Arbeitgeber zu erhöhen, indem man sich verschiedenartige und wettbewerbsfähige Fertigkeiten aneignet. Äußerliche Sicherheit hängt nicht länger an Loyalität, sondern an der Fähigkeit des einzelnen, zu lernen und sich auf neue Situationen einzustellen. Philip Carroll, CEO von Shell Oil, drückte das so aus: „Wir müssen garantieren, daß jeder einzelne an einem Lernprogramm teilnimmt, das ihm die Mittel gibt, erfolgreich zu sein, auch auf die Gefahr hin, daß der Betreffende nicht im Unternehmen bleiben kann."

Albert Einstein wurde gefragt: „Was ist die wichtigste Frage, die sich Menschen stellen können?" Er erwiderte: „Ist das Universum sicher?"

Haben Sie sich schon einmal an ein Geländer am Rand einer Klippe gelehnt? Das Geländer gibt uns ein Gefühl des Gleichgewichts und der Sicherheit, mit dem wir viel näher am Rand der Klippe stehen können, als dies ohne Geländer möglich wäre. Aber dieses Gefühl der äußeren Sicherheit trügt, denn wenn das Geländer nachgeben sollte, würden wir sehr wahrscheinlich mit ihm in den Abgrund stürzen. Die Frage ist dann, wie man die Unterstützung des Geländers genießen kann, ohne alles Gefühl für das eigene Gleichgewicht dem Geländer zu übertragen. Das gleiche gilt für die Arbeit. Wir möchten gern all unser Vertrauen in die äußere Sicherheit des Unternehmens stecken, fürchten aber dessen Zusammenbruch. Die folgende Übung kann Ihnen helfen, Ihre Gedanken über die Unterscheidung zwischen der Abhängigkeit der „alten Vereinbarung" und den Beziehungen zu vertiefen, die möglich werden, wenn Unsicherheit explizit gemacht wird.

ÜBUNG FÜNF: PAAR

Vertrauensbrücke

Standortbestimmung: Denken Sie an jeweils eine Arbeitssituation, in der es Probleme in bezug auf Vertrauen, Loyalität, Verrat gab, und nehmen Sie sich einen Augenblick Zeit, einige der Beteiligten und die genaueren Umstände zu notieren.

Option 1

Vertrauen und totale Abhängigkeit

Typischerweise beginnen Menschen ihre Beziehung zueinander, zu einem Team oder zu ihrem Unternehmen folgendermaßen:

B bildet eine Brücke mit rundem Rücken und kniet dabei auf Händen und Knien. Dann beugt sich A über B und stützt sich mit Ellbogen und Unterarmen auf B auf. (Anmerkung: Wenn die abgebildeten Positionen körperlich unangenehm sind, können Sie diese Übung auch im Stehen durchführen, wobei sich eine Person an die Schulter des anderen lehnt.)

Person A überträgt Person B das volles Gewicht und Gleichgewicht im Vertrauen darauf, daß B stabil bleibt. Sowohl A als auch B achten darauf, was für ein Gefühl sie in dieser Abhängigkeitsbeziehung haben, in der eine Person darauf vertraut, daß eine andere sie trägt und stabil bleibt.

Plötzlich und ohne vorherige Ankündigung bricht B zusammen. Sowohl A als auch B achten auf die Resultate dieser Art von Beziehung.

Typischerweise wird die verbale Reaktion in etwa folgendermaßen ausfallen: „Ich dachte, ich könnte dieser Person (diesem Team, Unternehmen) vertrauen, aber das war wohl ein Irrtum."

Option 2

Mißtrauen und Unabhängigkeit

Menschen, die schlechte Erfahrungen mit Situationen wie der oben beschriebenen gemacht haben, übernehmen oft die folgende Strategie, um Abhängigkeit zu vermeiden, indem sie hart und starr werden:

B bildet wie zuvor eine Brücke mit rundem Rücken. A stützt sich wieder mit Ellbogen und Unterarmen auf B auf, vertraut B diesmal aber keinerlei Körpergewicht an. Sowohl A als auch B achten darauf, was für ein Gefühl sie bei dieser Art von Beziehung haben.

Plötzlich und ohne vorherige Ankündigung bricht B zusammen. Sowohl A als auch B achten auf die Resultate dieser zweiten Art von Beziehung, die dazu führen kann, daß wir

uns voneinander isolieren und trennen, unfähig, miteinander zu arbeiten oder füreinander da zu sein. Eine typische verbale Reaktion könnte folgendermaßen ausfallen: „Jeder ist sich selbst der Nächste."

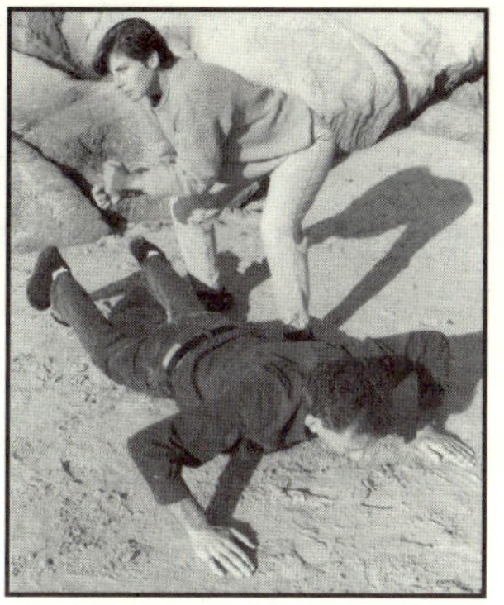

Option 3

Sich selbst und anderen vertrauen – Interdependenz

Irgendwo zwischen den ersten beiden Optionen liegt die „mittlere dritte" Option.

B bildet wie zuvor eine Brücke mit rundem Rücken. A stützt sich wieder mit Ellbogen und Unterarmen auf B auf und erhält dabei sowohl eine Verbindung mit B als auch eine Balance mit sich selbst aufrecht. Typischerweise bedeutet dies, daß A sich zentriert (siehe Übung Zwei): Atmen, ruhiges Energetisieren, Erweitern der peripheren Wahrnehmung.

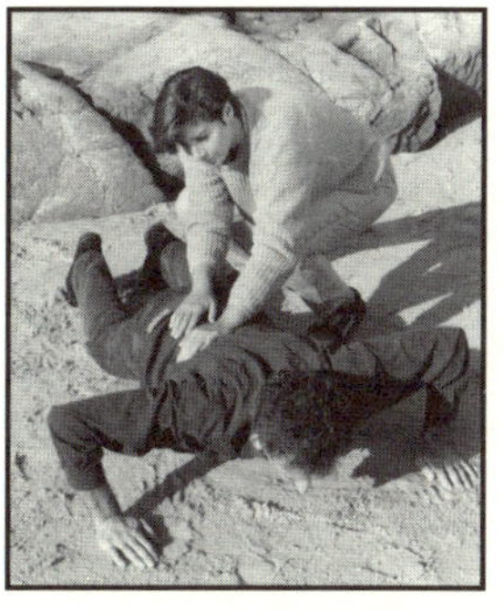

Plötzlich und ohne vorherige Ankündigung bricht B zusammen. Sowohl A als auch B achten auf die Resultate dieser dritten Art von Beziehung.

Eine typische Reaktion wäre beispielsweise: „Wer weiß, wie lange das hält? Laß uns das Beste aus dem machen, was wir haben. Wie können wir uns miteinander verbinden, wenn einer von uns hinfällt oder einen Fehler macht? Was können wir erschaffen, das uns für immer im Gedächtnis bleibt? Laß uns unsere Verbindung genießen, solange sie besteht."

INTEGRATIONSFRAGEN

1. Denken Sie an eine Arbeitssituation, in der Sie die Verantwortung für Ihr Gleichgewicht ganz auf jemand anderen übertragen. Ein Satz, der diese Art von Beziehung ausdrückt, ist beispielsweise folgender: „Ich weiß, daß mich dieses Team niemals im Stich läßt."
2. Denken Sie an eine Zeit, als Sie etwas zusammenhalten mußten, eine Zeit, als Sie das Gefühl hatten, daß ein ganzes Projekt von Ihnen abhing. Dieses Gefühl läßt sich beispielsweise folgendermaßen in Worte fassen: „Wir können nicht ohne Sie leben. Wir zählen auf Sie. Sie sind der einzige, der helfen kann."
3. In welchen Arbeitssituationen oder -beziehungen tun Sie alles, um anderen das Gefühl der Verbundenheit zu geben und bekommen doch nie Unterstützung, wenn Sie sie brauchen? In Worten ließe sich das etwa folgendermaßen beschreiben: „Hör mal zu: Jeder, der hier schon eine Weile dabei ist, weiß, auch wenn wir als Team gelten, daß du immer darauf achten mußt, wer hier die Nummer Eins ist."
4. Denken Sie an eine Zeit, als Sie in einem Team waren, das eigentlich nur pro forma arbeitete. Phrasen zur Zusammenfassung dieser Erfahrung wären etwa die folgenden: „Wir haben sowieso nichts erwartet", „Das ist reine Zeitverschwendung" oder: „Wir haben unseren Arsch in Sicherheit gebracht und für uns rausgeholt, was rauszuholen war."
5. In welchen Arbeitssituationen und -beziehungen gelingt es Ihnen, auf energetische Weise mit anderen verbunden zu sein, ohne Ihr Gleichgewicht zu verlieren? Eine Zusammenfassung dieser Situation könnte beispielsweise lauten: „Ich habe schon eine Reihe von Downsizings mitgemacht, und alles, worauf man sich verlassen kann, ist, was wir jetzt, in diesem Augenblick, zustande bringen, und welche Lebenserfahrungen wir sammeln, die uns niemand mehr nehmen kann."

„Der vornehmliche Zweck eines Unternehmens ist, als Arena für die persönliche Entwicklung der in ihm Arbeitenden zu dienen. Die Güter- und Dienstleistungsproduktion und das Einfahren von Gewinnen sind Nebenprodukte."
ROLF OSTERBERG

6. Welches sind Ihre persönlichen Beiträge, die Ihnen helfen, mit der Ungewißheit auf eine Weise umzugehen, bei der gleichzeitig sowohl das Gefühl der Verbundenheit als auch des Gleichgewichts zum Tragen kommen? Nehmen Sie sich einen Augenblick Zeit und schreiben Sie auf, welche Lerneffekte aus der Übung wesentlich für Sie sind, um im Gleichgewicht zu bleiben und in Beziehung zu anderen Menschen zu treten. Wie hielten Sie diese Verbindung aufrecht, ohne sich völlig abhängig zu machen oder zu isolieren? Wie haben Sie es vermieden, dauernd damit zu rechnen oder sich im Geiste auszumalen, daß sich das von A und B geformte System verändern würde – und wie haben Sie es geschafft, sich dieser Möglichkeit dennoch bewußt zu bleiben?
7. Was haben Sie als B über Ihre Bedürfnisse als unterstützende Person gelernt, oder was brauchen Sie, wenn Sie jemanden nicht halten können und fallenlassen müssen?
8. Was haben Sie über die Rolle des Selbstvertrauens für das Aufrechterhalten einer Beziehung in Ungewißheit gelernt?
9. Um die Natur von Sozialverträgen zu verstehen, gehen Sie in Gedanken einmal einen Arbeitstag durch und untersuchen Sie jede Beziehung im Kontext dieser Übung. Untersuchen Sie, wie sich Sozialverträge in Ihnen selbst auswirken. In welchen Fällen reagieren Sie beispielsweise wie der abhängige Idealist, der auf eine Blitzlösung hofft? In welchen Fällen reagieren Sie wie der starrköpfige Zyniker, der gar nichts mehr erwartet? In welchen Fällen befinden Sie sich mit sich und anderen im Gleichgewicht? Welche inneren Skripte, Mythen oder Geschichten ranken sich um jede dieser Arten von Reaktion? Beispiele wären etwa: „Immer wenn ich zu helfen versuche, werde ich verletzt", oder: „Jedesmal, wenn ich mich auf jemanden verlasse, werde ich schließlich enttäuscht."

Standortvergleich: Was haben Sie mit Hilfe dieser Übung über die Situation gelernt, die Sie im Hinterkopf hatten, als Sie diese Übung begannen?

„Einfach Verbindungen schaffen."
E. M. Forrester

Erneuerung inmitten der Ungewißheit: Lernen, dem Prozeß der Zusammenarbeit zu vertrauen

Wenn wir diese Kurve in der Evolution des Wirtschaftslebens genommen haben, stellt sich uns die Herausforderung, Strukturen anzupeilen, die Beziehungen fördern, die Menschen, Abteilungen und Aufgaben miteinander verbinden. Auf viele verschiedene Arten und Weisen werden wir zu Partnern füreinander, so daß wir alte Konflikte hinter uns lassen und umfassende Felder gegenseitiger Befruchtung betreten können.

Solche Wechselwirkungen innerhalb und zwischen Organisationen sind in der Wirtschaftswelt von entscheidender Bedeutung, und das Wissen um die Förderung solcher Beziehungen ist eine wesentliche Leadership-Fertigkeit. In einer kürzlich durchgeführten Studie über Vorteile durch Kooperation, die in der *Harvard Business Review* veröffentlicht wurde, untersuchte Rosabeth Moss Kanter siebenunddreißig Unternehmen und deren Partner aus elf Regionen der Erde. Sie und ihre Mitarbeiter fanden heraus, daß nordamerikanische Unternehmen mehr als andere „eine enge, opportunistische Sichtweise von Beziehungen haben, welche die politischen, kulturellen, organisatorischen und menschlichen Aspekte von Partnerschaft häufig vernachlässigt". Sie schloß, daß Allianzen, in denen Menschen und Unternehmen zusammenarbeiten, eines dichten Netzes interpersonaler Verbindungen und innerer lernfördernder Infrastrukturen bedürfen.

Aktive Zusammenarbeit findet statt, wenn Organisationen Mechanismen – Strukturen, Prozesse und Fertigkeiten – entwickeln, um Differenzen zwischen einzelnen und Unternehmen in strategischen, operationalen, interpersonalen und kulturellen Dimensionen zu überbrücken. Eine Hauptbedingung für diese Überbrückung ist eine Bereitschaft, über das hinauszuwachsen, was Chris Argyris von der Harvard University

„dynamische Inkompetenz" nennt, d.h. unsere Tendenz, so zu tun, als wüßten wir schon, was wir am dringendsten lernen müßten. Wir können das erst dann tun, wenn alle Beteiligten bereit sind, etwas hinter sich zu lassen – die Illusion, man sei unverletzbar, man habe keine Bedürfnisse, man sei ein vollkommenes Geschöpf, das lernt, ohne dabei Fehler zu machen. Wir müssen die anderen Beteiligten „in uns aufnehmen", was ein Risiko in sich birgt – das Risiko des Scheiterns.

In den meisten Organisationen bleibt die Angst vorm Scheitern die beherrschende Motivation im Alltag. In einer faszinierenden Studie über die Entscheidungsfindungsprozesse von Managern großer Pensionsfonds haben Forscher beispielsweise entdeckt, daß Investitionsentscheidungen nicht primär nach dem Kriterium der bestmöglichen Rendite für den Fonds getroffen wurden, sondern eher danach, die Gefahr, daß einzelne Manager für Fehlentscheidungen haftbar gemacht werden können, zu minimieren. Die Nichtbereitschaft, Fehler anzuerkennen und aus ihnen zu lernen, ist die Quelle der größten „Lernbehinderung" bei Organisationen.

Stellen Sie sich einmal ein Beispiel für das Gegenteil vor. Kleben Sie einen Post-It-Zettel (leichtklebender, wiederablösbarer Zettel) mit dem folgenden Zitat von Thomas Watson, dem Gründer von IBM, auf Ihr Telefon oder Ihren Computer: „Wenn du Erfolg haben willst, verdopple deine Fehlerquote." Der Post-It-Zettel allein wirkt schon inspirierend, denn er wurde aus dem Scheitern von Forschern bei 3M geboren, die versuchten, eine besonders starke Haftsubstanz herzustellen. Anstatt die Verantwortlichen zu feuern, ermutigte sie das Management, zu erforschen, was man aus diesem offensichtlichen Desaster lernen könnte. Indem so der Erfolg den Klauen des Scheiterns entrissen wurde, war ein neuer Geschäftszweig im Bürosektor geboren, und 3M machte Millionen.

Ganz ähnlich beginnt auch im Aikido der Weg zur Meisterschaft damit, daß man lernt, zu fallen, ohne sich zu

„Das ganze Leben ist ein Prozeß des Miteinander-In-Beziehung-Stehens. Erhöhe die Qualität dieses Prozesses, und der Rest wird sich von selbst ergeben."
MOSHE FELDENKRAIS

„Viele Menschen träumen vom Erfolg. Ich meine, daß man nur erfolgreich sein kann durch wiederholtes Scheitern und Introspektion."
SOHIRO HONDA, Gründer von Honda Motors

verletzen, und wie man nachgibt, ohne das Gesicht zu verlieren. Die Botschaften gehen tief: Wenn man starr wird, um das Fallen zu vermeiden, wird die eigene Standhaftigkeit schwächer; wenn man nicht weiß, wie man geworfen wird, wird man einen Wurf selbst nie richtig ausführen können; aus Fehlern zu lernen ist ein Teil der Praxis; der Lehrer verfügt vielleicht über Jahrzehnte mehr an Erfahrung, ist aber respektvoll selbst dem unerfahrensten Lernenden gegenüber. Alle Beteiligten lernen gemeinsam.

Was müßte in Ihrer Organisation geschehen, damit Mitarbeiter Fehler machen können, ohne als Versager zu gelten? Was müßte geschehen, damit alle etwas aus diesen Fehlern lernen können? Was müßte passieren, damit jeder seine Frustration offen ausdrücken und Unterstützung erhalten kann, ohne das Gefühl zu bekommen, er sei dumm oder er werde niedergemacht? Was würden Sie persönlich brauchen, um Mitarbeitern auch nach einem Fehlschlag beizustehen, anstatt sie fallenzulassen, anzugreifen oder zu versuchen, sie wieder in Ordnung zu bringen?

Praktizierende der Kampfkünste üben das Fallen auf eine gepolsterte Matte. Wir lernen den Umgang mit Ungewißheit am besten, wenn wir das Fehlermachen in einer sicheren Umgebung üben können, die uns Unterstützung bietet. Die folgende Übung gibt Ihnen genau dazu Gelegenheit; mit Hilfe dieser Übung können Sie entdecken, was Sie persönlich an Unterstützung benötigen, und können Sie anderen Ihre Erkenntnisse mitteilen.

ÜBUNG SECHS: GRUPPE

Hindernisparcours mit Augenbinde

Vorbereitungen

Bilden Sie Übungsgruppen mit 3-5 Teilnehmern. Markieren Sie auf dem Boden mit Kreide oder mit einem Seil oder sonst etwas die Grenzen Ihres Übungsfeldes; das Rechteck sollte idealerweise mindestens 3,5 Meter breit und 7 Meter lang sein. Legen Sie für einen bis drei Teilnehmer Tücher zu Augenbinden zusammen.

Wählen Sie einen bis drei Teilnehmer aus, die über das abgesteckte Übungsfeld laufen sollen, und nehmen Sie ihnen mit den Augenbinden die Sicht. Die verbleibenden Teilnehmer bauen jetzt einen Hindernisparcours auf, indem sie auf dem Übungsfeld zufällig Gegenstände plazieren. Diese Gegenstände (mindestens zehn) können alles mögliche sein: Stühle, Wassergläser, Äste, Tüten mit Kartoffelchips, Tische, Kisten, Pflanzen, Aktentaschen und so weiter. Mit anderen Worten alles, was Ihr Umfeld zu bieten hat.

Option 1

Fremdreferenz: In diesem ersten Übungsversuch stellen sich die „Blinden" an die eine Seite des Lernrechtecks, nehmen Befehle von den anderen Gruppenmitgliedern entgegen und beginnen, den Hindernisparcours rückwärts zu durchqueren. Die Wanderer warten darauf, daß man ihnen genau sagt, was sie tun sollen, und sind total abhängig von den Stimmen der anderen, die ihnen sagen müssen, wo sie sind, wie es weitergehen soll, wo es riskant ist und wo sie stehen.

Nach der Reise durch das Labyrinth nehmen sich sowohl die Wanderer als auch die Mitglieder des Außenteams (die Regisseure) einen Augenblick Zeit, um die Wirkung und das Pro und Contra dieser Art von abhängiger Beziehung festzuhalten.

Option 2

Selbstreferenz: In diesem zweiten Übungsversuch werden die Gegenstände auf dem Feld neu angeordnet, und die „Blindgänger" starten wie gehabt an einem Ende des Lernrechtecks. Diesmal entscheiden sich die Wanderer dafür, den Hindernisparcours rückwärts allein nach eigenem Gutdünken zu durchqueren und alle Befehle oder Ratschläge zu ignorieren. Am Ende nehmen sich sowohl die Wanderer als auch die Mitglieder des Außenteams einen Augenblick Zeit, um die Wirkung und die Pros und Contras dieser Art der unabhängigen Beziehung festzuhalten.

„Ein Freund ist jemand, dem man sein ganzes Herz ausschütten kann, Spreu und Weizen zusammen, im Wissen, daß die sanfteste aller Hände Spreu und Weizen nehmen und sieben, das Behaltenswerte behalten und mit einem Hauch von Güte den Rest hinwegblasen wird."
ARABISCHES SPRICHWORT

Option 3

Synreferenz: In diesem dritten Durchlauf werden die Gegenstände auf dem Feld noch einmal neu angeordnet, und die „Blinden" starten wie gehabt an einem Ende des Lernrechtecks. Diesmal konferieren die blinden Wanderer mit den übrigen Teammitgliedern und spezifizieren, welche Art von Unterstützung sie von der Gruppe wollen oder nicht wollen, welche Arten von Risiko sie eingehen wollen und welche Art von Einsatzbesprechung sie anschließend abhalten wollen. Einer der Gehenden möchte vielleicht die Fähigkeit entwickeln, seinen Weg durch das Labyrinth zu erspüren, ohne gesagt zu bekommen, was ihm bevorsteht. Möglicherweise möchte er mit dem Coaching warten, um mit Spaß am Lernen zu experimentieren.

INTEGRATIONSFRAGEN

1. Denken Sie an ein Projekt oder eine Aufgabe bei der Arbeit, bei der Sie sich auf Gedeih und Verderb der Führung durch jemand anderen unterwerfen. Welche Kompromisse müssen Sie bei dieser Art des Arbeitens eingehen? Wie würden Sie Ihren Lerneffekt in der Situation beschreiben?
2. Denken Sie an ein Projekt oder eine Aufgabe bei der Arbeit, bei der Sie total kontrollieren, wie jemand anderes seine Arbeit macht oder wie und was der andere lernt. Welche Kompromisse müssen Sie bei dieser Art des Arbeitens eingehen?
3. Gibt es bei der Arbeit Situationen, in denen Sie nur pro forma einem Team angehören, Feedback bekommen und dann als Einzelgänger weitermachen?

4. Hat es Zeiten gegeben, als es Ihnen Spaß machte, ein Projekt oder eine Aufgabe mit einer Gruppe durchzuziehen? Was war damals charakteristisch für Kommunikation, Arbeitsaufteilung, Ressourceneinsatz und Kompetenzen, Besprechung von Lerneffekten und Herausforderungen, Feiern, Anerkennung und so weiter?
5. Welche persönlichen Präferenzen hatten Sie, als Sie auf Ihrem Weg durch das Labyrinth gecoacht wurden? Zum Beispiel: „Ich möchte im Labyrinth erst ein wenig Erfahrung sammeln und Fragen nur dann stellen, wenn ich Unterstützung brauche", oder: „Sagt mir nur, was ich richtig mache, anstatt all das, was ich falsch mache."

Business-Anekdote

Bei einem Strategiemeeting eines großen Telekommunikations-Unternehmens ging das Leadership-Team der Frage nach, wie man effektive Verbindungen mit internen Dienstleistungspartnern auch in instabilen Umgebungen aufrechterhalten könne. Während der Gespräche waren immer wieder die Wörter „Vertrauen" und „Mißtrauen" zu hören.

Ein Teilnehmer sagte: „Wir müssen in Kürze einen Zukunftsplan vorlegen, der das Leben von sechstausend Menschen verändern wird. Einige der Leute, denen wir unsere Idee vorstellen, werden neue Lösungen für ihre Probleme erwarten. Und außerdem gibt es noch die Zyniker, die schon so viele Ideen kommen und gehen sahen, daß sie versuchen werden, das Ganze im Keim zu ersticken."

„Wir können wirklich nicht von unseren Beschäftigten erwarten, daß sie ihrer Firma weiterhin Vertrauen entgegenbringen, zumal wir alle ja wissen, daß anläßlich der kommenden Restrukturierungsmaßnahmen die ganze Abteilung zur Diskussion steht. Die Leute sind schrecklich verletzt und wütend, weil sie wissen, daß sie sich nicht darauf verlassen

„Sicher ist alle Kunst ein Resultat überstandener Gefahr. Eine Erfahrung wurde bis zu ihrem Ende gemacht. Alle schönen Dinge, die aus uns kommen, kommen aus unserem Vertrauen auf Veränderung, das Geheimnis des Lebens."
RUMI

„Die Organisationen, in denen wir arbeiten (in der nahen Zukunft), werden in jeder Hinsicht weit weniger stabil sein. Die normale Art und Weise, wir wir uns selbst definieren – die normalen Strukturen, die uns ein Gefühl der Festigkeit und Vorhersagbarkeit geben – werden vollständig verschwunden sein."
MARGARET WHEATLEY

können, daß ein Unternehmen, eine Abteilung, ein Team oder eine Führungskraft für alle Zeiten für sie da sind."

Dann nahmen die Teilnehmer eine Auszeit, unterbrachen die Gespräche und übten die Vertrauensbrücke (wie in Übung Fünf). Danach sagte eine Frau: „Zuerst hatte ich Angst, mich auch nur das kleinste bißchen auf Sie zu verlassen, weil ich ja wußte, was sich gleich verändern würde; aber dann erkannte ich, daß es keinen Grund gab, warum ich nicht eine Weile auf Ihnen balancieren sollte – ich meine, ich wäre ja so oder so nicht gefallen ... Ich habe nicht mein ganzes Gewicht auf Sie gelegt, sondern nur so viel, daß ich Ihre Gegenwart und Ihre Bewegungen spüren konnte. Auf diese Weise konnte ich spüren, wann unser System von der Veränderung betroffen wurde, und konnte mich selbst stützen." Und ein Mann, der die Brücke gewesen war, meinte: „Ich habe gelernt, daß ich fallen oder mich verändern konnte, ohne alleingelassen zu werden oder meine Verbindung mit dem System zu verlieren."

Nach der Übung kam das Team zu dem Schluß, daß es inmitten des Chaos nur eines garantieren konnte, nämlich das Engagement, die Beziehungen zueinander aufrechtzuerhalten. Und angesichts der ungewissen Natur der Zukunft stiftete die folgende Frage die nötige Einheit: Was konnten die Beteiligten schaffen, das unabhängig von dem, was jetzt passieren sollte, Wert besaß für alle? Ein Mann fuhr fort: „Diese dritte Art von Beziehung möchte ich auch mit meinen internen Kunden im Unternehmen aufbauen. Denn wenn sie in einer der ersten beiden Beziehungen zu mir stehen, werden sie wütend und verletzt sein, wenn die Restrukturierung beginnt. Oder, wenn sie total unbeweglich und zynisch sind, dann werden sie nicht flexibel genug sein, die Beziehung auch durch die anstehenden Veränderungen hindurch aufrechtzuerhalten. Diese dritte Art, sich aufeinander zu beziehen, ermöglicht einen Fluß im System, der unsere Anstrengungen nicht schmälert und nicht zur Resignation führt."

Viele von uns sind schon einmal tief gefallen und haben gelitten, wenn diejenigen, auf die wir uns verlassen und die uns gestützt hatten, verschwunden oder selbst gefallen sind. Und unsere Reaktion darauf war, daß wir versucht haben, unabhängig voneinander zu leben, autonom und mit der Einstellung des „Ich brauche niemanden für irgendwas" à la John Wayne. Autonomie ist sicher wichtig und hat auch ihren Platz, aber sie ist zugleich einschränkend und illusorisch.

Kein Erfolg kann Ergebnis einer unabhängigen Bemühung sein. „Nach oben kommen" erfordert, daß man beinhart über Menschen hinweggeht, und führt zu dem nur allzu vertrauten Gefühl: „Es ist einsam an der Spitze." Dies ist auch der Zustand, in dem sich viele Beschäftigte nach Downsizing- und Reengineering-Projekten wiederfinden. Der grundsätzliche Mangel an Vertrauen führt dazu, daß wir, wie Autor und Management-Guru Steven Covey es ausdrückte, uns schließlich „ängstlich beeilen zu leben, beeilen zu lieben, beeilen zu lernen und beeilen, ein eindrucksvolles Vermächtnis zu hinterlassen".

„Wo Integrität und Liebe sind, woran kann es da noch fehlen? Wo Integrität und Liebe nicht sind, was kann da von Nutzen sein? Wenn es Integrität gibt, was brauchen wir dann mehr? Wenn Integrität fehlt, was haben wir davon?"
HL. AUGUSTINUS

Diese rigide Unabhängigkeit bewahrt uns vor der inneren Teilnahme am Zusammenbruch anderer, kapselt uns aber auch ab und macht uns zynisch. Wir achten weniger auf die Verletzbarkeit anderer Menschen und nehmen weniger Rücksicht auf sie; wir sind unfähig, Menschen effektives Arbeiten in Teams zuzutrauen; wir sind unfähig, Unterstützung zu geben oder zu erhalten.

Interdependenz, wie oben beschrieben und erlebt, ist eine Art von Beziehung, in der man weder ausschließlich dem anderen noch ausschließlich sich selbst vertraut. Man vertraut eher sich selbst *mit* dem anderen, sei der andere nun ein Mensch oder eine Organisation. Man nimmt die Unterstützung an, wenn sie da ist, nimmt sie tief ins eigene Zentrum auf, und wenn sie ausfällt, erhält man die Verbindung aufrecht, ohne selbst zusammenzubrechen.

Der Übergang vom mechanischen Management der Dinge zu einem menschenorientierten Paradigma bedeutet, daß wir im Wechselspiel miteinander arbeiten müssen, sowohl autonom als auch mit Augenmerk auf kreative, effektive und synergetische Interaktionen mit Menschen. Da wir wissen, daß es keinen Vertrag „für immer und ewig" gibt, müssen wir die Unterstützung annehmen, die es in der Gegenwart gibt und diese nutzen, um die Lebensqualität zu erschaffen, nach der wir streben.

RICHTLINIEN FÜR DAS NAVIGIEREN IN ZEITEN DER UNGEWISSHEIT

Mit freundlicher Genehmigung von Judy Sorum Brown

- Vertrauen Sie Ihrer eigenen Wahrheit und teilen Sie diese mit.
- Achten Sie Vielfalt, einschließlich der unterschiedlichen Stimmen und Meinungen in sich selbst.
- Geben Sie sich sowohl professionell als auch ganz persönlich.
- Gehen Sie davon aus, daß die anderen mit Ihnen zusammenarbeiten.
- Achten Sie darauf, wie Sie kommunizieren.
- Achten Sie aufmerksam auf Ihr Innenleben.
- Betrachten Sie Veränderung als Vitalität.
- Nehmen Sie sich vor, sowohl aus dem Zurückbleiben als auch aus dem Fortschritt zu lernen.
- Bewahren Sie die Kreativität im Herzen Ihres Lebens.
- Seien Sie sich Ihrer mentalen Modelle bewußt, der Optik, durch die Sie die Welt wahrnehmen.
- Seien Sie mutig und erinnern Sie sich daran, daß Verluste auch Gewinne sein können.

4 *Wie schaffen wir am Arbeitsplatz gegenseitigen Respekt für unterschiedliche Bedürfnisse?*

GRENZEN, NICHT BARRIEREN

Eigene und fremde Grenzen respektieren

„Es galt immer zu wählen. Jeder Tag, jede Stunde bot eine Gelegenheit, eine Entscheidung zu treffen, eine Entscheidung, die bestimmte, ob man sich den Mächten, die drohten, uns unser Wesen, unsere innere Freiheit zu rauben, unterwarf oder nicht, und die bestimmte, ob man zum Spielball der Umstände wurde oder nicht."

VIKTOR FRANKL, Vom Leben in den Konzentrationslagern

Im Tal der Blinden

Nach „Das Land der Blinden" von H.G. Wells

Der Held dieser Geschichte war ein normaler Mensch, fast wie du und ich. Eines Tages stieg er, weniger aus Neugier als aus Angst vor dem Alter, aus seinem Leben aus. Ohne bestimmtes Ziel wanderte er schließlich in der Wüste umher.

Nach wochenlanger Wanderung durch Gelände, das auf keiner Karte verzeichnet war, kam er an einen kleinen Weg, und bei Sonnenuntergang stieg er in ein enges, grünes Tal hinab. Ins Tal geduckt lag ein kleines Dorf. Die Häuser aus Kiefernholz waren schmuck und einladend, scharlachrote Geranien hingen aus Blumenkästen vor den Fenstern, und kleine Rauchschwaden stiegen aus geziegelten Schornsteinen.

Die Bewohner der Ortschaft begrüßten den Wanderer begeistert, so als hätten sie seit Jahren keinen Besucher mehr gehabt. Der Wanderer brauchte jedoch nicht lange, um zu erkennen, daß alle Bewohner, die er traf, blind waren. Nirgends gab es Lichter, nur die Glut in den Herden, auf denen die Bewohner kochten, nirgends Straßenlaternen, nirgends Neon- oder Straßenschilder. Da alle Bewohner bereits blind zur Welt gekommen waren, war der gesamte Ort darauf ausgelegt, in der Kälte der Nacht zu funktionieren.

In den Wochen nach seiner Ankunft war der Mann sehr beeindruckt von der Gewandtheit, mit der die Dorfbewohner ihren Weg durch die Straßen fanden, indem sie mit ihren Füßen kleine Erdhaufen „lasen", die strategisch an den Straßenrändern postiert waren. Er fühlte jedoch großes Mitleid mit den Bewohnern. Aus seinem Mitleid wurde eine Absicht – der Wanderer beschloß, dort zu bleiben und den Bewohnern zu helfen, wo er nur konnte.

Seine Leidenschaft entflammte, als er der Tochter des Bürgermeisters begegnete. In Windeseile hatte sich der Mann in sie verliebt und wollte mit ihr den Rest seines Lebens verbringen. Er raffte all seinen Mut zusammen und suchte den Bürgermeister auf, um ihn um die Hand seiner Tochter zu bitten.

Die Erwiderung des Bürgermeisters schockierte ihn zutiefst. „Meine Tochter – Sie heiraten? Ach du meine Güte, nun, ein netter Kerl scheinen Sie wohl zu sein, aber ich kann doch nicht zulassen, daß meine eine und einzige Tochter einen Krüppel heiratet! Entschuldigen Sie, ich meine jemanden, der dermaßen stark behindert ist."

„Ich und behindert? Sie sind es doch wohl, der hier blind ist!"

„Blind? Was ist das? Mein lieber Mann, Sie müssen verstehen, daß wir, seit Sie hier angekommen sind, auf Sie aufpassen mußten. Sie sind so behindert, daß Sie nicht von einem Ort zum anderen kommen, ohne zu stolpern, hinzufallen oder sich zu verlaufen. Sie scheinen ungeeignet für jedwede Fabrikarbeit oder sonstige Arbeit, mit der Sie Ihren Lebensunterhalt bestreiten könnten. Es tut mir leid, aber ich kann meine Tochter nicht in eine Zukunft heiraten lassen, die so voll ist von Nachteilen wie die, die Sie zu bieten haben."

„Aber wir lieben einander so sehr und ..."

Als sich der Bürgermeister abwandte, sanken seine Worte in des Wanderers Geist. Er erkannte, daß er anders war als alle anderen hier. Vielleicht war er wirklich behindert. Der Dorfgemeinschaft war er wirklich keine große Hilfe. Vielleicht hatte der Bürgermeister recht.

„Kann ich denn gar nichts tun?" fragte er. „Ich bin ein schneller Lerner ..."

Der Bürgermeister neigte sein weißes Haupt und entgegnete: „Nun, der Dorfarzt vertritt die Meinung, jene beiden kugelförmigen Objekte in Ihrem Gesicht würden Ihnen das Lernen sehr erschweren. Sie scheinen irgendeine Art von Störung hervorzurufen. Der Arzt meint, daß Sie nach einer operativen Entfernung der Beulen uns anderen hier ähnlicher würden und wahrscheinlich sogar hier leben könnten."

„Beulen? Meine Augen meinen Sie? Sie wollen, daß ich mir meine Augen entfernen lasse? Sind Sie verrückt?"

Der Bürgermeister zuckte mit den Schultern. „Augen? Was sind Augen? Die Entscheidung liegt natürlich bei Ihnen, aber wenn Sie meine Tochter heiraten und hier leben wollen, ist das die einzige Möglichkeit."

Der Wanderer war hin- und hergerissen. Er konnte sich nicht vorstellen, ohne seine neugefundene Liebe zu leben, aber der Preis erschien ihm unbezahlbar. Die Tage vergingen, und sein Geist ging im Kreis. Schließlich begann er sich vorzustellen, was es heißen würde, „normal" zu werden wie alle anderen hier. Kurz darauf willigte er in die Operation ein.

Als er sich auf den kalten metallenen Operationstisch legte, war er entschlossen, alles mit sich geschehen zu lassen. Der Chirurg, bereit loszuschneiden, hob sein Skalpell und beugte sich über ihn. Aber in jenem Augenblick verließ den jungen Mann der Mut. Er setzte sich kerzengerade auf und begann zu schreien: „Nein, nein, ich will nicht blind werden, nur um zu sein wie Ihr anderen. Nein! Mein Augenlicht ist ein Geschenk, und ich werde es niemals hergeben. Nie und nimmer!"

Die Dorfbewohner schüttelten mitleidig ihre Köpfe, als der Mann auf dem Weg zurücklief, den er gekommen war, um nie wieder in die dunkle Sicherheit des Tales der Blinden zurückzukehren.

„Menschen, die sich an das Arbeiten mit Computern gewöhnt haben, werden ungeduldig bei den langsameren Abläufen des täglichen Lebens. … Nie zuvor wurde Zeit jenseits des Bereiches des Bewußtseins organisiert. … Im Computer verarbeitete Ereignisse werden in einer Sphäre existieren, die wir niemals werden erleben können."
JEREMY RIFKIN

Wie diese Geschichte lehrt, leben viele Gruppen, seien es nun Dörfer oder Organisationen, nach einer Politik, die uns blind macht. Wenn unsere Grenzen durch eine neue Situation, eine neue Beziehung oder einen neuen Job auf die Probe gestellt werden, können wir erleben, wie machtvoll oder machtlos wir dem Neuen gegenüberstehen – wir können unter der Spannung zusammenbrechen oder ihr standhalten, indem wir zu dem äußeren „Nein" finden, das unser inneres „Ja" von unseren Bedürfnissen und Werten befreit.

Orientierung

Wir leben in einem kleinen, aber vitalen Winkel der Geschichte. Nie gab es eine aufregendere oder herausforderndere Zeit, lebendig zu sein. Die Jahrtausendwende, die täglich näher rückt, ist so potent, gefahrvoll und fruchtbar an Macht und

Möglichkeiten. Was wir heute tun, hinterläßt tiefgreifende Wirkungen. Dennoch ist eine der am häufigsten gehörten Klagen in der Welt der Wirtschaft, daß die Leute durchs Leben gehen, ohne die Erfahrung zu machen, wirklich zu leben. Während wir früher gingen, rennen wir heute. Unser Leben zerfällt in Hunderte voneinander getrennter Abteile, die anscheinend alle einer Vorbestimmung unterliegen. Wir tun so, als müßten wir immer und stets offen für alle äußeren Anforderungen sein. Aber allein schon unser Körper zeigt uns, daß dies völlig unmöglich ist: Die Augen beispielsweise sind weder die ganze Zeit über offen noch geschlossen, müssen aber zu beidem in der Lage sein können.

Auf eine sehr wesentliche Weise verschließt der gegenwärtige Versuch zur Transformierung amerikanischer Unternehmen – allgemein als Reeingeneering bezeichnet – vollständig die Augen vor der persönlichen Situation der Beschäftigten von heute. Die Druckmomente, die Unternehmen dazu bringen, ihre Arbeitsabläufe zu überdenken, um mehr mit weniger zu erreichen, produktiver zu sein, die Kosten zu begrenzen und die Qualität zu erhöhen, sind jedem bewußt. Was aber außerhalb unserer Aufmerksamkeit liegt und wovor die Organisationen die Augen verschließen, ist die Rolle, die Familie, Gemeinschaft und persönliche Bedürfnisse in diesem Prozeß spielen. Der Druck, den diese Kräfte auf die Konzentrationsfähigkeit, den Seelenfrieden und die Leistungsfähigkeit der Arbeitskräfte ausüben, senkt im Gegenteil Produktivität und Arbeitsqualität und macht den Bemühungen zur Kostenbegrenzung durch unvorhergesehene Fehltage und verringerte Effizienz einen Strich durch die Rechnung. Das Herzstück unseres Lebens wird auf viele subtile und weniger subtile Weisen angegriffen durch das, was wir Tag für Tag tun, und durch die Qualität der Beziehungen zu den Menschen, die wir lieben oder mit denen wir arbeiten. Montag morgens zwischen 8 und 9 Uhr gibt es mehr Herzinfarkte als zu jeder anderen Zeit der Woche. Das durchschnittliche amerikanische

„Erschöpfung macht Feiglinge aus uns allen."
VINCE LOMBARDI

Doppelverdiener-Paar verbringt nur zwanzig Minuten am Tag miteinander. Der durchschnittliche Vater verbringt nur dreizehn Minuten am Tag mit seinen Kindern. Die Familien versuchen, völlig verschiedene Zeitrhythmen unter einen Hut zu bringen und ein gemeinsames Leben möglich zu machen, aber die Familienmitglieder spüren oft, daß ihr inneres Gefühl für den eigenen Rhythmus verletzt wird.

Früher war es einmal so, daß wir Zeit genug hatten, uns in den Rhythmus einer Aufgabe hineinzufinden und das Wunder zu genießen, daß unser Geist erschuf, indem er in eine Idee hinein-, wieder aus ihr heraus- und um die Idee herumwanderte. Heute werden wir in eine „Hyper-Aufmerksamkeit" gezwungen, in einen dauernden äußeren Fokus, ohne die Ruhe und Kreativität des früheren Sinnierens. Was uns bleibt, ist ein Rücken-an-Rücken-Stakkato-Rhythmus, in dem wir eins nach dem anderen abhaken. Wir machen immer wieder die Erfahrung, daß unsere Gedanken unterbrochen werden, bevor sie zu ihrem natürlichen Schluß gekommen sind. Die Flut technologischer „Zeitersparnis"-Hits – wie Kurzwahl, Pager, Laserdruck, E-mail, Faxgeräte, Computer – macht es nur einfacher, immer mehr in unsere überfütterten Linkshirne hineinzustopfen. Handys und Funk-Pieper bedeuten, daß jeder jederzeit überall erreichbar ist. Warte-Tasten bedeuten, daß jedes Gespräch jederzeit unterbrochen werden kann. Zeit- und Abstandsgrenzen sind verschwunden. Das Innenleben wird als etwas gesehen, für das man keine Zeit hat, und doch sehnen sich viele von uns im Geheimen nach „Zeit für mich allein".

US-Marine-Forscher wissen schon längst, daß das menschliche System alle neunzig Minuten eine Ruhepause braucht. In einer Studie über Sonarbildschirm-Bediener haben diese Forscher entdeckt, daß das Personal zu halluzinieren und nichtvorhandene Leuchtpunkte auf dem Bildschirm zu sehen und vorhandene zu übersehen begann, wenn es nicht alle neunzig Minuten eine Pause machen konnte. Wenn wir uns diesen natürlichen Tagesruhezyklen verweigern, riskieren wir eine ganze Palette von streßbedingten Störungen und Funktionsausfällen.

Der Widerstand gegenüber neuen Ideen, der Managern von seiten vieler Mitarbeiter entgegenschlägt, die Ausreden und das Versagen bezüglich der Implementierung neuer Ideen haben ihren Grund sehr oft in dieser Überlastung, diesem Mangel an Zeit für Reflexion, für sich allein. Das neue Arbeitsumfeld erfordert Zusammenarbeit und wechselseitige Vernetzung, aber wie schafft man sich selbst Sicherheit, wenn man zu allem und jedem ja und amen sagen muß? Die natürlichen und bekannten Grenzen, die festlegten, wo und wann und mit wem wir arbeiteten, gehören heute der Vergangenheit an. Die Arbeit erstreckt sich rund um die Uhr und dauert sieben Tage pro Woche. Und in den Managementseminaren wird uns nur beigebracht, noch enthusiastischer „ja und amen" zu sagen.

„Das Leben ist so kurz. Wir müssen uns sehr, sehr langsam bewegen."
THAI-SPRICHWORT

Seit die Grenzen, die uns Sicherheit gaben, sich aufgelöst haben, haben wir Barrieren aufgebaut, um uns selbst zu schützen, Mauern, die definieren, wo die Arbeit aufhört und der Rest unseres Lebens beginnt. Wir leisten untergründig Widerstand, wir sabotieren unabsichtlich in einem unbewußten Versuch, Zeit und Raum für uns allein herauszuschinden. Sobald wir die subtilen Hinweise unseres Körpers mißachten, brechen Krankheiten oder Unfälle über uns herein. Sobald wir die Augen vor den Visionen unseres Geistes verschließen, werden wir zynisch und halten persönliche Ressourcen zurück. Sobald unsere vom Herzen her kommende Zuwendung des Herzens abgewiesen wird, weigern wir uns, uns mit anderen zu verbinden. Sobald der Rhythmus unseres Denkens verletzt wird, wird unser Denken starr und spröde.

Eine Tür an sich ist weder offen noch geschlossen, sie ist fähig zu beiden Zuständen. Wenn wir lernen, Grenzen aufzubauen, ohne Angst vor dem Verlust unseres Arbeitsplatzes

„Wir haben heute Probleme am Hals, weil wir Zwischenlösungen sind. Die alte Lösung hielt uns lange Zeit über Wasser – sie formte unsere emotionalen Einstellungen, sie gab uns einen Lebenssinn. ... Wir wachten morgens auf und wußten, wer wir waren. Wir konnten die Fragen unserer Kinder beantworten. Für alles war gesorgt, denn wir hatten ja unsere Lösung. Heute funktioniert die alte Lösung nicht mehr – und wir kennen die neue Lösung noch nicht."
THOMAS BERRY zitiert von BILL MOYERS

„Nein" zu dem zu sagen, was wir von uns fernhalten wollen, werden wir uns ganz natürlich öffnen und „Ja" sagen können. Jeder von uns will produktiv sein – das liegt in unserer Natur. Und jeder von uns braucht ein wenig Zeit, um sich von der äußeren Welt abzuschließen und sich den eigenen Gedanken, Gefühlen, Empfindungen und Träumen zu öffnen. Wenn wir dieses Bedürfnis nach Reflexion ignorieren, beginnen wir, uns mit Mauern gegen unsere tiefste Weisheit abzuschotten. Wir teilen uns auf und geben uns stückchenweise als Almosen heraus, als wären wir Handelsware.

Sich selbst von dem Schmerz, den der Erzieher und Schriftsteller Parker Palmer „das geteilte Leben" nennt, zutiefst berühren zu lassen, heißt, erleuchtet zu werden von der Einsicht, daß unsere Unterdrückung nicht bloß das Resultat äußerer Kräfte ist, sondern auch daher rührt, daß wir mit diesen Kräften zusammenarbeiten. Genau in diesem Augenblick der Bewußtheit kann man sich weigern, die weitere Verminderung von Geist und Vitalität zu unterstützen. Man macht nicht länger etwas anderes zum Problem, und man selbst ist nicht länger das Problem. Man beginnt, eine Beziehung zu dem Problem aufzubauen. Keine Strafe ist schlimmer als die, beim Verleugnen der eigenen Integrität mitzuhelfen; und keine Belohnung ist großartiger als die, auf eine Weise zu leben, welche die eigene Integrität achtet.

Dieses Kapitel ist ein Feld, auf dem wir lernen können, uns aus den Fängen ungeschickten Vorgehens zu befreien und das zu pflegen, was uns zu unserer Fähigkeit zurückbringt, integer zu handeln, damit wir mit ganzem Herzen bei der Arbeit sind. Die Soloübung zur Persönlichen Kompetenz zeigt eine Möglichkeit auf, die vielen „Neins" zu hören, die unsere Zellen uns ständig schicken. Die Partnerübung zur Entwicklung von Teamkompetenz stellt einen positiven Prozeß für den Ausdruck von Negativem zur Verfügung. Die Gruppenübung zur Erweiterung unserer Veränderungskompetenz erhöht unser Vermögen, ein breites Spektrum persönlicher Bedürfnisse zu unterscheiden und mit diesen zusammenzuarbeiten.

Organisatorische Lernbarrieren

Ein kürzlich von Lotte Bailyn (Professor of Management an der MIT Sloan School of Management) durchgeführtes Forschungsprojekt ging der Frage nach: „Wie geschieht es eigentlich, daß Organisationen engagierten Mitarbeitern, die auch Verpflichtungen außerhalb der Organisation haben, wie z.B. Familie, das Leben so schwer machen? Was steht dem Lernen im Wege?"

Eine der Gruppen, mit denen Lotte Bailyn in einer multinationalen Organisation von Fortune 500 arbeitete, bestand aus Ingenieuren, die gerade ein neues Produkt nach einem engen Zeitplan entwickelten. Diese Gruppe von Ingenieuren war Teil der Bemühungen des Unternehmens um eine Verkürzung der Zeit, die von der Idee bis zur Marktreife verging. Prof. Bailyn entdeckte folgende Barrieren, die Engagement, Effektivität und Lernen im Wege standen:

- die Annahme, persönliche Bedürfnisse müßten auf ein Minimum reduziert werden und Arbeitsbedürfnisse sollten immer an erster Stelle stehen;
- die Annahme, Überstunden seien sowohl ein Zeichen für Engagement, Loyalität, Kompetenz und hohes Potential als auch ein Produktivitätsindikator.
- die Annahme, die Zeit der Beschäftigten gehöre dem Unternehmen;
- die Annahme seitens der Manager, Unterbrechungen seien notwendige Interaktionen.

Die Ingenieure klagten: „Wenn es ein Problem gibt, besteht unsere Lösungsstrategie darin, dem Problem mehr Zeit zu widmen. Wegen der ständigen Unterbrechungen können wir

„Statt dessen [anstatt im gegenwärtigen Unbekannten zu verharren] geschieht es häufig, daß wir versuchen, die Situation wieder unter Kontrolle zu bekommen und unsere Aufmerksamkeit auf die Zukunft zu richten."
WENDY PALMER, SENSEI

„... die Zeit, die ich früher mit detaillierter Planung und Analyse verbrachte, nutze ich jetzt, um einen Blick auf die Strukturen zu werfen, die förderlich sein könnten für Beziehungen. Ich erwarte mittlerweile, daß etwas Nützliches passiert, wenn ich Menschen zu Einheiten und Aufgaben zusammenführe, auch wenn ich die genauen Ergebnisse im voraus nicht kenne."
MARGARET WHEATLEY

nicht von 9 bis 5 arbeiten, also leisten wir die beste Arbeit nach Dienstschluß und am Wochenende. Aber die Situation ist nur vorübergehend, nur bis die Krise vorbei ist."

Prof. Bailyn berichtet, daß die Situation keine vorübergehende war, aber die allgemeine Überzeugung, sie sei vorübergehend, hielt alle davon ab, ihre Art zu arbeiten ernsthaft auf den Prüfstand zu stellen. Weil die Mitarbeiter mit ihren „persönlichen Bedürfnissen" allein fertigwerden mußten, hatten sie nur die Wahl, mit ihren Bedürfnissen auf einer Ad-hoc-Basis fertigzuwerden, was dazu führte, daß sie im Endeffekt öfter fehlten und allgemein die Unpünktlichkeit zunahm, was besondere Probleme verursachte.

Nachdem dieser Mißstand erkannt worden war, verlagerte das Unternehmen die Kontrolle von den Managern auf die Arbeitsgruppen und begann damit zu experimentieren, die Gruppen selbst über ihre Arbeitsgepflogenheiten entscheiden zu lassen, solange sie die gesetzten Arbeitsziele erreichten. Allein dies war genug, um selbstgemanagte Teams entstehen zu lassen, die an diesem Standort schon seit Jahren anvisiert worden waren. Die Ingenieure reservierten sich besondere Zeiten, in denen sie ausschließlich ihre individuellen Aufgaben bearbeiteten, und andere Zeiten für gegenseitigen Austausch und Zusammenarbeit und reduzierten dadurch die Anzahl der Unterbrechungen auf ein Minimum. Mit dieser Art des Zeitmanagements gelang der Gruppe zum ersten Mal in der Geschichte ihrer Abteilung eine Markteinführung nach Plan.

Einer der beteiligten Manager kommentierte: „Die persönlichen Bedürfnisse aller Beschäftigten als völlig legitim anzuerkennen erfordert, daß viele der gewohnten Arbeitsweisen umgestaltet werden: die Art der Zeitplanung, Verteilung und Bewertung der Arbeit sowie die Art, wie wir wertvolle Arbeit überhaupt definieren."

Diese Neugestaltung ist wie das Schaffen von Türen dort, wo vorher nur Mauern standen. Menschen errichten Barrierren, wenn es keine Strukturen gibt, die das Einrichten von flexiblen Grenzen unterstützen. Verantwortlich für diese defensiven Lernhindernisse sind die Eltern-Kind-Beziehungsmuster à la: „Du machst jetzt, was ich will, sonst ...." Ein Wechsel zu einer Kommunikation von Erwachsenem zu Erwachsenem schafft Strukturen, in denen sich die Betreffenden den sicheren Raum einrichten können, den sie brauchen, um beim Lernen als gleichwertige Partner mit dem Herzen bei der Sache zu sein.

„Konflikt ist der Hauptmotivator der Natur für Veränderung. Konflikt ist der Katalysator, der ein System dazu zwingt, sich weiter-zuentwickeln."
TOM CRUMB

Selbstkompetenz: Service oder Servilität

Einen unmittelbaren Beitrag zur eigenen Lebendigkeit zu leisten ist keine kleine Sache. Denn das „kundenorientierte" Handeln ist, bei allem, was das amerikanische Business diesem Handeln verdankt, bis heute mißverstanden und mißbraucht worden als Rechtfertigung dafür, die eigenen Grenzen und die Grenzen der anderen zu überschreiten. In der Unternehmenswelt gibt es so viel Druck, „Ja" zu sagen, daß wir die Neins unserer Körperwelt ausblenden. In dem Willen, dazuzugehören, werden wir mitgerissen – ein allmählicher Vorgang, durch den wir uns den vorherrschenden Rhythmen um uns herum anpassen und uns diese zu eigen machen – anstatt unseren wahren Bedürfnissen zu folgen.

Bewußtheit beginnt nicht mit Veränderung. Veränderung beginnt mit Bewußtheit. Wir müssen die Empfindungen des Unwohlseins oder der Freude in unserem Körper bewußt wahrnehmen, um überhaupt zu wissen, daß wir Veränderung brauchen. Wie viele von uns gehen von einer nervenden Sitzung in die nächste und quälen sich dann mit Nackenschmerzen durch den Tag? Es ist so leicht, das Signal auszublenden oder anzunehmen, es rühre daher, man habe sich nachts zuvor „verlegen" oder tags zuvor zuviel Tennis gespielt. Ohne diese Bewußtheit geschieht es, daß wir in

Situationen weitermachen, die uns schaden oder die kontraproduktiv sind.

Kooperation erfordert, daß wir eng mit anderen zusammenarbeiten, aber je enger die Beziehung wird, je näher man anderen kommt, desto wichtiger ist es, daß man die eigenen Grenzen, Bedürfnisse und Verletzlichkeiten kennt. Wenn Sie sich in Ihrem Leben Zeit und Raum geben, diesen Qualitäten in sich nachzuspüren, erneuern Sie Ihr Recht, zu wählen, verändernd zu wirken und sich, als Gratisbeigabe, selbst zu respektieren.

„Chaos ist Kreativität auf der Suche nach Form.“
JOHN WELWOOD

Ihre kinästhetische Bewußtheit kann eine entscheidende Rolle dabei spielen, wie Sie Ihr Leben zeitlich gestalten. Es gibt einen Unterschied zwischen Zeitgefühl und Zeitmanagement. Wir können zum Beispiel mental leben und uns auf die Technologie verlassen, die unsere Handlungen aufzeichnet, plant und uns den Einsatzbefehl gibt. Körperzeit ist jedoch eine Funktion der komplexen chemischen und hormonalen Vorgänge in unserem eigenen Körper. Ohne Bewußtheit für Körperzeit verliert man die Verbindung und wird ungeduldig in Beziehungen und mit den eigenen Emotionen.

Wie erleben Sie Zeit in Ihrem Leben? Gleicht sie einer Aufwärtsbewegung? Fließt sie stoßweise, anfallartig, mit gleichmäßigem Beginn oder Verlauf nach vorn, mit relativ konstanter Geschwindigkeit? Stephen Covey, Autor von *First Things First* fordert Sie auf, sich selbst zu fragen: „Was könnte ich tun, um die Qualität der Zeit, die ich am Arbeitsplatz verbringe, merklich zu erhöhen?"

In dem Maße, wie Sie von Augenblick zu Augenblick dem ganzen System Ihres eigenen Seins – Körperlichem, Mentalem und Geistigem – loyal sind, erweitern Sie die Grenzen dessen, was möglich ist. Indem Sie den Abstand zwischen dem Anspruch von außen und der von Ihnen gewählten Reaktion – die manche Kampfkünstler den Nullpunkt nennen – erhöhen, fördern Sie Ihre Integrität. Ein Augenblick, in dem Sie nicht nur bemerken, wie die anderen auf das reagieren, was Sie tun, sondern auch, wie Ihr ganzer Organismus reagiert.

Um ein anderes Verhältnis zur Zeit zu finden, müssen wir klar und bestimmt „Ja“ sagen zu einigen Verwendungsmöglichkeiten von Zeit und anderen eine ebenso bestimmte Abfuhr erteilen. Das kann nur geschehen, wenn wir uns wieder mit uns selbst verbinden – Geist, Körper und Herz. Ausgehend von dieser Kongruenz können wir über etwas „verfügen“, anstatt „Macht auszuüben“ über etwas.

„Jeder von uns hat andere Lebensprobleme, und jeder braucht einen anderen Ansatz, um diese Probleme anzugehen. Deshalb muß jeder von uns seine eigene Methode hervorbringen. Wer imitiert, wird falsch liegen. Man muß seine eigene Methode selbst erfinden.“
TAISEN DESIMARU

Ihr Körper reagiert physisch und biochemisch auf Gedanken und Aktivitäten. Ein Beispiel ist die verblüffende Reaktion, die einsetzt, wenn Sie sich an den Rand eines tiefen Abgrundes heranwagen. Ihr Körper signalisiert Ihnen ganz natürlich seine Reaktionen auf jede Situation, auf tatsächliche und auf eingebildete. Als Kinder wurde uns beigebracht, diese Reaktionen zu mißachten oder sogar zu versuchen, sie zu beherrschen – in der Schule geht man in der Pause auf die Toilette, anstatt dann, wenn man das Bedürfnis danach verspürt. Manche Menschen halten die Bewußtheit für körperliche Empfindungen für narzißtisch und unhöflich. Als Folge davon sind diese Menschen immer besser darin geworden, ihre Körpersignale zu betäuben oder sich davon abzuspalten. Diese Fähigkeit mag das Einhalten von Terminplänen erleichtern, wird aber problematisch beim Versuch, zu lernen, körperlich zu denken oder ein gesundes Leben zu leben. Haben Sie schon einmal festgestellt, daß Sie auf einer Konferenz einem Plan zugestimmt haben und später völlig verwirrt oder ärgerlich über Ihre Zustimmung waren? Irgendwie signalisierte einem der Körper an Ort und Stelle „Nein“, aber dieses „Nein“ hatten Sie überhört.

Die folgende Übung bietet eine Möglichkeit, die Daten neu zu überdenken und sich neu zu eigen zu machen, die man bislang ausgeblendet oder die man nur im Privaten, wo man sich sicher genug fühlte, zugelassen hat. Die Übung gibt Ihnen die

Gelegenheit, sensibler zu werden für die innere Sprache der Grenzen, die durch Ihren Körper ausgesendet wird. Diese Übung fordert Sie auf, sich „Grenzzeit" zu reservieren, ohne Entschuldigung oder Erklärung anderen gegenüber, und ohne jedes Bedürfnis, etwas zu erreichen – außer Bewußtheit.

„In fast alles kommt man schneller hinein als wieder heraus."
AGNES ALLEN

ÜBUNG SIEBEN: SOLO

Erhöhte Bewußtheit für Körper-„Neins"

- Beginnen Sie, indem Sie sich fünf Minuten Zeit nehmen, in denen Sie darauf achten, was Ihnen im Augenblick alles bewußt ist. Achten Sie fünf Minuten lang auf die Daten, die Ihre Sinne melden, und sprechen Sie diese Sinnesdaten aus oder schreiben Sie sie auf. Zum Beispiel: „Ich spüre, wie meine Füße auf dem Boden stehen; ich spüre, wie sich mein Brustkorb mit meinem Atem hebt und senkt; ich höre Lachen." – Halten Sie einfach nur die Fakten fest – ungeschönte sensorische Daten, keine Vergleiche, keine Analyse und keine Geschichten. Werten oder tönen Sie beispielsweise den Klang des Lachens nicht mit etwas in der Art: „Ich höre das sarkastische Lachen irgendeines miesen Typen." Welche Wirkung hat es auf Sie, wenn Sie fünf Minuten lang auf das achten, was ist, anstatt auf das, was einmal war oder das, was Sie sich in der Zukunft erhoffen?

- Denken Sie jetzt an eine Aktivität, die Sie nicht mögen. Das könnte beispielsweise etwas sein, daß Sie ungern oder nur mit Vorbehalt tun. Nehmen Sie sich vor, daß Sie beim nächsten Mal, wenn Sie das Betreffende tun, ganz für sich detailliert und neugierig die sensorischen Reaktionen Ihres Körpers auf diese Aktivität beobachten; das heißt: Was spüren Sie, während Sie sich auf die Aktivität vorbereiten oder an ihr teilnehmen? Mit welcher Empfindung könnte Ihr Körper Ihnen ein „Nein" zu verstehen geben?

- Führen Sie eine Liste, in der Sie Ihre Signale für „Nein" oder „Ablehnung" festhalten, und achten Sie dabei wieder nur auf die Sinnesdaten: keine Erklärungen für das Warum, keine Geschichten oder Bewertungen. Vielleicht spüren Sie, wie etwas im Magen nach unten rutscht. Widerstehen Sie der Versuchung, der Empfindung eine Geschichte anzuhängen oder eine Tablette gegen Sodbrennen zu schlucken, um das Gefühl zum Verschwinden zu bringen. Bemerken Sie es einfach nur.

- Nachdem Sie begonnen haben, auf Ihre „Nein"-Signale zu achten, können Sie „in die Öffentlichkeit" gehen. Bringen Sie Ihre wachsende Bewußtheit für Ihre Körper-Neins in ein Arbeitstreffen ein. Notieren Sie stichwortartig die Signale, die während des Treffens auftreten. Verlangen Sie nicht von sich, diese Signale auszudrücken oder nach ihnen zu handeln, bemerken Sie einfach nur, daß sie auftreten. Vielleicht bemerken Sie, daß Ihr Kopf anfängt, weh zu tun, wenn das Ritual der einstündigen Rede zum Jahresrückblick einsetzt.

„Die Energie folgt der Aufmerksamkeit."
WENDY PALMER, SENSEI

INTEGRATIONSFRAGEN

1. Denken Sie lebhaft an eine Zeit zurück, als Sie mit etwas aufgehört hatten, eine Pause einlegten oder Ihre Einwände auf eine Weise zur Sprache brachten, die Erfolg hatte. Welche Elemente waren an dieser Situation beteiligt? Wie schufen Sie die Bedingungen, unter denen das Beste in Ihnen zutage trat? Achten Sie bitte darauf, was Sie sich selbst über Ihre fundamentalen Bedürfnisse und tiefsten Werte sagten, um die Entscheidungen zu treffen, die Sie trafen.
2. Denken Sie an eine Zeit, da Sie Ihr Mißbehagen überstimmten oder sich zum Schweigen brachten, und dabei genau wußten,

* *Linke-Spalte-Übung:* Übung zum Aufdecken des inneren Dialogs während eines Gespräches. Anm. d. Ü.

daß Sie das, was gerade vor sich ging, nicht mitmachen wollten. Welche Elemente waren an dieser Situation beteiligt? Welche Art von „Begründung" oder „linker Spalte"* haben Sie benutzt, um Ihre Entscheidung zu rechtfertigen – beispielsweise, was die anderen sonst von Ihnen denken würden oder was Sie von sich selbst erwarteten.

3. Was müßten Sie anders machen, um auf eine Weise arbeiten zu können, die Ihre persönlichen Grenzen definiert und respektiert?
4. Wenn Sie nein zu allem sagen sollten, das zu einem Verlust an Vitalität führt, welche momentan laufenden Initiativen oder Projekte würden Sie dann noch fortführen?
5. Welches ist der unausgesprochene Preis für Sie und andere, wenn Sie sich über Ihre persönlichen Grenzen hinausgehend fordern?

Kompetenz mit anderen: Der konstruktive Abstieg

„Wo ich gebogen bin, bin ich gelogen."
RAINER MARIA RILKE

Es gibt zahlreiche Situationen, in denen man andere Menschen oder die äußeren Umstände nicht ändern kann. Nichtsdestotrotz kann man sich immer dafür entscheiden, nicht zu kämpfen und sich einen persönlichen, sicheren Raum zu schaffen. Im Aikido nennt man das *ma-ai*. Im körperlichen Sinn ist *ma-ai* der Abstand genau jenseits der Reichweite eines Schlages oder Trittes. Es ist auch der Abstand, den man einnehmen muß, um den anderen ganz zu sehen, nicht nur das Gesicht. Es ist eine Nähe, die keine Furcht und kein Gefühl körperlicher Bedrohung erzeugt. Vögel und andere wilde Tiere haben ein instinktives Gefühl für diesen Abstand und erlauben einem anderen den Zugang zu dieser Sphäre nur, nachdem sie ihn „abgecheckt" haben. Als Menschen in einer westlichen Kultur wurde den meisten von uns jedoch nie vermittelt, körperlich ein Gefühl für die eigenen Werte und das eigene Gleichgewicht aufrechtzuerhalten und gleichzeitig den

Standpunkt eines anderen in seiner ganzen Tiefe anzuerkennen.

Dieser Abstand gibt einem die Zeit und die Perspektive, wahrzunehmen, wo es Raum für geschicktes Handeln, Klarheit, Leichtigkeit und vielleicht sogar Mitgefühl gibt. Dieser Abstand versetzt Sie in die Lage, wahrzunehmen, wo Sie frei sind, anstatt zu sehen, wo Sie festsitzen. Dadurch können Sie sich anders sowohl auf die Situation als auch auf den mentalen und körperlichen Zustand beziehen, den Sie nutzen, um Ihre Effektivität zu maximieren. Die Verzweigungen dieser „Einstellungsänderung" sind unbegrenzt.

Wenn wir festsitzen und unsere mentale Beweglichkeit verlieren, schaffen wir Lernblockaden. Einige typische Indikatoren für diese Momente sind:

- Die Beziehung zu einem Menschen oder zu einer Situation wechselt von Kooperation zu Widerstand;
- man erfährt eine emotionale Verwundung, die nicht heilt;
- man bemerkt, daß man häufig mit den Gedanken abschweift und die Lage zwanghaft neubewertet;
- man bemerkt, daß man Veränderungen widerspenstig ablehnt und sich ein Gedankengebäude zurechtzimmert, das erklärt, warum man das und das nicht tun sollte;
- es fällt einem schwer, eine Entscheidung zu treffen oder die Arbeit zu erledigen;
- man bemerkt, daß man sich zurückzieht und zurückhaltend ist;
- man versucht, Gewinne zu maximieren und Verluste zu minimieren.

Das Auftreten der obengenannten Indikatoren kann das Bedürfnis signalisieren, eine Grenze zu ziehen – vielleicht spürt man ein „Nein", das zu äußern man sich aber nicht erlaubt. Der Aikido-Praktizierende Danaan Perry meint, daß unter jedem Konflikt ein Verlangen nach Verbindung liegt. Die folgende Übung handelt davon, zu lernen, sich zu verbinden

„Beim Aikido geht es nicht darum, mit dem Feind zu kämpfen oder den Feind zu besiegen. Aikido ist der Weg, die Welt wieder mit sich zu versöhnen und die Menschen zu einer Familie zu machen."
MORIHEI UESHIBA, O SENSEI

und gleichzeitig einen sicheren Raum oder Hafen aufrechtzuerhalten, in dem man Kontakte auf einem angenehmen Niveau knüpft und empfängt. Die Übung schafft eine Tür, damit man keine Burg aufbauen oder passiv zusammenbrechen lassen muß, und vermittelt, wie man das Bedürfnis nach Verbindung honoriert und dabei immer in der Hand hat, wie diese Verbindung sich gestaltet.

ÜBUNG ACHT: PAAR

Aufrechterhalten der Privatsphäre

Standortbestimmung: Schreiben Sie Einzelheiten darüber auf, anhand derer Sie bestimmen können, wie oft Sie in der letzten Woche anderen ein klares Limit gegeben, eine Grenze gezogen, eine Bedingung gestellt oder ein Nein vermittelt haben. Nehmen Sie sich auch einen Augenblick Zeit, um die energetische Dynamik zwischen Ihnen und der anderen Person zu charakterisieren. Einige Beispiele: guter Wille, gute Zusammenarbeit, widerwillige Zustimmung, offener Konflikt.

Übung

In dieser Übung wird Ihre Privatsphäre durch die zum Kreis geschlossenen Arme Ihres Partners dargestellt. Die Arme definieren einen Raum, in den nur eindringen darf, wer dazu eingeladen wird. Metaphorisch sind die Arme wie der Umfang eines Gartenzauns, der die Demarkationslinie bildet, die Unkraut, Kaninchen, Wild und Hunde abwehren soll. Schädlinge sind nur außerhalb erlaubt, nicht innerhalb.

Person B bildet mit ihren Armen einen Kreis und legt die Finger einer Hand über den kleinen Finger und die Handinnenfläche der anderen Hand. Person A, der Herausforderer, drückt diesen „Armkreis" ungefähr 5 cm zurück.

In dieser Position kann B das Annehmen einer äußeren Herausforderung auf dreierlei Weise üben:

Option 1

Aggressiv oder starr: Gewohnheitsmäßig reagieren Sie vielleicht, indem Sie sich gegen die äußere Herausforderung stemmen und den Herausforderer starr zurückdrücken wollen. Mit dieser Reaktion wird das Bewahren der Privatsphäre eine Schlacht und ein Kräftemessen.

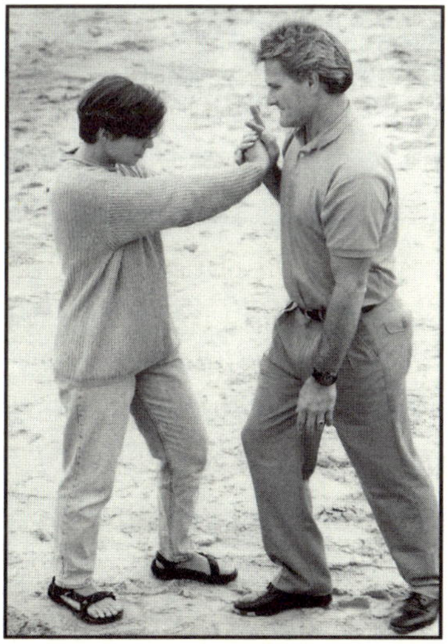

Beachten Sie die Wirkungen dieser Methode, die Privatsphäre zu schützen. Was passiert, wenn derjenige, der gegen den Kreis drückt, plötzlich aufhört zu drücken und verschwindet? Wo liegt das Gleichgewichtszentrum des Verteidigers?

Ein typisches verbales Szenario dieser Art energetischer Reaktion auf eine Herausforderung wäre etwa: „Wer glaubst du eigentlich, wer du bist, daß du dich hier einmischst und mir sagst, was ich tun soll? Du hast hier gar nichts zu sagen, und jetzt zieh Leine!"

Option 2

Passiv: Eine weitere gewohnheitsmäßige Art der Reaktion auf eine Bedrohung der persönlichen Sphäre ist Kapitulation oder Zusammenbrechen.

Beachten Sie die Wirkungen dieser Art des Schutzes der Privatsphäre. Was für ein Gefühl haben Sie beide dabei? Ein typisches verbales Szenario dieser Art energetischer Reaktion auf eine Herausforderung wäre etwa: „Bitte sehr, wie du willst; ich schätze, dein Projekt ist sowieso wichtiger als das, was ich geplant hatte."

Option 3

Zentriert: Die beste Methode, die Privatsphäre wahrzunehmen und aufrechtzuerhalten ist das Zentrieren. Wenn der Geist ruhig und wachsam ist, kann er genau abschätzen, wann die persönliche Sphäre beeinträchtigt wird, und ohne Zögern handeln, um den sicheren Abstand zu bewahren.

Person B beginnt, indem sie zentriert steht, mit den Armen an der Seite, und die in Kapitel zwei beschriebenen Prinzipien umsetzt. Errichten Sie jetzt die kreisförmige Sphäre und halten Sie Ihre Schultern dabei entspannt und energetisch.

B kann darauf achten, ob sie versucht oder daran gewöhnt ist, zur Aufrechterhaltung der kreisförmigen Sphäre Kraft aufzuwenden, fährt aber fort, sich zu zentrieren. Eine hilfreiche Metapher könnte sein, die Arme so zu halten, als ob sie:

- *eine Sitzgelegenheit für einen sehr seltenen Vogel seien;*
- *ein Baby umschließen würden, das ein Nickerchen macht;*
- *ein Schlauch wären, in dem Energie kreist, wobei die Energie des Herausforderers sich zu der Energie im Schlauch addiert und so das System verstärkt.*

Um gewohnheitsmäßige Reaktionen wie Starrheit oder Kollaps zu vermeiden, können Sie Ihren Geist, wie schon in der Zentrierungsübung, auf paradoxe Weise nutzen, indem Sie die Herausforderung mit einem Ziel Ihrer Wahl verbinden. Zum Beispiel könnten Sie sich sagen: „Je mehr ich herausgefordert werde, desto mehr Spaß macht mir das Atmen."

Natürlich sind nicht alle Herausforderungen so höflich oder sanft wie diejenigen, mit denen Sie bisher zu tun gehabt haben. Was, wenn der Streß zunimmt und A härter drückt? Auf eine so starke Herausforderung können Sie reagieren, indem Sie den Kreis benutzen, um Ihre Privatsphäre zu schützen und, genau vor dem Augenblick der Belastung, sich wegdrehen und wie eine Drehtür zur Seite schwingen und die Energie an Ihnen vorbeigehen lassen.

Wenn Sie von der Energie der Herausforderung gedreht werden, achten Sie darauf, wie Ihr ganzes Sein sich mitdreht, so daß Sie im Drehen dem Herausforderer ins Gesicht sehen und

den Kreis Ihrer Arme intakt halten können. Sie können von der Energie beeinflußt werden und dennoch eine Grenze aufrechterhalten, die die unverletzbare persönliche Sphäre umschließt.

Ein typisches verbales Szenario wäre etwa: „Ich respektiere die Dringlichkeit und Wichtigkeit deiner Forderungen, und ich bin zu diesem Zeitpunkt nicht bereit, darauf einzugehen. In einer Stunde habe ich Zeit dafür." Die Chinesen zeigen ein „Nein", indem sie nicken, sich verbeugen und einen Schritt zurücktreten. Dadurch zeigen sie, daß sie die Bedürfnisse des anderen wahrgenommen haben, sie als berechtigt anerkennen und nicht zu erfüllen wünschen.

Hier ist eine westliche Methode, um das gleiche auszudrücken:

- *Denken Sie an etwas, das Sie wirklich wollen. Stellen Sie sich jetzt vor, jemanden zu bitten, Ihnen das Gewünschte zu geben, und alles, was derjenige sagt, ist „Nein". Und egal, was Sie tun, etwas anderes bekommen Sie nicht zu hören. Achten Sie darauf, was Sie in Ihrem Körper fühlen.*
- *Tauschen Sie jetzt die Rollen. Stellen Sie sich vor, jemand bittet Sie um etwas, das er wirklich will, aber alles, was Sie sagen, ist „Nein". Achten Sie wieder darauf, was Sie in Ihrem Körper fühlen.*

Machen Sie jetzt genau das gleiche wie in den beiden vorangegangenen Fällen, aber stellen Sie sich vor, daß Sie (oder der andere) sagen (sagt): „Ich respektiere deine Bedürfnisse, und ich sage Nein." Achten Sie jedesmal auf die Wirkungen in Ihrem Körper. Vergleichen Sie die Wirkungen mit den ersten beiden Versuchen.

Standortvergleich: Wenn Sie das eine Zeitlang geübt haben, erinnern Sie sich an einige Situationen bei der Arbeit, bei denen Sie einem Mitarbeiter ein Limit oder eine Grenze gesetzt haben. Achten Sie darauf, wie oft Sie das getan haben, und ebenso auf die energetische Qualität sowohl in sich selbst als auch in den anderen, die bei diesem Austausch dabei waren. Vergleichen Sie diese Qualitäten mit denen bei der „Standortbestimmung" am Anfang dieser Übung.

„Wer nicht allein sein kann, hüte sich davor, einer Gesellschaft beizutreten. Wer nicht in Gemeinschaft leben kann, hüte sich vor Einsamkeit."
DIETRICH BONHEIMER

INTEGRATIONSFRAGEN

1. Welches sind einige der Streßsituationen bei der Arbeit, die Sie verinnerlichen oder mit starkem Arm wegzuschieben versuchen? Wie könnten Sie auf diese Streßsituationen mit einem „Armkreis" reagieren?
2. Was müssen Sie während Ihres Arbeitstages tun, um auf diese Streßsituationen angemessen und mit einer Armeslänge Abstand reagieren und gleichzeitig die Ruhe und Sicherheit im Kreis Ihrer Arme bewahren zu können?
3. Denken Sie an einen Moment bei der Arbeit, bei dem Sie kurz davor waren, „alles zu vermasseln". Wenn Ihr Körper ein Zimmer wäre, das die Energie aufnimmt, die Sie als Ärger etikettieren, wie sähe dieses Zimmer aus? Hätte es feste Wände, vergitterte Fenster oder Jalousien? Wäre es vollgestopft und klein oder weitläufig und offen? Wie würden Sie das Zimmer beschreiben, in dem Sie sich sicher genug fühlen, um aus dem Ärger zu lernen und um gleichzeitig zu bestimmen, wie Sie den Ärger ausdrücken?
4. Finden Sie eine Metapher für den Raum innerhalb Ihrer Arme, die Leichtigkeit, Sicherheit und Frieden vermittelt. Zum Beispiel: „wie ein sicherer Hafen"; „wie ein gut gejäteter, eingezäunter Garten"; „wie Arme um ein schlafendes Baby" und so weiter.

„Die größte Gefahr liegt in der Sicherheit."
RUMI

Die Gefahr des undifferenzierten Wir

Mit der wachsenden Bedeutung von Teamerfolgen geht oft das Mißverständnis einher, daß wir alle die gleichen Bedürfnisse, Werte und Verwundbarkeiten haben müßten. Die Leute tun so, als bedeute die Zugehörigkeit zu einem Team, daß sie sich im Schmelztiegel eines undifferenzierten „Wir" auflösen müßten. Wieder entsteht viel Widerstand, weil die Menschen ihr Identitätsgefühl nicht verlieren wollen. Was wäre, wenn Teamwork bedeutete, das „Ich" und das „Du" zu bewahren, anstatt alles im „Wir" zu verlieren?

Zusammenarbeit und Lernen gibt es nur in Umgebungen, die offen, zutiefst respektvoll gegenüber individuellen Bedürfnissen und begrenzt sind. Wenn Menschen sich keine Grenzen setzen oder zu mehr zugestimmt haben, als ihre Seele mitträgt, fehlt die Leidenschaft, die die Aktivität lokalisiert, ihr Prioritäten setzt oder sie antreibt, und die Zusammenarbeit verläuft schließlich im Sande.

Die Motivation eines „Ich sollte" unterscheidet sich wesentlich von einem „Ich will". Nachgiebigkeit führt zu ganz anderen Ergebnissen als eine Motivation, die von einem innewohnenden Plan herrührt, der die eigenen Werte unterstützt. Bis die Menschen erkennen, daß das Ziehen klarer Grenzen und das Schaffen von Wahlmöglichkeiten eine Notwendigkeit ist, werden sie zusammenbrechen oder inkongruentes Verhalten an den Tag legen. Fragen wie „Wie weit ist weit genug?" werden also zu entscheidenden Orientierungspunkten, nach denen man sich richten sollte. Solche Fragen sind wesentlich, wenn wir für uns selbst da sein wollen, ohne die Bedürfnisse anderer schroff zu ignorieren.

Bei der nächsten Übung erforschen Sie, wie man die eigene Individualität definieren und schützen kann, anstatt sie beim Zusammenarbeiten mit anderen verteidigen oder kompromittieren zu müssen; ohne diese Unterscheidung halten die Menschen ihre Ressourcen zurück, obwohl sie den Anschein erwecken, mitzumachen.

ÜBUNG NEUN: GRUPPE

Zum Stehen kommen

Beginnen Sie die Übung mit der kleinstmöglichen Gruppe, also mit Ihnen und einer anderen Person. Setzen Sie sich einander gegenüber auf den Boden. Ziehen Sie Ihre Knie bis zur Brust an und nehmen Sie Kontakt miteinander auf, indem Sie Ihre Fußsohlen aneinander drücken und einander fest an den Händen halten. Die Aufgabe ist, daß Sie sich aus dieser sitzenden Position in eine stehende Position bringen, ohne Fuß- und Handkontakt aufzugeben. Gehen Sie diese Aufgabe mit mindestens zwei unterschiedlichen Führungsstilen an:

„Wenn du dich vor etwas fürchtest, dann interessiere dich dafür."
WENDY PALMER, SENSEI

Autoritär: *Lassen Sie einen Teilnehmer bestimmen; der andere Teilnehmer soll passiv bleiben und nur die Anweisungen ausführen. Zum Beispiel: „Schauen Sie mich an. Stellen Sie Ihren Fuß gegen meinen Fuß. Verbinden Sie Ihre Hände folgendermaßen ... nein ... nicht so, das ist nicht richtig usw."*

Tauschen Sie dann die Führungsrolle und versuchen Sie das Ganze noch einmal. Wenn Sie fertig sind, tauschen Sie sich darüber aus, was Sie gelernt haben und was für ein Gefühl Sie in jeder der Rollen hatten.

Kooperativ: *Gehen Sie die Aufgabe an und nutzen Sie dabei kooperative Fertigkeiten wie Reflexion, gemeinsames Nachdenken, Bewußtheit für Prozeß und individuelle Bedürfnisse und Bilder. Geben Sie einander Feedback darüber, wie Sie sich fühlen. Zum Beispiel: „Lassen Sie uns herausfinden, wie wir unsere Arme am wirkungsvollsten verbinden können. ... Woher wissen wir, wann wir anfangen sollen oder eine Pause machen oder alle unsere Kräfte bündeln?"*

Tauschen Sie sich nach Beendigung der Aufgabe darüber aus, was Sie gelernt haben. Ziehen Sie Bilanz: Was hat funktioniert, und welche Fehler konnten Sie nutzen, um zu mehr Wissen und zu einer gemeinsamen Vision zu kommen?

Übung für größere Gruppen

Erhöhen Sie die Gruppenstärke auf vier und versuchen Sie sich an der gleichen Aufgabe, wieder mit beiden Führungsstilen. Lassen Sie während der Übung einen Unbeteiligten die Ideen, Lerneffekte und Resultate der Gruppeninteraktion notieren.

Erhöhen Sie die Gruppengröße weiter und achten Sie auf die Evolution der Lerneffekte, während Sie sich Problemen nähern, die mit „den Grenzen des Wachstums" zu tun haben.

INTEGRATIONSFRAGEN

1. Was von dem über die Kommunikation von Grenzen, Beschränkungen und Bedürfnissen Gelernten läßt sich auf die Arbeitssituation übertragen?
2. Was von dem, das Sie über die wachsende Gruppenstärke gelernt haben, läßt sich auf Größenprobleme in Ihrer Organisation anwenden?
3. Was haben Sie über die Balance von Reflexion und Aktion, von persönlichen Bedürfnissen und gesetzten Zielen gelernt?
4. Wie wurde mit „Fehlern" umgegangen?
5. Wie wurde auf Bedürfnisse, Ängste und Ideen einzelner Teammitglieder reagiert?
6. Wurden zunehmendes Wissen und Erfolg irgendwie gefeiert? Wie würde das den Wunsch nach weiterem Lernen beeinflussen (bzw. wie hat es diesen Wunsch beeinflußt)?

„Genialität meint wenig mehr als das Vermögen, auf ungewöhnliche Weise wahrzunehmen."
WILLIAM JAMES

Lern- und Kommunikationsschwellen

Wenn es um Unterschiede ging, die Probleme machten, ging es typischerweise um Geschlecht und Rasse. Die jüngsten Forschungen zeigen, daß wir zudem noch ausgesprochen unterschiedliche Denk-, Kommunikations- und Lernstile haben. Das Aufbauen gegenseitigen Respekts bedeutet, daß man auch die Unterschiede bei den Schwellenwerten respektiert – Punkte, an denen Menschen überlastet werden oder leicht abschweifen. Dazu müssen wir lernen, diese Bedürfnisse mitzuteilen und die unterschiedlichen Schwellen anderer Menschen anzuerkennen.

Charakteristiken unterschiedlicher Lernschwellen

Hohe Schwelle

Hier können wir uns leicht konzentrieren, leicht organisieren und detailliert denken. Hier scheinen wir am logischsten zu sein, und in diesem Zustand erinnern wir uns am leichtesten an etwas.

Visuell: schreibt gern, hat direkten und dauernden Blickkontakt, kann an visuellen Aufgaben lange Zeit arbeiten und ist jemand, für den „zeigen" wichtig ist.

Auditiv: spricht artikuliert, konstant und direkt, verfügt über einen reichhaltigen Wortschatz und verbringt viel Zeit mit detaillierten Gesprächen und ist jemand, für den „diskutieren" wichtig ist.

Kinästhetisch: ist handlungspraktisch („handgreiflich") orientiert, sortiert gern, arbeitet systematisch, muß sich bewegen und wippen, mag konkrete Dinge und ist jemand, für den „tun" wichtig ist.

„Die Mehrheit der Menschen meint, eine Situation aus dem Blickwinkel eines anderen zu sehen sei Schwäche – genau das Gegenteil ist der Fall."
GEORGE LEONARD, SENSEI

Niedrige Schwelle

Hier werden wir am leichtesten abgelenkt, und unsere Gedanken scheinen sich in Netzen zu verfangen oder im Kreis zu gehen. Oft ist es hier schwieriger, sich an etwas zu erinnern oder auf gute Gedanken zu kommen. Da hier allgemeines oder ganzheitliches Denken auftritt, fällt der Umgang mit Details schwerer. Hier fühlen wir uns am schüchternsten oder am ungeschütztesten.

Visuell: meidet Blickkontakt, bevorzugt wenige optische Reize, sieht nur das Big Picture, braucht eventuell lange, um visuelle Vorstellungen zu finden, verabscheut detaillierte Schaubilder oder visuelle Anweisungen, schweift beim Lesen oder beim Betrachten eines Bildes ab.

Auditiv: wird von vielen Worten leicht überladen, erinnert sich an Tonfall, vergißt aber unter Umständen leicht Namen und Texte, kann die ganze Symphonie und das ganze harmonische Gefüge hören, stellt fordernde Fragen, die schwierig zu beantworten sind, braucht Stille zum Denken und Wortefinden.

Kinästhetisch: wird leicht abgelenkt von Berührung, sitzt möglicherweise lange Zeit still und inaktiv, verliert sich in Bewegung, fängt eventuell etwas an und macht dann mit etwas anderem weiter, dann mit wieder etwas anderem, ohne erkennbare Gesetzmäßigkeit.

INTEGRATIONSÜBUNG

Richten Sie sich ein Kommunikationshandbuch mit einer Seite pro Person ein. Hier kann erfaßt werden, was bei gemeinsamen Anstrengungen unter der Überschrift „Wenn du mir etwas Gutes tun willst, ..." oder unter „Eine Grenze, von der ihr alle wissen solltet, ist ..." gelernt wurde. Zusätzlich kann jeder seine persönlichen hohen und niedrigen Schwellen beschreiben. Zum Beispiel:

- „Ich habe eine niedrige auditive Schwelle. Wenn ihr mir etwas Gutes tun wollt, dann erspart mir zu viele verbale Instruktionen."
- „Meine Grenze ist: »Nehmt mir nicht die Worte aus dem Mund«. Ich brauche Zeit, um selbst herauszufinden, was ich sagen will."
- „Ich habe eine hohe Schwelle, wenn es darum geht, etwas zu tun. Fragt mich einfach, wenn ich euch bei etwas helfen soll, das ihr schwierig findet."

Mit Hilfe dieser Fingerzeige können unbeabsichtigte Fälle von Traurigkeit und Konflikt vermieden werden. Vor Ihrer nächsten Konferenz können Sie die Seiten der einzelnen Teilnehmer durchgehen und darauf achten, was jeder an Unterstützung und klarer Kommunikation benötigt. Warum sollten wir die Gedanken eines anderen zu lesen versuchen, wenn es so einfach sein kann, einander zu zeigen, was wir brauchen?

Business-Anekdote

In einer Firma, in der fünfzig Berater und zwanzig Verwaltungsangestellte arbeiteten, gab es bittere Beschwerden über mangelnden Respekt, über Arroganz und „Hierarchismus". Die Personalfluktuation nahm immer mehr zu. In diesem Unternehmen gab jeder zu Protokoll, daß Respekt einer der wichtigsten Werte für ihn sei. Aber es war nicht möglich, dieses Wort mit Leben zu erfüllen, solange die Angestellten und die Berater etwas Unterschiedliches darunter verstanden. Beide Gruppen benutzten dasselbe Wort, „Respekt", aber sie sprachen zwei völlig verschiedene „Sprachen".

Wir begannen, indem wir alle Beschäftigten die Körperübungen aus diesem Kapitel machen ließen. Nach der in diesem Kapitel beschriebenen Übung kam in einem Gespräch das Bedürfnis nach Bewußtheit für Kommunikationsschwellen und Grenzen zum Vorschein.

An die Oberfläche kam ein Muster der Berater, demzufolge die meisten von ihnen eine hohe auditive Schwelle hatten; sie gingen zu den Verwaltungsangestellten, von denen die meisten eine niedrige auditive Schwelle hatten, und unterbrachen deren Aktenarbeit mit lauten und schnell gesprochenen Wünschen und Anforderungen. Die Verwaltungsangestellten fühlten sich total aus dem Tritt gebracht und rüde unterbrochen. Sie reagierten daraufhin defensiv. Eine Frau sprach im Namen der Gruppe und sagte über ihren Chef: „Ich weiß, daß er mich nicht respektiert, weil er mich bedrängt und mir alles vorschreibt, inklusive der winzigsten Details, und das alles mit enorm lauter Stimme, als ob ich zu blöd wäre, eine Notiz zu verstehen!" Die Berater ihrerseits fühlten sich „abgewiesen", wenn scheinbar simple Anfragen von den Verwaltungsangestellten mit Konfusion und „Sich-Sträuben" quittiert wurden.

„Wir glauben nicht an uns selbst, bis jemand enthüllt, daß sich tief in uns etwas Wertvolles befindet, das des Zuhörens und unseres Vertrauens wert und unserer Berührung heilig ist. Sobald wir an uns selbst glauben, können wir Neugier, Wundern, spontane Freude oder jede Erfahrung riskieren, die den menschlichen Geist enthüllt."
E.E. Cummings

Als das Kommunikationshandbuch erstellt werden sollte, legten die Angestellten, von denen die meisten eine hohe visuelle Schwelle hatten, klar und deutlich dar, daß sie ihre Arbeitsanweisungen durch Notizen oder per E-Mail erhalten wollten. Das gab ihnen Gelegenheit, Gespräche im voraus zu planen, und ermöglichte ihnen, jeden Tag Phasen einzuplanen, in denen sie arbeiten konnten, ohne unterbrochen zu werden. Die Berater ihrerseits äußerten, daß sie Kommunikation durch Gespräche und voice mail vorzogen und nicht mit kompliziertem visuellem Akteninput und E-Mails überflutet werden wollten. Das Erkennen, daß es diese Unterschiede in der bevorzugten Art der Informationsaufnahme gab, machte einen ernormen Unterschied. Wenn die Berater Gespräche planten, hatten sie das Gefühl, willkommen statt abgelehnt zu sein. Ein Berater faßte zusammen: „Zwischen mir und Joanne hatte es so mies gestanden, daß ich mir schon überlegt hatte, sie durch jemand anderen zu ersetzen. Ich dachte, sie wäre übersensibel, uneffektiv und sie hätte allgemein ewas gegen Männer. Sie schrieb komplizierte, emotionale Memos und E-Mails über unsere gemeinsame Arbeit. Jetzt ist die Luft wieder rein, nachdem wir beide eingesehen haben, daß es bei den Differenzen hauptsächlich um Kommunikationsstile und nicht um eine persönliche Fehde ging. Sie lacht sogar schon wieder über meine Witze."

Die Übungen zur Persönlichkeitssphäre und zum Grenzensetzen stellten zusammen mit dem Konzept der Kommunikationsschwellen einen Kontext für die bestehenden Differenzen zur Verfügung; bis dahin waren die Differenzen auf bestimmte Personen bezogen worden. Dieser neue Verständnisrahmen machte es möglich, zu lernen und sich weiterzuentwickeln, anstatt sich zu sträuben und sich schmerzerfüllt zurückzuziehen.

In dieser und in vielen ähnlichen Situationen haben wir erkannt, daß die Körperübungen zu Spiegeln für uns werden, die uns helfen, unsere gewohnheitsmäßigen mentalen Modelle, unsere abgestandenden Vorannahmen und unsere trennenden Beziehungsmuster zu erkennen, die uns in Isolation und Inkompetenz einfrieren. Die Übungen dienen auch als Lupen, um unseren Blick dafür zu schärfen, daß wir wählen können, wie wir miteinander umzugehen haben.

5

Wie können wir in den Ablenkungen der täglichen Arbeitsherausforderungen selbst zur persönlichen Absicht und zur gemeinsamen Vision finden?

VIRTUOSE INTENTION

Die eigene Vision in die Tat umsetzen

„Zu wissen, was einem wichtig ist, ein gutes Gefühl dafür zu haben, wer man ist, was zutiefst befriedigend und archetypisch wahr ist, genügt nicht. Man muß auch den Mut haben, zu handeln. … Mut ist der Wille, vom Herzen her zu handeln, das Herz den Weg weisen zu lassen, auch wenn man nicht weiß, was als nächstes von einem verlangt wird und ob man es schaffen kann."

JEAN SHINODA BOLEN

Die Stille an dem Ort, wo die Musik geboren wird

Es wird erzählt, daß es einen Stamm von Handwerkern gibt, der an der Ostküste Afrikas lebt. Dieser Stamm ist auf dem ganzen Kontinent bekannt sowohl für seine feinen Schnitzereien als auch für die ungewöhnliche Kunstfertigkeit, mit der die Schnitzereien ausgeführt werden.

Wenn die Sonne über dem Indischen Ozean aufgeht, kommen die Leute in kleinen Gruppen am Rand eines halbmondförmigen goldenen Strandes zusammen. Jede der Gruppen versammelt sich um ein großes Stück dunklen, einheimischen Holzes. Während die Wellen über den glitzernden Sand waschen, in dem sich der entflammte Himmel widerspiegelt, und sich wieder zurückziehen, werden die Stammesmitglieder ganz still und legen ihre Hände auf das Holz. Sie neigen ihre Köpfe erst zur einen, dann zur anderen Seite. Man sagt, sie lauschten dem im Holz gefangenen Lied.

Jemand nimmt ein Schnitzwerkzeug auf, und ein anderer tut es ihm nach. Ein dritter geht in die Hocke und beginnt langsam, sich vor- und zurückzuwiegen. Man sagt, daß jetzt das Flüstern des Liedes zu hören ist. Die Menschen beginnen, alles wegzuschnitzen, was der Freisetzung des Liedes im Wege steht. Einige sitzen daneben und hören zu und unterstützen die Arbeit des Ganzen. Einige sorgen für Aushöhlungen, andere raspeln alles weg, was das Lied undeutlich zu machen scheint. Die Späne fliegen, und alle werden von der zunehmenden Klarheit des Liedes gelenkt.

Man sagt, daß diese Menschen sich nicht als Schnitzer verstehen, sondern als Befreier des Liedes, das im Holz wartet.

Die Musik unserer individuellen und gemeinsamen Zukünfte können wir hören, wenn wir in die Tiefe unseres Herzens und Geistes, unserer intuitiven Einsichten und unseres Verstandes, unserer inneren Weisheit und unserer mentalen Modelle horchen. Dieses Horchen erfordert, daß wir unsere üblichen Arten des Schritthaltens – schonungslose Aktivität, sensorische Überlastung, Rationalisieren – wegschnitzen, um schließlich das freizusetzen, was durch uns zu entstehen versucht.

Orientierung

Eine aktuelle Studie zeigt auf, daß 80 Prozent der Amerikaner mit ihrem momentanen Job unzufrieden sind. Worauf läßt sich diese Unzufriedenheit zurückführen? Auf einer Konferenz über das Denken in Systemen sagte Meg Wheatley ihren Zuhörern: „Wir bekommen die dunkle Seite des Menschen zu sehen, weil wir den Menschen schlechte Arbeit geben, Arbeit, die ihnen das Gefühl gibt, wertlos zu sein."

Kurz vor Beginn des neuen Jahrtausends ergeht an uns der Ruf, die Welt neu zu erfinden, und im gleichen Atemzug uns selbst dazu. Unsere Herausforderungen sind nicht nur meßtechnischer, sondern spiritueller und emotionaler Natur. Das Leben in dieser hochturbulenten Umfeld zeigt, daß vieles von dem, was früher einmal Garant für gutes Business war, nicht mehr angemessen funktioniert. Den Kopf über Wasser zu halten genügt nicht. In der Welt von Kommando und Kontrolle besteht unser Engagement hauptsächlich aus Folgsamkeit – wir sitzen an unseren Tischen, machen genau das, was von uns verlangt wird, funktionieren vom Hals an aufwärts, sind tot vom Hals an abwärts und weigern uns, die letzte Freiheit aufzugeben, die wir haben, nämlich die, zu wählen, wann, wie und warum wir unser Herz und unseren Geist an unserer Arbeit teilhaben lassen.

Man kann Leidenschaft nicht durch Befehl erzwingen. Anstelle der Leidenschaft genügt vielen von uns der Anreiz äußerer Belohnungen, und viele geben die Hoffnung auf ein erfüllendes Berufsleben oder eine Arbeit voller Freude auf und widmen sich statt dessen dem Vorantreiben ihrer Karriere.

Aber unser Herz ist nicht bei der Sache. Und das beeinflußt letztendlich direkt, wieviel Gewinn wir am Jahresende unter dem Strich machen. Das Arbeiten für den Kunden und für einander tritt an die Stelle des Arbeitens für einen Boß. Während es immer weniger Jobs gibt, ist Arbeit überall reichlich vorhanden. Anstatt also zu fragen: „Welche Jobs sind zu haben", beginnen wir zu fragen: „Welche Arbeit bedeutet mir etwas?" Die Frage: „Wie machen wir das?" lautet jetzt: „Warum machen wir das?"

Nachdem uns die Fähigkeit des Grenzensetzens mit Hilfe des Neinsagens aus dem letzten Kapitel in Fleisch und Blut übergegangen ist, haben wir nun Raum, zu erforschen, wozu wir Ja sagen, denn dies ist die individuelle und kollektive Intention, die der Treibstoff des Fortschritts ist.

Die von innen heraus wirkende Motivation

„Das Verbrechen ist, daß wir von den Menschen nur 10% verlangen."
MARGARET WHEATLEY

Wenn der Zweck eines Unternehmens oder des Lebens eines einzelnen nur darin besteht, Geld zu machen, ist, so zeigt uns die Erfahrung der Vergangenheit, das Ergebnis Mittelmäßigkeit. Wären wir nicht durch Belohnungen motiviert, so lautet die Grundprämisse aller unserer Institutionen bis zum heutigen Tag, würden wir gar nichts tun. Seit unserer Einschulung ist uns beigebracht worden, auf äußere Anerkennung und von außen kommende Motivation ausgerichtet zu sein: Wir setzten uns hin und warteten darauf, daß uns ein Lehrer sagen würde, was und wieviel wir in einer bestimmten Zeitspanne tun sollten. Der Lehrer gab uns durch die kleinen roten Zahlen unter unseren Arbeiten zu verstehen, wie gut wir gewesen waren. Dieses alte mentale Modell beruhte auf der Annahme, daß Menschen von sich aus nicht lernen oder produktiv sein wollen. Den Menschen wurde beigebracht, so schnell wie möglich hinter einer Belohnung her und „weg von" Bestrafung zu laufen.

Das ist jedoch möglicherweise nicht die wirksamste Methode, Menschen zu motivieren. In einer Untersuchung aus dem Jahre 1977 über die Auswirkung von Belohnungen stellte der Psychologe John Condry fest, daß Menschen, denen eine Belohnung winkte, dazu tendieren, leichtere Aufgaben zu wählen – außerdem sind sie beim Lösen neuer Probleme mit Hilfe verfügbarer Informationen weniger effektiv und warten lieber auf Antworten, waren unlogischer in ihren Problemlöse-Strategien und verbringen mehr Zeit mit Aktivitäten geringerer Qualität und Kreativität.

Viele aktuelle Management-Techniken entstammen genau dem Glaubenssystem, das sie zu verändern versuchen, und stärken das Bedürfnis nach Anerkennung durch eine Fixierung auf äußere Belohnungssysteme und Beurteilungen. Aber was wäre, wenn wir von der Grundprämisse ausgingen, daß alle Menschen dafür gemacht sind, mit Freude zu lernen? Was, wenn wir annähmen, daß wir von innen heraus motiviert sind und ganz natürlich mit Würde und Selbstachtung funktionieren? Man braucht nur wenig Zeit mit einem Baby zusammen zu verbringen, um die Wahrheit dieser Prämissen einzusehen. Niemand braucht das Baby zu motivieren. Das Baby lernt meisterhaft und verfügt über eine natürliche Intuition, weiterzukommen. Belohnungen? Einfach das Vergnügen, zu riskieren, sich auf andere zuzubewegen. Weder Lob noch Strafe – Anerkennung ist nett, aber nicht nötig. Von Haus aus sind wir alle Meister des Lernens aus Erfahrung, des Fehlermachens und des Überwindens von Fehlern, des Neuausrichtens auf alles, was funktioniert und effektiv ist. So sind wir angelegt. Leider entsprechen unsere Institutionen nicht unserer Natur.

Peter Senge definiert einen der Grundpfeiler einer Lernenden Organisation als Streben, das sowohl aus persönlicher als auch gemeinsamer Vision gespeist ist. Und weil Planung auf einer Zukunft beruht, die vorhersagbar ist – und die

Zukunft, die uns bevorsteht, ist das nicht –, müssen wir eine weite, transzendente Vision anstreben.

Wir alle sind Teil einer archetypischen Suche nach Bedeutung für uns persönlich und für unsere Organisation; wir möchten das Gefühl haben, daß unser Wille ursprünglich und einzigartig ist, daß wir in unserer Vision verbunden sind und zusammen an etwas arbeiten, das sich real anfühlt. Dieses Kapitel bietet Erfahrungen, die helfen, Arbeit in Nahrung fürs Leben zu verwandeln. Die Soloübung zur Selbstkompetenz ist eine Möglichkeit, die inneren Anzeichen für unsere persönliche Absicht zu erkennen. Bei der Partnerübung zur Entwicklung von Kompetenz mit anderen geht es darum, Ablenkungen und Herausforderungen für eine Fokussierung dieser Absicht zu nutzen. Die Gruppenerfahrung für erweiterte Veränderungskompetenz konzentriert sich auf das Erhöhen der Fähigkeit, gemeinsame Visionen zu entwickeln und zu fördern.

„Jeder mag die Idee der Bezahlung nach Leistung, aber die meisten von uns haben das nur selten erlebt. Wir werden regelmäßig auf der Basis dessen bezahlt, wie unser Chef uns einschätzt. Das nennt man treffender »Bezahlung nach Willfährigkeit«."
PETER BLOCK

Schaffen Sie Ihre Arbeit, oder schafft Ihre Arbeit Sie?

Was, wenn Veränderung – die Furcht vor Veränderung, das Vermeiden von Veränderung, das Ringen mit Veränderung oder der Widerstand gegen Veränderung – überhaupt nicht das Problem wäre? Was, wenn *Entwicklung* ein genauerer Begriff für das wäre, was zu entstehen versucht – das Muster der Vorwärtsbewegung, Evolution, Intention und der andauernde Ausdruck schöpferischen Potentials? Entwicklung ist ein natürliches Phänomen. Entwicklung braucht nicht verordnet zu werden, denn das Bewußtsein strebt stets von sich aus nach Erweiterung. Wir müssen der Bewegung nur jene Hindernisse aus dem Weg räumen, die sich in uns und in unseren Organisationen aufbauen.

In seinem Buch *Teaching the Elephant to Dance* erklärt Jim Belasco, daß man einen Elefanten an einer Kette führen kann, die so dünn ist, daß der Elefant sie ohne weiteres zerreißen könnte. Dadurch, daß man den Elefanten ankettet, wenn er noch sehr jung und zu klein zum Ausbrechen ist, gewöhnt sich der Elefant an die Grenzen seiner Bewegungsfreiheit. Auf gewisse Weise wird der Elefant also durch seine Erziehung im Zaum gehalten, nicht durch die Kette. Belasco sieht Organisationen und Individuen wie trainierte Elefanten, und individuelle und gemeinsame Vision als den Schlüssel dazu, dem Elefanten beizubringen, außerhalb dieser anerzogenen Grenzen zu tanzen.

Die Absicht des Menschen bildet den Kern des intellektuellen Kapitals. Die fundamentale Substanz einer Organisation ist die gerichtete Energie seiner Beschäftigten. Nicht nur die mentale und körperliche Energie, die wir am Arbeitsplatz schon gewohnheitsmäßig im Zaum halten, sondern auch die emotionale und geistige Energie, die wir lange ausgeblendet haben. In den Kampfkünsten beinhaltet Selbstkompetenz, daß man seine eigene Vision oder Absicht findet, um alle Energie daraus zu vereinen und aus ihr gerichtete Handlung zu gewinnen. Das gleiche muß auch für Organisationen gelten. Das Entwickeln gemeinsamer, mit ganzem Herzen getragener Visionen ist also für die Erweiterung intellektuellen Kapitals und die Entwicklung einer wahrhaft Lernenden Organisation wesentlich.

„Die Seele würde lieber an ihrem eigenen Leben scheitern wollen, als mit Erfolg das Leben eines anderen zu leben. … Unsere einzige wirkliche Aufgabe ist es, uns selbst so vollständig wie möglich zu kultivieren.“
DAVID WHYTE

Lebe, als hinge dein Leben davon ab

Die meisten Motivationsprogramme und kommerziellen Informationsmaterialien entwerfen ein Bild von erfolgreichen Menschen, das folgendermaßen aussieht: Sie haben mit die dicksten Bankkonten und fahren superschnelle, hochkarätige Sportwagen und Yachten. Ist es wirklich das, wovon die Menschen tief in ihrem Herzen träumen? Liegt das den Leitbildern

„*Wir brauchen den Pessimismus des Verstandes und den Optimismus des Geistes, um voranzukommen.*“
ANTONIO GRAMCI

zugrunde, nach denen die Menschen sich richten? Ist es das, was die Menschen motiviert?

Hier ein Experiment, das die Strategien offenlegt, die Sie gewohnheitsmäßig nutzen, um sich selbst zu motivieren:

> *Wählen Sie einen Tag, an dem Sie zuhause sind. Nehmen Sie sich für den gesamten Tag vor, sich nicht zu bewegen, es sei denn, Sie bemerken den Impuls, etwas zu tun, dreimal. Beim ersten Mal lehnen Sie es ab, sich zu bewegen. Beim zweiten Mal achten Sie darauf, was für ein Impuls das ist. Wie motivieren Sie sich selbst? Ist es eine Stimme in Ihrem Kopf? Sind es Bilder? Sind es Empfindungen in Ihrem Körper? Was ist Ihre Haupt-Motivationsstrategie? Greifen Sie auf Belohnung und Bestrafung zurück? Belohnungen? Was sonst? Daß Sie es gerne tun? Beim dritten Mal achten Sie nochmals auf den Impuls und bewegen Sie sich dann.*

Viele amerikanische Indianerstämme glauben, daß die Intention durch etwas hindurchzirkulieren muß, was sie „das Vierkammerherz" nennen. In der ersten Kammer vertritt man seine Absicht mit ganzem Herzen. In der zweiten Kammer weiß man mit Entschlossenheit statt mit Zaudern, was man in der Welt erschaffen will. Die dritte Kammer läßt nur zu, daß man einer Intention folgt, die dem Herzen völlig klar ist. Und in der letzten Kammer geht es darum, daß man auf eine Weise lebt, die offenherzig und großzügig mit der Energie umgeht, die den Menschen durchströmt. Das Finden der eigenen Absicht heißt dann einfach, daß man entdeckt, woran einem wirklich gelegen ist, woran man sein ganzes Herz zu hängen bereit ist, welche zu verwirklichenden Ziele einem klar sind und was einem so viel bedeutet, daß es einen von Kopf bis Fuß offen macht.

„In der guten alten Zeit", als die Dinge noch einfacher waren und der Fluß ruhig und geradlinig zu fließen schien, brauchte man sich zum Navigieren nur Fragen zu stellen, die fixe Antworten erlaubten, wie etwa: „Was will ich einmal sein, wenn ich groß bin?" und: „Was ist mein Ziel?" Uns wurde beigebracht, wie man sich Ziele setzt und diese Ziele durch Opfer, Willensstärke, Disziplin, Belohnungen und Bestrafung erreicht. Wir konnten deutlich ablesen, ob wir unserer Bestimmung näher kamen. Möglicherweise aber sind Zielsetzung und Kurskontrolle nur an der Oberflächenebene der Bedeutung angesiedelt, an einer Oberfläche, die heutzutage turbulent und chaotisch ist. Was ruft Sie, zieht Sie, was singt zu Ihnen aus den tiefsten Schichten?

„Frag nicht nach dem Sinn des Lebens, sondern danach, was das Leben von dir verlangt."
VIKTOR FRANKL

Stellen Sie sich vor, ein Stock treibt in einem Fluß quer zur Strömung. Wir stehen in einigem Abstand am Ufer und messen das Weitertreiben des Stockes, immer weiter flußabwärts. Wir stellen vernünftige Fragen, etwa: Wie weit wird der Stock pro Tag treiben? Fragen, die quantifizierbare Antworten haben. Stellen Sie sich jetzt vor, der Strom würde turbulent und reißend. Wie verhält es sich jetzt mit dem Vorankommen des Stocks? Wie messen Sie es? Wie beschreiben Sie den Kurs des Stockes?

Bedenken Sie nun folgende Möglichkeit – der Stock sei ein Rohr, zum Beispiel ein Bambusrohr, dessen Enden sie gekappt hätten, so daß sein Hohlsein sich in Offenheit verwandelt. Ihre Hand könnte dieses Rohr dann parallel zur Strömung ausrichten, damit es nicht so leicht irgendwo hängenbleibt. Das Rohr hätte dann seine eigene Form und wäre eins mit der Energie des Flusses.

Der Aikidoka Terry Dobson nannte diese Art der Ausrichtung „virtuose Intention". Diese Intention unterscheidet sich erheblich davon, sich selbst nur zu fragen, wieviel Geld man im nächsten Jahr verdienen oder welche Ziele man sich gern setzen möchte. Virtuose Intention erfordert, daß man sich der vollen Identifizierung aller seiner Energien – körperlich, mental, emotional und geistig – öffnet, indem man sich an einer Strömung tiefer Absicht und Bedeutung ausrichtet, indem man sich Fragen stellt wie: „Was verlangt das Leben von mir?" oder: „Welcher Traum treibt mich?" Diese Fragen sind

„Es ist kein Scheitern, wenn wir nicht alles verwirklichen können, was wir uns erträumen. Scheitern ist, wenn wir nicht alles erträumen, was wir verwirklichen könnten."
DEE HOCK

eher dynamisch als statisch. Diese Fragen ermöglichen, daß man eine Kohärenz in allen Aspekten seiner selbst und der Welt spürt – etwas, das Thomas Merton „die verborgene Ganzheit" genannt hat. Wenn Sie auf diese Weise navigieren, findet Ihr Leben tatsächlich zu einer Struktur, einer Leitung für die Kanalisierung dieser sich stets wandelnden, vibrierenden Strömung.

Virtuose Intention erfordert auch, daß man sich öffnet, um eine weitere Strömung wahrzunehmen, die der Komponist, Berater und Autor Robert Fritz die „gegenwärtige Realität" nennt. Das beinhaltet sowohl die innere als auch die äußere Erfahrung von Realität. Manche von uns blockieren oder filtern gewohnheitsmäßig innere Aufmerksamkeit, andere blockieren oder filtern äußere Aufmerksamkeit. Ein Seniorchef eines großen Elektronikunternehmens beschrieb sich beispielsweise als „einen linkshirnigen Typ, einen logischen Denker, den Intuitionen oder Emotionen relativ kalt lassen". Die Geschichte, die er sich selbst immer wieder vorsagte, wurde schließlich sein Kern-Selbstbild. Dieses Selbstkonzept nahm ihm jede Möglichkeit, seine innere Realität wahrzunehmen, weil er seine Wahrnehmung von Gefühlen, Bildern oder spiritueller Führung zurückgewiesen hatte. Die interne Software seines Gehirns sagte: „Das paßt nicht zu der Identität, die ich gewählt habe. Weise diese Wahrnehmung zurück."

Seine virtuose Intention zu finden bedeutete für ihn, diese alte Geschichte über den Menschen, der er zu sein meinte, an den Nagel zu hängen und der unbekannten Leere ins Gesicht zu sehen, die mit den noch weißen Seiten seines neuen Lebens einherging. Das war nur möglich, wenn er sich selbst erlaubte, alle Strömungen wahrzunehmen, die sich jeden Tag in ihm und in seinen Emotionen bewegten.

Die folgende Übung soll Ihre Bewußtheit für die „Jas" erhöhen, die in Ihnen lebendig sind. Öffnen Sie das Bambusrohr, um Ihre Motivation wirklich von innen kommen zu lassen.

ÜBUNG ZEHN: SOLO

Die innere Absicht finden

Teil 1: Die Wahrnehmungsfähigkeit für die „Ja"-Signale des Körpers erhöhen

Beginnen Sie diese Übung wie schon die Einzelübung in Kapitel vier, indem Sie fünf Minuten lang die gegenwärtige Realität wahrnehmen. Bleiben Sie einfach bei dem, was Ihnen Ihre Sinne im Augenblick mitteilen. Achten Sie auf die Sinnesempfindungen und schreiben Sie sie auf oder sprechen Sie sie aus. Zum Beispiel: „Ich sehe Streifen von Sonnenlicht auf dem Teppich. Ich höre das Rascheln von Papier. Ich fühle kalte Luft im Nacken." Vermeiden Sie Ausschmückungen, Vergleiche oder Analysen der Art: „Das Sonnenlicht, das den billigen Teppich ausbleicht und einen Temperaturunterschied hervorruft, der dazu führt, daß ein Lufthauch die Papiere rascheln läßt und ich mich in Schulterhöhe vergleichsweise kalt fühle, ein Faktor, der von den Architekten dieses Raumes ganz offenbar nicht bedacht wurde."

Nach diesen fünf Minuten denken Sie an eine Aktivität oder an etwas, das Sie gern machen und das Ihnen das Gefühl gibt, noch lebendiger zu sein. Es kann auch etwas sein, was Sie nur selten, aber dennoch gerne tun.

Achten Sie, während Sie an diese Aktivität denken, neugierig auf die Einzelheiten der sensorischen Reaktionen Ihres Körpers. Was gehört für Sie dazu, damit Ihr Körper Ja zu etwas sagt, was Sie gerne tun? Ist es wie ein Film, in den Sie gerne einsteigen möchten? Ein Gefühl der Lebendigkeit, an das Sie sich erinnern? Ist es eine Stimme in Ihnen, die Sie antreibt?

Erstellen Sie eine Liste Ihrer „Ja"-Signale, und zwar nur der Empfindungen, die Sie wahrnehmen, nicht der Gründe, warum dies so ist, und stellen Sie keine Spekulationen darüber an. Beispiele wären etwa: Atmen, das ein Gefühl der Leichtigkeit im Brustbereich auslöst, Wärme im Bereich der Schulterblätter, ein Prickeln in Füßen und Händen, das Entspannen vormals angespannter Muskeln, ein Gefühl für ein Weiterwerden des Brustkorbes mit gleichzeitigem Sinkenlassen der Schultern.

Nachdem Sie das Wahrnehmen der „Ja"-Signale für sich allein geübt haben, können Sie nun damit „in die Öffentlichkeit" gehen. Bringen Sie Ihr gesteigertes Bewußtsein für Ihre Körper-Jas in Ihre Arbeit ein – in Augenblicken, die so gewöhnlich sind wie eine Unterhaltung beim Kaffee, eine Minute, in der Sie ganz allein sind, oder der Augenblick der Erleichterung angesichts eines positiven Berichtes. Bitte widerstehen Sie der Versuchung, den Ja-Gefühlen Bedeutungen zuzuordnen; nehmen Sie einfach nur wahr, wann sie bei der Arbeit auftreten und wann nicht.

Teil 2: Von Anspannung zu Absicht

Strecken Sie einen Arm gerade aus, bringen Sie ihn auf Schulterhöhe und lassen Sie ihn dann fallen. Heben Sie ihn halb so hoch und lassen Sie ihn fallen, indem Sie ihn mit doppelter Leichtigkeit der Schwerkraft folgen lassen. Heben Sie ihn wiederum halb so hoch und lassen Sie ihn doppelt so leicht dem natürlichen Zug der Schwerkraft entsprechend fallen.

Fahren Sie mit dem Halbieren der Höhe und der Verdoppelung der Leichtigkeit fort, bis Sie auf das Aufbauen und Loslassen von Energie reagieren, ohne den Arm wesentlich zu bewegen.

Spüren Sie schließlich einige Male ohne Bewegung einfach den Energie-Impuls als Bewegungsabsicht und die Entspannung, bei der Ihr Arm in eine natürliche, lebendige Ruhelage zurückkehrt.

Wenn Sie mit Ihrem Arm in dieser Ruhelage atmen, achten Sie neugierig darauf, wann Sie den nächsten Bewegungsimpuls in Ihrem Arm aufsteigen spüren. Wenn Sie ihn spüren, erlauben Sie Ihrem Arm, dem Impuls rhythmisch und bis zu einer Höhe Ihrer Wahl zu folgen.

Lassen Sie den Arm auf dieser Höhe, bis Sie den natürlichen Zug zurück in die Ruhelage an Ihrer Seite verspüren. Folgen Sie diesem Zyklus von Bewegungsimpuls – Bewegung – Entspannungsimpuls – Entspannung fünf Minuten lang.

INTEGRATIONSFRAGEN

1. Dem Bewegungsimpuls zu folgen – wie unterscheidet sich dies davon, den Arm zu zwingen, sich gegen die Schwerkraft zu erheben? In welchen Arbeitssituationen folgen Sie ganz natürlich Ihrem Impuls? In welchen Arbeitssituationen kämpfen Sie gegen den Impuls an?
2. Was können Sie während einer Routine-Aktivität über Ihren Handlungsimpuls, den Impuls, zur Ruhe zu kommen und die Zyklen wahrnehmen, die diese Impulse miteinander verbinden?
3. Inwiefern unterscheidet sich das Vertrauen darein, daß der Bewegungsimpuls natürlich ist, von etwas, das Sie wollen, disziplinieren, können oder erzwingen müssen?
4. Denken Sie an eine Zeit, als Sie etwas Produktives einfach mit Freude getan haben. Was spielte dabei eine Rolle? Wie haben Sie die Bedingungen geschaffen, die es Ihnen ermöglichten, weiterzukommen?
5. Welches sind Ihre Begabungen, die Dinge, die Sie gern tun, Ihre natürlichen Fähigkeiten?
6. Welche Annahme über das Leben allgemein müßten Sie aufgeben, um die Möglichkeit ins Auge zu fassen, daß Sie etwas hervorragend machen könnten, ohne sich selbst dazu zu zwingen, jemand zu sein, der Sie nicht sind?

„Es gibt eine Vitalität, eine Lebenskraft, eine Energie, einen Impuls, der sich durch dich in Handlung übersetzt, und da es dich in aller Zeit nur einmal gibt, ist dieser Ausdruck einzigartig. Und wenn du ihn blockierst, wird er durch kein anderes Medium das Licht der Welt erblicken und verlorengehen. Die Welt wird ohne ihn ärmer sein."
MARTHA GRAHAM

Drachen stürzen ab, wenn man die Schnur losläßt

Verantwortlichkeit beginnt in Ihren Träumen. Das bedeutet, daß man auf das reagiert, wofür man am meisten Leidenschaft empfindet, und dann nach außen reagiert, indem man eine Möglichkeit findet, diese Energie in die Welt fließen zu lassen.

Aber wie erschafft man die Vorwärtsbewegung, die nötig ist, um zu dem zu werden, woran man glaubt? Im Outdoor-Training gibt es z. B. 10 bis 15 Meter hohe Telefonmasten mit Steigeisen auf jeder Seite. Dicht neben dem Mast hängt ein Trapez. Die Aufgabe besteht darin, den Mast hochzuklettern, sich auf seine Spitze zu stellen und dann zum Trapez hinüberzuspringen.

Ein leitender Manager eines Versorgungsunternehmens aus dem Westen erzählt von seiner Erfahrung mit dem Mast: „Ich wußte, daß mir nichts passieren konnte, weil ich einen Anzug mit Sicherheitsleinen anhatte, die meine Teamkameraden straff hielten. Trotzdem hatte ich eine Riesenangst, und noch mehr Angst, ihnen gegenüber zuzugeben, wie ich mich fühlte. Immerhin war ich doch ihr furchtloser Führer."

Kopfschüttelnd fährt er fort: „Es war genau wie bei der Arbeit. Es machte mir einen Riesenspaß, bis an die Spitze des Mastes zu klettern, aber als ich ganz oben angekommen war, wollte ich nur bloß noch da oben bleiben oder wieder runterklettern. Das stimmt nicht ganz. Ich wollte den Sprung rüber zum Trapez zwar riskieren, aber ich weiß nicht genau, warum. Ich war wie festgefroren oben auf dem Mast, ich saß fest und klammerte mich an die alte Struktur. Ich hörte, wie mir meine Teamkameraden zuriefen und mir Mut machten. Plötzlich erinnerte ich mich daran, wie ich meinen Wellensittich freiließ, als ich acht war. Meine Eltern haben getobt, aber als ich ihn in den Wald fliegen sah, freute ich mich wirklich für ihn. Das nächste, an das ich mich erinnere, war, daß ich den Mast losließ und riskierte, eine neue Möglichkeit in den Griff zu bekommen."

„Neue Leitbilder und -metaphern leiten die soziale Entwicklung und geben der sozialen Veränderung die Richtung vor. Sie üben sozusagen eine »magnetische Anziehungskraft« in Richtung Zukunft aus."
O.W. Markley

Die Vorwärtsbewegung dieses Mannes begann mit einem Bild. Das gilt auf die eine oder andere Art für uns alle. Geschichten, Metaphern und Bilder stellen eine tiefe Form des Wissens dar, die direkt zu uns und durch unsere Körper spricht; sie erklären, wie etwas funktioniert, was wir zu erwarten haben und warum etwas so passiert, wie es passiert. Dieser Mann öffnete durch sein Bild von dem freigesetzten Wellensittich seinen Geist für neue Wahrnehmungen und Möglichkeiten, während das Bild des furchtlosen Führers ein beschränktes Denkmuster produzierte, das ihn regelrecht auf der Stelle festfrieren ließ.

Robert Fritz meint, das Wichtige an einer Vision sei nicht, wie sie aussieht, sondern was sie bewirkt. Wie dieses Beispiel zeigt, dienen Leitbilder als die seltsamen Attraktoren, um die herum wir Handlungsstrukturen bauen. Anthony Phillips, Leiter von Interesting Projects Inc. in Toronto, sagte es folgendermaßen: „Vor zehn Jahren war jeder von Bildern begeistert, die Menschen mit Nachdruck dazu motivierten, etwas Bestimmtes zu kaufen oder zu tun – der Bulldozer-Effekt. Das ändert sich jetzt. Wir wollen die Menschen zu Dingen hinziehen, wir wollen Handlungsmöglichkeiten beleuchten – der Kerzeneffekt."

Wenn wir Bilder schaffen, die Furcht fördern, können wir den Menschen einen ordentlichen Stoß geben. Aber sich wegzubewegen von etwas, das man fürchtet, ist nicht das gleiche, wie sich auf etwas hinzubewegen, das man liebt. Wenn wir Mythen in die Welt setzen, die Konflikte auslösen, geben wir eine andere Art von Stoß, einen Gegenstoß – den Kampf darum, Opposition um jeden Preis zu überwinden. Aber ohne den Widerstand der Opposition fallen wir geradewegs auf die Nase. Drücken gegen etwas, was wir Opposition nennen, ist nicht das gleiche wie eine Bewegung auf etwas zu, das wir leidenschaftlich erschaffen wollen.

Warum zeichnen wir nicht gleich positive Bilder, die unserer Leidenschaft Auftrieb geben? Wenn wir unsere Absicht sehen wie einen Drachen, der hoch oben im Wind fliegt, warum in aller Welt sollten wir dann jemals die Schnur loslassen? Parker Palmer beschreibt fünf Ängste, die Menschen dazu bringen, die Schnur loszulassen: die Angst, nicht zu genügen; die Angst, die Welt sei chaotisch und drifte auseinander; die Angst, daß die Welt grundsätzlich grausam sei; die Angst, daß man nur auf sich selbst zählen könne, und die Angst, daß man einen Verlust nicht überleben könne. Jede dieser Ängste beruht auf einem Mythos, aus dem sich eine Buchidee für einen Stephen King oder eine Gutenacht-

„Organisationen setzen Metaphern in Gang. Eine Organisation so zu managen, als würde man einen Mechanismus bedienen, ein Schiff steuern oder eine Waffe führen, bedeutet, daß man diese Metapher in der Tat verkörpert. Manager können unwissentlich eine Realität konstruieren, die sie eigentlich fürchten, wenn sie nicht fähig sind, die gegenwärtig geltenden Metaphern zu reflektieren."
GARETH MORGAN

geschichte für unsere ärgsten Feinde stricken ließe. Jede dieser Ängste kann einen Menschen so weit aus dem Gleichgewicht bringen, daß er die Drachenschnur losläßt.

Wenn man sich diese Ängste jedoch einzeln vornimmt und bei Tageslicht betrachtet, erkennt man einige Alternativbilder, die einem helfen können voranzukommen: Jeder von uns verfügt über bislang ungenutzte Fähigkeiten, die wir nur finden können, wenn wir ein Risiko eingehen; Chaos geht immer der Schöpfung voraus; die Natur lehrt uns, daß die Welt unbeschreiblich großzügig ist und im Überfluß lebt; wir sind aufs engste miteinander verbunden – ein Schmetterling in Italien kann einen Sturm in Texas verursachen; in der Natur wird jeder Verlust zu einer Tür, durch die Erneuerung Einzug hält.

Den Wind einspannen

„Wenn wir danach streben, besser zu werden, als wir sind, wird alles um uns herum ebenfalls besser."
PAOLO COELHO

Wenn man sich im Aikido aus der eigenen Mitte vorwärtsbewegt, muß man bereit sein, sich auf alle Kräfte einzulassen, auf die man trifft. *Sich einlassen* bedeutet die Bereitschaft, seinen Kurs zu ändern und verändert zu werden, ohne die eigene virtuose Intention aufzugeben; die Bereitschaft, Gespräche zu führen, die der eigenen Absicht scheinbar zuwiderlaufen; die Bereitschaft, sich in diesen Gesprächen zu 100 Prozent einzusetzen und die Wahrheit Ihres Augenblicks und des Augenblicks der Menschen zu erforschen, die Teil der eigenen gegenwärtigen Realität sind; und die Bereitschaft, die eigene Leidenschaft, den eigenen Schmerz und die Verletzlichkeit, die mit beidem einhergeht, mit anderen zu teilen.

Engagement bedeutet, mit den inneren und äußeren Energien zu arbeiten, denen man begegnet, so wie man sich auf den Wind einläßt, wenn man einen Drachen steigen läßt oder in einem Boot segelt. Zu versuchen, den Wind zu beherrschen, ihn langsamer oder schneller zu machen, ist sinnlos. Man spannt den Wind ein, um ans angestrebte Ziel zu kommen. Hier ein Beispiel: Ein Verlagshaus wurde vom Wind der Zeit immer weiter vom Buchgeschäft weg- und zu Multimedia hingetrieben. Als der Verlag „nach seinem Drachen suchte", stellte man fest, daß die Intention allgemein war, neues Wissen in die Welt zu bringen, egal in welcher Form. Dadurch konnte der Verlag sich darauf einstellen, den Wind dafür zu nutzen, neue Strukturen des Mutimedia-Vertriebs aufzubauen.

Wenn Sie sich für Ihre Intention engagieren und dabei ein Leitbild vor Augen behalten, wird Ihr Gehirn in Ihrem Auftrag handeln, als folge es einem mechanischen Autopiloten. Ein Autopilot ist ein faszinierendes Gerät zur Zielfindung. Ein Pilot einer größeren Luftfahrtgesellschaft meinte vor kurzem, daß auf seinen allwöchentlichen Flügen von Boston nach London das Flugzeug über 90 Prozent der Zeit eigentlich nicht auf Kurs war, daß aber der Autopilot sich kontinuierlich selbst korrigierte und dafür sorgte, daß die Maschine immer auf Kurs blieb. Ein Autopilot ist die perfekte Metapher für ein Leitbild, denn die Effektivität wird nicht durch jede einzelne Handlung bestimmt, sondern die Summe der Handlungen über die Zeit.

„Stärke hat mehr mit Intention zu tun als mit der Größe deines Bizeps. Stärke hat mehr zu tun mit deinem Geist und deinem Energiefluß als mit der Anzahl der Liegestütze, die du schaffst."
TERRY DOBSON, SENSEI

Wenn wir unsere Intention kennen, so zeigt die nächste Übung, können wir die ablenkenden Kräfte, denen wir begegnen, für unser Vorankommen einspannen. Das bedeutet, das zu nutzen, was man das Prinzip des „geringstmöglichen Handelns" genannt hat – mehr mit weniger zu tun, indem man sich mit dem verbindet und verbündet, was natürlich vorhanden ist. Unsere Fähigkeit, effizient zu handeln, hängt davon ab, ob wir Kernbilder und -geschichten dazu nutzen, unsere Fähigkeit, uns dieser Kräfte zu bedienen, zu begrenzen oder zu erweitern. Sich der Bilder und Geschichten bewußt zu werden, die man benutzt, ist der erste Schritt, um Bilder und Geschichten zu wählen, die für das Aufrechterhalten der eigenen Intention am wirksamsten sind.

ÜBUNG ELF: PAAR

Vorwärtsbewegung vom Stuhl aus

Standortbestimmung: Denken Sie an eine Situation oder Person bei der Arbeit, mit der Sie Probleme haben – bei der Sie viel Zeit und Energie darauf verwenden, sich die Köpfe einzuschlagen, anstatt mit Freude produktiv zu sein. Halten Sie diese Situation schriftlich in einer Metapher fest, damit Sie später noch einmal auf sie zurückkommen können. Zum Beispiel: „Wie ein Grabenkampf ... die reinste Sisyphusarbeit."

Vorbereitungen

Sie brauchen einen Stuhl mit gerader Rückenlehne.

A sitzt auf einem Stuhl, während B sich mit den Unterarmen auf den Schultern von A aufstützt. A versucht, vom Stuhl aufzustehen und geradeauszugehen, während B versucht, A mit gleichmäßigem Druck von oben am Platz zu halten.

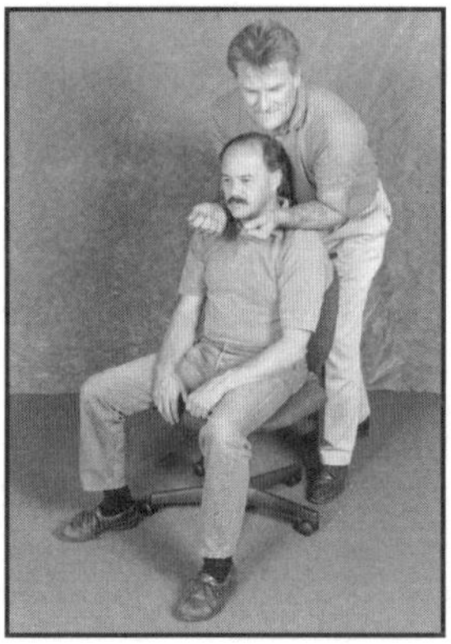

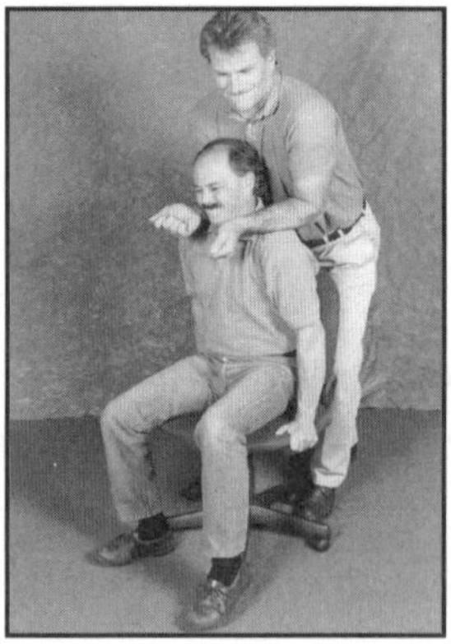

Beide beachten und erörtern die Dynamik ihrer Beziehung. Mit welchen kurzen Sätzen oder Metaphern läßt sie sich charakterisieren?

Machen Sie die Übung jetzt noch einmal, aber diesmal bricht A auf dem Stuhl unter dem Druck zusammen, und beide achten darauf, wie dieser Zusammenbruch die energetische Dynamik der Beziehung beeinflußt.

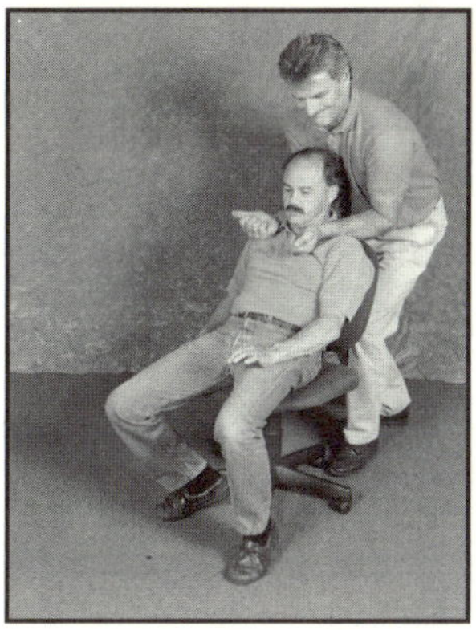

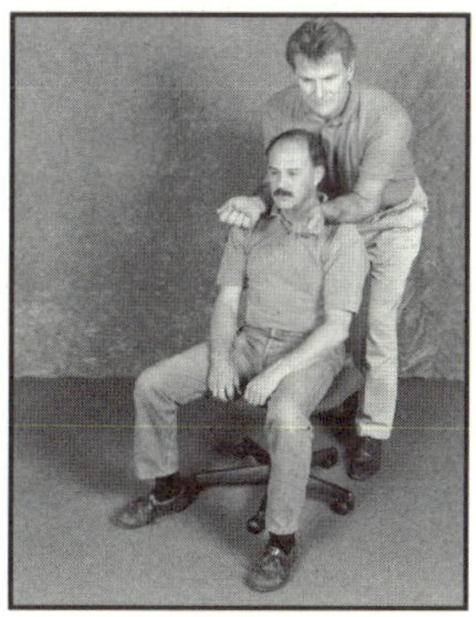

Beim nächsten Versuch zentriert sich A auf dem Stuhl (siehe Übung zwei in Kapitel zwei), um sich für die Herausforderung angenehm zu energetisieren. Dann stellt sich A lebhaft ein Bild irgendwo auf der anderen Seite des Raumes vor, etwas, das A wirklich will. Weil A diese Vision sehr am Herzen liegt, übt sie eine Anziehungskraft aus beziehungsweise gibt einen Impuls an A, sich auf die Vision zuzubewegen.

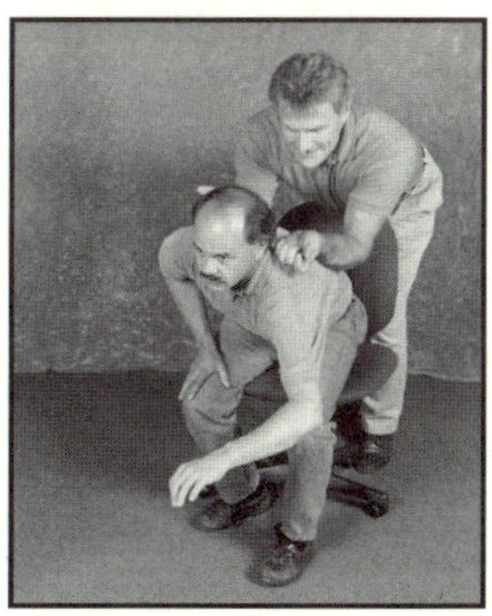

Sobald Person A fühlt, wie sich der Impuls in ihr aufbaut, kann sie gleichzeitig das Gewicht nutzen, um die Richtung des Zuges zu verstärken. Eine hilfreiche Metapher ist, sich vorzustellen, man sei Zahnpasta in einer offenen Tube, deren Öffnung in die Richtung weist, in die man gehen will.

Wenn der Druck von oben einsetzt, kann sich A wie Zahnpasta zum Ziel hin antreiben lassen. Somit kann die sitzende Person den Druck von oben als willkommene zusätzliche Energie für die Bewegung auf das Ziel hin nutzen. Auf diese Weise kann A sich erlauben, nach vorn gezogen zu werden, geradewegs loszugehen, ohne gegen die obenstehende Person andrücken zu müssen.

Standortvergleich: Rufen Sie sich noch einmal die betreffende Arbeitssituation oder Person ins Gedächtnis. Wenn Sie sich nicht die Köpfe einschlagen oder gegeneinander arbeiten würden, auf welche Intention würden Sie sich dann zubewegen? Wenn diejenige Person nicht mit Ihnen zu tun hätte, welches Ziel würde sie dann ansteuern? Wie würden Sie metaphorisch beschreiben, wie sich jeder von Ihnen auf das Gewünschte zubewegt?

INTEGRATIONSFRAGEN

1. Denken Sie an ein Projekt, bei dem Sie den größten Teil Ihrer Energie in das Überwinden von Schwierigkeiten, in das „Feuerlöschen", in Rettungsmaßnahmen und so weiter stecken. Welches ist Ihrer Meinung nach die Vision, die das Projekt antreibt? Zieht diese Vision Sie und die anderen Spieler vorwärts? Wenn nicht – welche proaktive Intention würde Sie magnetisieren?
2. Welche Bedürfnisse werden durch reaktiven Kampf befriedigt, die sich auch anders befriedigen lassen? Ein Mann meinte einmal, daß die einzige Form der Verbindung und des Kontakts, die ihm momentan einfiel, Druck war. Im gleichen Paar berichtete der Sitzende, daß er das Gefühl hatte, er müsse gegendrücken, um männlich zu sein. Sobald diese Dynamik zutagetrat, konnten

die Spieler Verbindung und Männlichkeit in ihren eigenen Begriffen neu definieren.

3. Gibt es in Ihrem Arbeits-, Privat- oder sonstigen Leben eine Vision, die Sie so anzieht, daß Sie sich nicht anzustrengen brauchen, um sie zu erreichen?

"With a Little Help From My Friends"

Westafrikaner sind der Ansicht, daß jeder seine Vision allein finden, aber dann zum Stamm zurückkehren muß, um sie zu verwirklichen. Wahrheit gibt es nicht nur hier drinnen oder da draußen, sondern auch zwischen uns. Vielleicht erklärt dies die starke Anziehungskraft in Richtung Gemeinschaft und Teams, die wir in den letzten Jahrzehnten des zwanzigsten Jahrhunderts spüren.

Der Physiker Niels Bohr erklärte: „Das Gegenteil einer grundlegenden Wahrheit ist eine weitere grundlegende Wahrheit. Das Gegenteil einer gewöhnlichen Wahrheit ist eine Lüge." Die Notwendigkeit, die einzigartige Intention jedes einzelnen Menschen zu pflegen und zu fördern und unser aller Bedürfnis, zur kollektiven Weisheit einer Gruppe beizutragen, sind beides grundlegende Wahrheiten. Wenn wir die Zersplitterung überwinden wollen, die unsere Gesellschaft zu zerstören droht, müssen wir Strukturen erschaffen, die beide Pole dieser paradoxen Wahrheiten so enthalten, daß diese Wahrheiten miteinander ins Gleichgewicht kommen können.

In der Einführungsveranstaltung eines Tages zur Entwicklung persönlicher Absicht und gemeinsamer Vision beharrte der CEO einer Beratungsfirma darauf, daß Zeit, die auf die persönliche Absicht verwendet wurde, die gemeinsame Vision unterminieren würde. „Was gehen uns die Privatträume der Leute an?", meinte er stur. „Wir bezahlen sie, damit sie die Vision unseres Unternehmens leben. Ich will nicht, daß irgend etwas sie davon ablenkt." Der Marketingdirektor eines

„Ich habe nicht den leisesten Zweifel, daß jeder Mann und jede Frau erreichen kann, was ich erreicht habe, wenn er oder sie sich ebenso bemühen und die gleiche Hoffnung und die gleiche Zuversicht kultivieren würde."
MAHATMA GANDHI

„Wenn man Glück hat, kann eine einzige Phantasie eine Million Realitäten völlig verwandeln."
MAYA ANGELOU

großen Herstellers war dagegen genau der entgegengesetzten Meinung: „Unser Leitbild ist der Adler. Adler sind keine Herdentiere. Wir wollen hier starke Einzelkämpfer, die sogar miteinander konkurrieren, um die Art von Höchstleistung zu erreichen, die uns vorschwebt."

Lassen sich überhaupt Strukturen erschaffen, die sowohl die persönliche als auch die gemeinsame Vision unterstützen? Hören Sie, was ein Design-Team erfahrener Manager, dessen Aufgabe es nach der traumatischen Erfahrung eines Downsizings war, „das Bambusrohr in Stromrichtung zu bringen", auf einem unserer Seminare fragte: Welches ist die wesentliche Intention jedes einzelnen hier im Raum? Welche einzigartige Fähigkeit hat er oder sie, um diese Intention zu verwirklichen? Wie spielen wir, damit wir alle zusammen gewinnen? Wie können wir sowohl dem einzelnen dienen als auch der Allgemeinheit? Was liegt mir so sehr am Herzen, daß ich mich voll dafür einsetze? Was muß ich tun, damit Sie sich darauf verlassen können, daß ich alles tun werde, um Ihren Erfolg zu garantieren? Was ist das Wesentliche dieser Organisation? Über welches einzigartige kollektive Vermögen verfügen wir, um dieses Vermögen in die Tat umzusetzen? Wie lauten die Kernfragen, deren Antworten es uns leicht machen würden, die richtige Richtung einzuschlagen?

Die Quantenphysik hat gezeigt, daß wir und unsere Welt hauptsächlich aus leerem Raum bestehen. Margaret Wheatley meint, daß dies eigentlich ein Bewußtseinsfeld sei, in dem es von Informationen und Ressourcen nur so wimmele, und daß wir an diesem Feld teilhaben, ob wir uns dessen bewußt seien oder nicht. „Wenn es uns nicht um das Schaffen eines kohärenten und aufrichtigen Visionsfeldes zu tun ist, werden die Menschen andere Felder entdecken – Felder, die wir unabsichtlich oder aus Nachlässigkeit geschaffen haben. Das Erschaffen von Feldern ist nicht nur eine Aufgabe für Spitzenmanager. Jeder Beschäftigte kann Energie beisteuern; in einem von Feldern angefüllten Raum gibt es keine unwichtigen Spieler."

Das englische Wort für Bewußtsein, *consciousness*, bedeutet miteinander wissen. In der afro-amerikanischen Musiktradition haben Spirituals mehr als einen Komponisten oder Texter, und sie gehören niemandem allein. Die Gemeinschaft macht die Musik; die Musik gehört der Gemeinschaft.

Pegasus Communications in Cambridge, Massachusetts, ein Verlagsunternehmen, das Material über das Denken in Systemen und über Lernende Organisationen veröffentlicht und Konferenzen zu diesem Thema veranstaltet, ist eine Gemeinschaft, die versucht, die „Musik des Bewußtseins" zu machen. Alle sechs Monate führt das Unternehmen eine Rahmenveranstaltung und eine Reihe von Aktivitäten durch, die der Inspektion der gemeinsamen Unternehmensvision und der Erforschung ihrer Implementierung gewidmet sind. Gemeinsam erfaßt man die gegenwärtigen kollektiven Mythen und Bilder, schaut man sich den Arbeitsfluß an und untersucht Gegensätzlichkeiten. Das Leitbild von Pegasus ist, mehr und mehr zu einer Halbinsel zu werden anstelle des isolierten Eilands, das das Unternehmen in den ersten Jahren seiner Geschichte war.

Erfolgsbilanzen sind „Bilanzen der persönlichen Entwicklung", bei denen sich jeder Beschäftigte mit dem Generaldirektor und einem weiteren Kollegen trifft, um die „persönliche Vision" auszutauschen. Diese Visionen enthalten spezifische Absichten für ein Jahr, drei Jahre und fünf Jahre, sowie eine Beurteilung gegenwärtig vorhandener Fertigkeiten und existierender Entwicklungsmöglichkeiten. Das Unternehmen veranstaltet auch häufig halbtägige Zusammenkünfte außerhalb der regulären Arbeitszeit, bei denen die Mitarbeiter die Ergebnisse ihrer „Revision der persönlichen Entwicklung" zurückmelden, einschließlich der Dinge, auf die sie stolz sind, und der Dinge, mit denen sie zu kämpfen haben.

„Ich bin nur eine, aber ich bin eine. Ich kann nicht alles tun, aber ich kann etwas tun. Ich werde mich nicht weigern, zu tun, was ich tun kann."
HELEN KELLER

„Jeder von uns sollte die Veränderung sein, die wir in der Welt sehen wollen.“
GANDHI

Alle Beschäftigten treffen sich einmal wöchentlich, um Erreichtes zu würdigen und um zu erörtern, welche Art von Unterstützung sie brauchen, um sich in die Richtung ihrer Vision zu bewegen und gemeinsame Visionen zu entwickeln. Die Gruppenmitglieder schreiben einander persönliche Briefe, in denen sie beschreiben, inwiefern ihre Beiträge bedeutungsvoll für das Ganze sind. In den wöchentlichen Treffen geht die Leitung von Mitarbeiter zu Mitarbeiter weiter, und im Blickpunkt stehen nacheinander die einzelnen Abteilungen, damit jeder ein Gefühl für den Sinn der ganzen Operation erhält. Bea Mah Holland, Generaldirektorin des Unternehmens, beschreibt eine signifikante Veränderung im Unternehmen: „Früher haben wir uns Dinge angetan, dann haben wir Dinge füreinander getan, und heute tun wir Dinge miteinander." Daniel Kim, einer der Gründer von Pegasus, teilt uns mit: „Unser einzigartiger Beitrag zum Aufbau Lernender Organisationen liegt wohl in unserer Fähigkeit, genauestens den Raum, in dem wir uns geistig bewegen, zu erkennen und zu wissen, wie wir dadurch einen Beitrag zum »Geist« des jeweiligen Unternehmens leisten können."

Was hätten Sie davon, wenn Sie Teil einer solchen Organisation wären? Wie könnte Ihre persönliche Intention in einer solchen Organisation gedeihen? Die folgende Übung kann als Katalysator für solche Überlegungen dienen.

ÜBUNG ZWÖLF: GRUPPE

Bewegen im Verbund

Vorbereitungen: Bilden Sie Gruppen mit je 6 bis 10 Teilnehmern.

◎ Jeder sucht sich einen bestimmten Platz im Raum. Stellen Sie sich vor, dieser Fleck übe eine Faszination oder Anziehungskraft auf

Sie aus, ähnlich dem Impuls aus der vorangegangenen Übung. Dann:

- Kommen Sie zu einem Kreis zusammen, indem Sie die Arme miteinander verschränken; diese Verbindung ist ein Symbol dafür, wie die Mission oder Vision des Unternehmens die Mannschaft zusammenschweißt. Beispielsweise, um miteinander das ultimative Freizeitgefährt zu konstruieren oder wie Menschen gemeinsam das beste Informationsverarbeitungssystem der Welt schaffen wollen.
- Auf ein Signal hin versucht jeder gleichzeitig und ohne Worte, den ganzen Kreis mit viel Kraft zu seinem Lieblingsplatz zu ziehen und mit dem Ziel, dem Kreis zu erläutern, was das Besondere an diesem Platz ist.
- Nach drei Minuten dieser Art nonverbalen Tuns hören alle auf zu ziehen und halten für sich fest, was diese Art des Führens der Gruppe gebracht hat. Mit welchen individuellen Metaphern lassen sich die Bemühungen beschreiben? Zum Beispiel: „Wie ein Tauziehen, hin- und hergerissen."
- Entschränken Sie die Arme und machen Sie einige Minuten Pause, um zu verdauen, was Sie aus dem ersten Versuch gelernt haben. Die Dynamik vom ersten Mal vorausgesetzt – wie könnten Sie Ihre Versuche, die Gruppe mit Ihrem Lieblingsplatz oder Ihrer Sichtweise bekanntzumachen, effektiver gestalten? Eine Frau aus dem Team berichtete beispielsweise, daß sie anfangs der allgemeinen Bewegung des Kreises folgte, um später dann die Gruppe leichter in ihrem Interesse beeinflussen oder lenken zu können. Ein Mann merkte an, daß es ihm half, wenn er sich den Kreis als lebendiges System vorstellte, etwa wie eine Raupe. Seine Neugier, wie sich das Tier als Einheit bewegen ließe, ermöglichte ihm schließlich, die „Raupe" zu seinem Ziel zu lotsen, während er beim ersten Versuch daran gescheitert war.
- Verschränken Sie wieder die Arme und achten Sie darauf, wie Sie mit dem, was Sie gerade gelernt haben, den Kreis erfolgreicher mit ihrer Intention bekanntmachen können.

„Ich bin ein praktischer Idealist, kein Visionär."
MAHATMA GANDHI

INTEGRATIONSFRAGEN

1. Wenn Ihr Lieblingsplatz, den Sie sich am Anfang der Übung ausgesucht hatten, einen wichtigen persönlichen Wunsch, einen Wert, eine Vorgabe oder eine Kompetenz darstellen würde, was wäre das?
2. Was haben Sie aus der Übung darüber gelernt, wie Sie Ihre Intention im Kontext einer Organisation vertreten können?
3. Unter der Voraussetzung, daß Ihre Beschäftigung in der Organisation weder garantiert noch für immer und ewig „abgemachte Sache" ist – inwiefern könnte das Unternehmen helfen, Sie der Verwirklichung Ihres Traumes einen Schritt näher zu bringen?
4. Die gegenwärtigen geschäftlichen Absichten Ihrer Organisation im Blick, was wäre eine wertvolle Fertigkeit, Ressource oder Kompetenz, die Sie zum Gesamterfolg beisteuern könnten?
5. Welche neue Qualität entsteht gerade in Ihrer Gruppe? Das heißt, auf welche unausgesprochene Einstellung, auf welche Konzepte hat sich die Gruppe beim zweiten Mal geeinigt, und welche Handlungsprinzipien hat sie in die Tat umgesetzt? Zum Beispiel: Die Summe der Teile ist nur ein Teil des Ganzen.

„Ganz lebendig zu sein heißt, zu handeln: Handlung muß die Entdeckung der Reflexion einbeziehen, die Reformierung unserer selbst."
PARKER PALMER

Business-Anekdote

Die Manager einer Forschungsabteilung sahen sich großem Druck ausgesetzt, ihre Abteilung zu verkleinern. Auf einem Meeting zur Strategieplanung herrschte Einmütigkeit darüber, wie schwierig es sei, angesichts der herrschenden Arbeitsatmosphäre überhaupt irgendeinen neuen Plan durchzusetzen. Das wurde zusammengefaßt in Sprüchen wie: „Ein Pulverfaß, das jeden Augenblick hochgehen kann", „Alle ziehen an einem Strang, aber in hundert verschiedene Richtungen zugleich", „zwanghaftes Datensammeln bevor man handelt", „Apathie und Selbstzufriedenheit", „passiv-aggressives Verhalten", „brutale Heimtücke" und „extremer Zynismus gegenüber jeder neuen Initiative".

Die Diskussion, die der Übung 11 (der „Vorwärtsbewegung vom Stuhl aus") folgte, brachte ans Licht, daß die loyalen älteren Beschäftigten verbittert und wütend waren und sich gegen Veränderungsdruck und Automatisierung zur Wehr setzten. Einige von ihnen waren bei Beförderungen zugunsten jüngerer Kräfte ohne Unternehmensgeschichte, aber mit mehr Training in automatisierten Systemen, übergangen worden.

Nach der Übung „Bewegen im Verbund" (Übung 12) wurde deutlich, daß die älteren Beschäftigten das Ziel vor Augen hatten, gegenüber dem Unternehmen, wie sie es kannten, loyal zu sein, während die jüngeren Angestellten versuchten, die Gruppe von einem High-Tech-Datenverarbeitungsansatz zu überzeugen, der unter anderem zu einschneidendem Personalabbau führen würde. Die bewährte Unternehmenspolitik des Belohnens von Loyalität wurde verletzt durch den Druck, sich schnell zu verändern. Diese loyalen älteren Beschäftigten fühlten sich zutiefst betrogen, weil ihr altes Ziel der Unternehmensloyalität und des Gehorsams nicht länger galt und sie keine neue Vision parat hatten, um die entstehende Lücke auszufüllen.

Es entstand ein neuer Vorschlag, demzufolge den Beschäftigten nicht mehr Sicherheit auf Lebenszeit angeboten wurde, sondern Trainings ihrer Wahl zur Erhaltung ihrer Beschäftigungsfähigkeit – ganz gleich, wie lange sie für das Unternehmen arbeiteten. Den älteren Angestellten wurde angeboten, sie nach speziellem Training in andere Abteilungen des Unternehmens zu versetzen, in denen Loyalität besonders wichtig war.

„Die Welt ist nur eine Leinwand für unsere Phantasie."
HENRY DAVID THOREAU

ÜBER DAS ERSCHAFFEN EINER VIRTUOSEN INTENTION

(Etwas zum Nachdenken beim Autofahren)

- Was wollen Sie heute für sich ermöglichen?
- Was liegt Ihnen heute wirklich am Herzen?
- Welche Art, sich zu geben, würden Sie heute gern pflegen, kultivieren, zum Leben erwecken?
- Was würden Sie heute am liebsten erschaffen?
- Was möchten Sie heute besonders gern geben?

Mögen die Absichten Ihres Herzens von Schönheit erfüllt sein. Mögen sie allen, die mit Ihnen leben, Schönheit bringen.

6 *Wie gehen wir mit Entweder-Oder-Denken um?*

DAS DRITTE IN DER MITTE

Engpässe im Denken transformieren

„Ist es möglich, daß wir ganz für uns und zugleich innig vernetzt sind? Wenn ja, können wir die richtige Spannung zwischen diesen beiden Extremen finden? So wie die Saite eines Musikinstruments genau bis zur richtigen Spannung gedehnt wird, um den richtigen harmonischen Klang zu erzeugen, können wir vielleicht lernen, die Spannung zwischen den Paradoxa des Lebens ins Gleichgewicht zu bringen."

WENDY PALMER

Das ist der Lauf der Dinge

Vielleicht war es Rußland oder Afrika. Manche meinen Tibet, manche Montana. Diese Geschichte wird in vielen Ländern erzählt. Aber immer kommt ein armer Bauer darin vor, und immer beginnt sie mit einem wilden Hengst, der eines Morgens unerwartet vor der Scheune des Farmers auftaucht. Das Pferd, obgleich schmutzig und ungepflegt, war ein beeindruckendes dunkles Tier mit fließender Mähne und wehendem Schweif. Als der Bauer das Gatter zu seinem Weideland öffnete, bäumte sich der Hengst auf, stellte sich auf die Hinterbeine, schlug mit den Hufen in die Luft und galoppierte aufs Feld.

Bei Sonnenuntergang hatte sich die Neuigkeit vom Hengst im Dorf verbreitet, und die Bewohner kamen beim Feld zusammen, um mitanzusehen, wie der Gaul an den Zaun gerannt kam und kurz darauf wieder ungestüm in eine andere Richtung davonpreschte.

Ein alter Mann, der am Ende der Straße wohnte, kam zu dem Bauern und meinte überschwenglich: „Was bist du nur für ein Glückspilz! Heute morgen noch warst du der ärmste von uns allen, und nun gehört dir diese wunderbare Kreatur, die eines Königs würdig wäre." Die anderen Dorfbewohner nickten und stimmten lauthals zu, der Bauer aber zuckte die Schultern und murmelte: „Vielleicht, vielleicht auch nicht."

Am nächsten Tag bei Sonnenaufgang schickte der Bauer seinen Sohn auf die Weide, mit einem Seil und dem Auftrag, das wilde Tier zum Zureiten einzufangen. Am späten Nachmittag war der junge Mann immer noch nicht zurück, und der Bauer ging nachsehen, was passiert war. Das Gatter stand weit offen, und der Sohn des Bauern lag in einer Ecke, bewußtlos und mit einem gebrochenen Bein.

Wieder versammelten sich bei Sonnenuntergang die Bewohner des Dorfes, die die Neuigkeit vom Arzt erfahren hatten, bei dem Bauern. Der gleiche alte Mann legte dem Bauern seine sehnige Hand auf die Schulter und meinte mitfühlend: „Du armer Mann. Dein einziger Sohn bewegungsunfähig wegen dieser wild-

gewordenen Bestie. Jetzt hast du niemanden, der dir beim Bestellen deiner Felder hilft. Was für ein schlimmes Pech!" Die übrigen Bewohner flüsterten ihr Bedauern, aber der Bauer zuckte wieder die Schultern und murmelte: „Vielleicht, vielleicht auch nicht."

Nach einigen ereignislosen Wochen kam eines Tages eine Truppe uniformierter Soldaten auf den Marktplatz geritten. Ein Oberst in hellrotem Jacket mit goldenen Schulterstücken und glänzend schwarzen Stiefeln erklomm die Rathausstufen. Nachdem er einen Anschlag an die Tür genagelt hatte, brüllte er den versammelten Männern zu, daß sich das Land im Krieg befinde und daß jeder Mann im Alter zwischen achtzehn und vierzig sofort eingezogen würde. Als sich der Staub nach dem Abzug der Männer wieder gelegt hatte, wandte sich der alte Mann an seinen Nachbarn und meinte verblüfft: „Was für ein Glück du doch hast! Dein Sohn ist der einzige junge Mann im Dorf, der nicht in den Krieg ziehen muß. Wenn er sich beim Zureiten des Pferdes nicht das Bein gebrochen hätte, würde er mit den anderen in den sicheren Tod marschieren. Du bist wahrlich der glücklichste Mann in der Stadt!"

Der Bauer scharrte mit den Füßen im Staub und sagte ruhig: „Vielleicht, vielleicht auch nicht."

Die Fähigkeit, das Licht im Dunkeln und das Dunkle im Licht zu finden, ist ein wesentlicher Teil unseres Vermögens, das zu balancieren, was man „das Dritte in der Mitte" genannt hat, den Angel- oder Wendepunkt jeder Situation. Von diesem Ort aus kann man zu einer schöpferischen Beziehung zu den im eigenen Leben bestehenden Umständen finden.

Orientierung

Wenn wir das Leben in unseren Organisationen verändern wollen, müssen sich zuerst unsere starren Denkweisen ändern: unser Hang zum Reagieren statt zum Agieren, unsere Neigung zum Fragmentieren und unser übermäßiges

„Die westliche Welt hat uns gelehrt, die Welt »auseinanderzudenken« – Fakten vom Gefühl zu trennen, Geist von Materie, das Ich von der Gemeinschaft … Aber diese großen Gegensätze erschaffen gemeinsam die Realität. Wenn wir sie auseinanderdenken, zerstören wir die Ganzheit, durch die sie unser Leben bereichern können."
Parker Palmer

Konkurrenzdenken. Diese Art des Denkens kann uns einfach nicht das richtige Bild vermitteln, denn, wie Peter Senge feststellt, die Mauern oder Gräben, die die unterschiedlichen Funktionen innerhalb einer Organisation in Erbhöfe aufteilen, sind das Ergebnis fragmentierender mentaler Modelle.

Ein Kreis stellt Ganzheit dar, so wird gesagt, weil er nahtlos und ohne Unterteilung ist. Aber unsere Gewohnheit ist, die Kreislinie durchzuschneiden und geradezubiegen und das eine Ende als wahr oder richtig und das andere Ende als Lüge oder falsch zu bezeichnen. Wir haben uns an diese Dualität im Denken, an dieses Auftrennen der Realität in Gegensätze so sehr gewöhnt, daß wir nicht wissen, wie wir mit Polaritäten umgehen sollen, wenn sie sich gleichzeitig zeigen. Wir sind eine Nation von Entscheidungsfällern geworden. Dabei hat das Wort *„entscheiden"* (decide) die gleiche Wurzel wie *Homizid*, *Suizid* und so weiter – es bedeutet, einen Teil zu töten. Daher bezeichnen wir uns, wenn wir es mit zwei Polaritäten zu tun haben, als verwirrt, sehen die Polaritäten als einander widersprechend und entscheiden uns dafür, alle Möglichkeiten bis auf eine einzige „auszuschalten". Bei dieser Art zu denken muß immer etwas negiert werden, als könne unser Gehirn nur in einem binären System arbeiten. Wir sind ein in Gewinner- und Verlierer-Fach unterteiltes Gehäuse.

„Ich wuchs auf und sah aus wie mein Vater, sprach wie mein Vater, vertrat die gleichen Ansichten wie mein Vater und nahm die Haltung meines Vaters ein. Und ich wuchs auf mit der Verachtung meiner Mutter für meinen Vater."
JULES PFEIFFER

Wir vergessen, daß das Entweder-Oder nur ein geistiger Rahmen ist, eine Landkarte, die eine Sichtweise des Geländes darstellt. Wir beziehen uns so sehr auf die Landkarte, daß wir uns nicht mehr vorstellen können, was jenseits der Ränder des Papiers liegt, auf das die Karte gedruckt ist. So verlieren wir in einer Problemsituation das Ganze unseres Kontextes aus den Augen und konzentrieren uns nur auf ein einziges Bild. Es ist, als würden wir Gott mit einer Statue auf einem Podest verwechseln. Bis wir das einsehen, werden wir uns weiter an starre Gewißheiten klammern und uns dabei vom Wunder des Lebendigen isolieren.

Wir denken fortwährend in Begriffen des Krieges und gegnerbezogener Sportanalogien, wenn wir Herausforderungen interpretieren, als müßten wir „die Konkurrenz ausschalten" oder „den Gegner aufs Kreuz legen". Wir befinden uns in zahlreichen Splittergruppen, die mit anderen Splittergruppen um die Macht kämpfen. Diejenigen mit der meisten Autorität gewinnen, so wie es in den Cowboyfilmen aus vergangenen Tagen immer nur Gute und Böse gab. Die Beziehungen, die wir schaffen, haben demzufolge eher eine Eltern-Kind-Qualität als eine Erwachsener-Erwachsener-Qualität.

Aus der Zwickmühle zum Paradox

In China gibt es ein Kinderspielzeug, die Stroh-Fingerfalle. Man steckt die Spitze der Zeigefinger in je eine Öffnung und zieht mit aller Kraft, um die Finger wieder herauszubekommen. Die einzige Möglichkeit, einer solchen Falle zu entkommen, besteht jedoch darin, die Finger weiter hineinzustecken. Ein Manager in einer Bostoner Elektronikfirma schuf die gleiche Art verbaler Fußangel. Ohne zu merken, was er eigentlich sagte, stellte er eine Angestellte vor die Wahl, ob sie eine Lohneinbuße hinnehmen oder weniger arbeiten wolle. Das nennt man Zwickmühle. Egal, was sie sagte – am Ende stand sie mit weniger Geld da.

„Es braucht zwei, um eins zu kennen."
GREGORY BATESON

Chris Argyris von der Harvard-Universität beschreibt diese Art des Denkens, das Menschen in den Wahnsinn treibt, als eine organisatorische Defensivroutine. Einige heutzutage gängige Beispiele sind:

- Sei kreativ, aber überschreite nicht die Grenzen der Norm.
- Entscheide selbst, aber stimm dich vorher mit anderen ab.
- Arbeite im Teamgeist, aber sei der Beste.
- Geh Risiken ein, aber mach nichts falsch.
- Sag deinem Chef die Wahrheit, aber nichts Schlechtes.

Wenn du etwas falsch machst, dann mach es auf akzeptable Weise.

„Gegensätze negieren einander nicht – sie bilden eine mystische Einheit, und im Herzen der Dinge brauchen sie einander – der Körper atmet sowohl ein als auch aus. Wir aber wollen Licht ohne Dunkelheit, Frühling und Sommer ohne die Ansprüche von Herbst und Winter. Also holen wir uns Kunstlicht rund um die Uhr ins Haus, und jenseits seiner Grenzen eine Dunkelheit, die mit jedem Versuch, sie uns vom Leibe zu halten, erschreckender wird."
PARKER PALMER

Die emotionale Spannung, die diese Denk-Routinen erzeugen, führen zu Minimieren, Leugnen, Defensivität, Zurückhalten, Faustrecht und zu einer allgemeinen Atmosphäre, die Argyris „dynamische Inkompetenz" nennt.

Man kann aber auch geschmeidiger denken. In dem Maße, wie sich unser Paradigma von einer Sicht der Welt als Maschine und von Dingen als Teilen der Maschine wegverlagert, beginnen wir, die dynamischen Lebensqualitäten der Welt zu erkennen. Margaret Wheatley meint: „Wenn wir alles mit allem in Beziehung sehen, können wir unser Bedürfnis, die Dinge als polare Gegensätzlichkeiten zu sehen, hinter uns lassen."

In der Tradition des Aikido können wir beginnen, die Dinge, die wir in einander entgegengesetzte Kräfte getrennt haben, wieder miteinander zu vereinen. So wie man bei der chinesischen Strohfalle die Finger näher zusammenbringt und der Falle schließlich entkommt, kann man das eigene Denken auf eine Weise verändern, die im Geist Raum für zwei scheinbar widersprüchliche Ideen, Bedürfnisse oder sogar Menschen Platz schafft.

Die meisten von uns in der Geschäftswelt neigen dazu, Stabilität und Chaos als ein Entweder-Oder zu sehen. Aber stellen Sie sich einmal für einen Moment den Dialog vor, der sich zwischen einer schroffen Felsküste und dem Ozean abspielt. Das eine erhält seine Form durch das andere. Obgleich man die Felsen als stabil sieht, waren sie früher einmal Lava und werden eines Tages zu Staub. Sie verändern ständig ihre Form. Das Wasser, das gemeinhin als chaotisch gilt, ist zugleich die Verkörperung der Stabilität, wenn man an die Vorhersagbarkeit der Gezeiten denkt. Sowohl Chaos als auch Stabilität sind Quellen des Lebens. Beide sind auf unterschiedliche Weise stabil, beide drücken auf einzigartige Weise das Chaos aus. Die Küstenlinie, der Treffpunkt zwischen Entweder-Oder, ist der Ort, an dem sich der Paradigmenwechsel vollzieht.

Dieses Kapitel ist ein Übungsfeld, auf dem Sie lernen können, die Spannung zwischen den Gegensätzen als kreative Dehnung zu erfahren. Diese Dehnung kann zerbrechend, aufbrechend wirken, so daß Geistesgröße und -flexibilität als eine geschmeidige Kraft aufspringen kann. Die Soloübungen zur Selbstkompetenz übersetzen emotionale Spannung in schöpferische Spannung, indem sie widerstreitende Energien in Beziehung zueinander setzen. Die Partnerübung zur Entwicklung von zwischenmenschlicher Kompetenz führt zu einem leibhaftigen Verständnis dafür, wie man sich von der Verwirrung in der Entweder-Oder-Ecke zum Wundern über das „Dritte in der Mitte" bewegen kann. Bei der Gruppenübung zur Erweiterung von Veränderungskompetenz geht es um das Entwickeln von symmetrischen Strukturen, die das Paradox in der Organisation tragen und im Gleichgewicht halten können.

Persönliche Integrität und Paradoxie

In unserer Kultur ziehen wir die Bequemlichkeit des Entweder-Oder-Denkens dem Geheimnis der Paradoxie vor. Wir scheinen zu glauben, daß es möglich sei, aufzusteigen ohne abzusteigen. Wenn ein Wachstumszyklus in einer Beziehung oder im Wirtschaftsleben Anzeichen für einen Abfall zeigt, nehmen wir an, daß etwas nicht stimme, daß etwas in Ordnung gebracht werden müsse, anstatt zu erkennen, daß er die zyklische Natur des Wachstums reflektiert, das Bedürfnis nach Schlaf und Inkubation. Im Paradox negieren sich die Gegensätze nicht – sie verbinden sich zu einem kohärenten Ganzen. So wie das Einatmen dem Ausatmen folgt, damit wir gesund bleiben. So wie das Licht des Tages die Dunkelheit der Nacht braucht.

„Mitten auf meinem Lebensweg erwachte ich in einem tiefen Wald, in dem der Weg ganz und gar abhanden gekommen war."
DANTE

Das Paradox bricht die Polarität zwischen Logischem und Geheimnisvollem. Unser rationaler Geist bekommt das nur schwer auf die Reihe. Hier kann eine Metapher helfen, die die Beziehung zwischen den Dingen verdeutlicht.

Dazu basteln wir uns ein sogenanntes Möbiusband. Schneiden Sie sich einen drei Zentimeter breiten und 30 Zentimeter langen Papierstreifen zurecht, verdrehen Sie ein Ende einmal und verkleben Sie die Enden miteinander. Zeichnen Sie mit einem Filzstift oder Faserschreiber auf der Außenseite der Schleife eine Linie. Wenn Sie den Stift nicht absetzen, werden Sie beide Seiten der Schleifenoberfläche durchlaufen und schließlich wieder am Ausgangspunkt ankommen. Obwohl die Schleife eine äußere und eine innere Oberfläche hat, kann das, was sich anfangs auszuschließen schien, nun als ein gemeinsamer Raum gesehen werden.

Integrieren Sie dies nun in Ihr persönliches Leben, wiederholen Sie das Nachzeichnen der Schleife, aber stellen Sie sich, bevor Sie anfangen, diesmal eine Arbeitssituation vor, bei der Sie zwei Kräfte wahrnehmen, die einander zu widersprechen oder einander entgegengesetzt zu sein scheinen. Setzen Sie eine von beiden Kräften als die äußere und die andere Kraft als die innere Oberfläche. Fragen Sie sich beim erneuten Durchlauf mit dem Stift neugierig, ohne eine Antwort zu erzwingen, welches der gemeinsame Raum oder Kontext sein könnte. Erlauben Sie Ihrem Geist, mit Möglichkeiten des Herstellens einer paradoxen Beziehung zwischen diesen Polaritäten zu spielen.

„Liebe ist die Möglichkeit des menschlichen Geistes, die so tief ist, daß sie uns die Fähigkeit gibt, Mut aufzubringen; diesem Mut zu vertrauen und mit seiner Hilfe Brücken zu bauen; diesen Brücken zu vertrauen und sie zu überqueren, so daß wir den Versuch machen können, einander die Hände zu reichen.“
MAYA ANGELOU

Wenn diese Schleife das Ganze Ihres persönlichen oder organisatorischen Kontextes darstellt, stellt der Wendepunkt der Schleife eine komplementäre Beziehung zwischen zwei entgegengesetzten Elementen dar. Kunststudenten entdecken dies, wenn sie verschiedene Farben direkt nebeneinander legen, rot und blau beispielsweise; es entsteht ein dritter dynamischer Aspekt – violett –, einfach durch die Nachbarschaft der Farben. Jazzmusiker beschreiben Jazz häufig als eine

Musik, die anders ist als die Musik, die Einzelne spielen. Menschen in persönlichen oder beruflichen Langzeitbeziehungen haben oft ein stark entwickeltes Gespür für die Energie, die zwischen ihnen herrscht und die einzigartig und anders als die jedes einzelnen ist.

Robert Fritz beschrieb dies als „kreative Spannung", eine Kraft, die dauernd Energie und Enthusiasmus hervorbringt und nach Lösung strebt. Während wir einen klaren Sinn für die gegenwärtige Realität und gleichzeitig ein engagiertes Gefühl für unsere Intention behalten, ist die natürlichste Lösung, die wir erwarten, daß die Realität sich auf das zubewegt, was wir wollen. Denken Sie an eine Zeit, in der Sie so begeistert von etwas waren, das Sie tun wollten, daß Sie es nicht erwarten konnten, morgens aufzustehen. Auch wenn Sie wußten, daß es schwierig werden würde, fühlten Sie sich davon wie magnetisch angezogen.

Im Gegensatz zu dieser kreativen Spannung beschreibt Fritz die emotionale Spannung als zwei Kräfte, die sich in entgegengesetzte Richtungen bewegen und uns Energie abziehen. Ein Beispiel dieses „Ja, aber"-Denkens beschrieb ein junger Banker folgendermaßen: „Ich möchte diesen neuen Job wirklich antreten – das ist eine phänomenale Gelegenheit für mich, die Managementfertigkeiten zu lernen, die ich dringend benötige, aber ich glaube wirklich nicht, daß ich das Risiko eingehen sollte, weil ich mich in Gruppensituationen nicht gut mache, aber ..."

Wenn man sich dem zuwendet, was man will, entsteht unweigerlich auch Furcht. Denn die Kreativität und die emotionale Spannung sind miteinander verwobene Realitäten, die in Beziehung zueinander treten wollen. Es ist absolut möglich, emotionale Spannung durch Umdeuten der Emotionen in kreative Spannung zu verwandeln. Dazu muß man weniger Interesse zeigen an der Geschichte, die man sich selbst über die beiden Polaritäten erzählt, und mehr Interesse am Erleben

„Man hat recht zutreffend bemerkt, daß der Psychotiker in den Dingen untergeht, in denen der Mystiker schwimmt."
PEMA CHODRON

der gegenwärtigen energetischen Realität der einzelnen Emotionen im eigenen Körper. Wie die folgende Übung zeigt, ermöglicht das im Bewußtsein-Halten dieser Energien die tatsächliche – formübergreifende – Verwandlung und Integration zu einer neuen Erfahrung der Verbundenheit, die sich von den einzelnen Energien unterscheidet.

ÜBUNG DREIZEHN: SOLO

Furcht und Verlangen

Teil 1: Entweder/Oder/Beides

Erinnern Sie sich an eine Zeit, in der Sie sich vor etwas gefürchtet hatten. Vielleicht war das ein Moment, in dem Sie Angst hatten, allein im Dunkeln zu sein, als Sie einem entgegenkommenden Auto nur um Haaresbreite ausweichen konnten, als Sie merkten, daß Sie einen großen Fehler gemacht hatten, oder irgendeine andere Situation, die Ihnen Angst einjagte.

Achten Sie auf die Gefühle in Ihrem Körper, während Sie sich an diesen Moment erinnern – beschleunigter Herzschlag, schnellere Atmung, Klammheit, plötzliche Empfindungstaubheit und so weiter. Nennen Sie diese Empfindungen Ihre Furchtsignale und merken Sie sich diese Reaktionen, damit Sie später darauf zurückkommen können.

Erinnern Sie sich dann an einen Moment des Verlangens, einen Augenblick, als Sie spürten, wie Sie von einer starken Vorstellung „gezogen" wurden. Das kann mit dem zu tun haben, was Sie erlebten, als Sie an Ihre Intention gedacht haben, oder mit dem „Zugmoment" aus Übung 11.

Achten Sie auf die Empfindungen in Ihrem Körper, während Sie sich diesen Augenblick ins Gedächtnis zurückrufen. Das kann alles Mögliche sein, von einem Gefühl der Geräumigkeit und der warmen Leichtigkeit bis zu einem begeisterten Bewegungsdrang oder einem Moment, in dem unerwartet heiße Tränen flossen. Nennen Sie diese Signale Ihre Signale des Verlangens und merken Sie sie sich, um später darauf zurückzukommen.

Denken Sie nun an beide Momente gleichzeitig. Was empfinden Sie, wenn beide Energien, die der Furcht und die des Verlangens, gleichzeitig gegenwärtig sind?

Teil 2: Das Dritte in der Mitte

Vorbereitungen

Sie benötigen drei Trinkbecher, heißes Leitungswasser und Eiswasser.

Füllen Sie einen Becher mit heißem Wasser (nur so heiß, daß Sie problemlos Ihre Hand eintauchen können), einen mit Eiswasser und den dritten halb mit Eiswasser und halb mit heißem Wasser.

Tauchen Sie eine Minute lang drei Finger Ihrer linken Hand in den Becher mit dem heißen Wasser und drei Finger Ihrer rechten Hand in den Becher mit dem Eiswasser. Nehmen Sie jetzt Ihre Finger aus dem heißen und aus dem kalten Wasser und tauchen Sie sie unverzüglich in den dritten Becher mit der Mischung. Wie empfinden die Finger der einzelnen Hände dieses Wasser?

Auf die Frage, ob er jemals Furcht habe: *„Ich spüre das gleiche wie Sie. Sie nennen es Furcht. Ich nenne es einen Appell zu handeln."*
MORIHEI UESHIBA, O SENSEI

INTEGRATIONSFRAGEN

1. Welche Arbeitssituation ist ein Beispiel dafür, daß Sie sich an die „Temperatur" Ihrer Perspektive so sehr gewöhnt haben, daß Sie „ins Schleudern kommen", wenn eine andere Perspektive auftaucht? Hören Sie sich beispielsweise manchmal sagen: „Das *wird so* gemacht", „Wir *müssen* ...", „Das sehen Sie *falsch* ...", „Auf diesem Gebiet bin *ich* der Experte ...", „Entweder so wie ich will oder gar nicht ..."?
2. Stellen Sie sich vor, daß jeder „aus einem anderen Wasser" kommt. Wie könnten Sie von der Gewißheit Ihrer Überzeugung zu einer zentrierten Neugier übergehen? Können Sie sich vorstellen, zu sagen: „Was ist Ihnen daran wichtig?", „Erzählen Sie mir, wie Sie zu dieser Ansicht gekommen sind", „Mir ist dabei wichtig, daß ...."
3. Ertappen Sie sich dabei, daß Sie beweisen wollen, daß Ihre Meinung die einzig wahre sei? Hören Sie sich beispielsweise manchmal sagen: „Also, ich denke, daß ich hier derjenige bin, der davon Ahnung hat, und ich sage, daß unser Budget diese Art von Untersuchung nicht erlaubt."

„Um die Macht oder Intention des anderen voll zu akzeptieren, brauchen wir enorme Tiefe und eine unglaublich starke Mitte, die die Energie eines anderen aufnehmen und tolerieren kann ohne das Bedürfnis zu herrschen, oder das Gleichgewicht zu verlieren."
WENDY PALMER, SENSEI

Diese Übungen implizieren nicht, daß Entschlossenheit und Entschiedenheit nicht wertvoll seien, sondern sie bedeuten, daß es wichtig ist, sich der eigenen Denkgewohnheiten bewußt zu werden. Wenn Sie alte Probleme unter neuen Perspektiven betrachten wollen, ist es wesentlich, alle Möglichkeiten mit einem Gefühl der Neugier und der Offenheit zu überdenken.

Zwischen Baum und Borke

Nachdem wir die Ergänzung als möglichen Weg zur Integrität erkannt haben, kommen wir nun zur Brücke der Versöhnung. „Versöhnung" bedeutet, eine alte Freundschaft wieder aufzunehmen, ein neues Treffen, neuen Austausch zu ermöglichen. Quantenphysiker und Aikidomeister wissen längst, daß Veränderung dann stattfindet, wenn Polaritäten integriert werden. Wie kommt man zur Versöhnung, wenn zwei äußere Kräfte in entgegengesetzte Richtungen ziehen?

Stellen Sie sich vor, Sie sind Teamleiter auf einem Treffen, bei dem Prioritäten für ein großes Gesundheitsfürsorgesystem festgelegt werden sollen. Ein Mann und eine Frau, jeweils Abteilungsleiter, die in der Vergangenheit miteinander um Zuschüsse gekämpft haben, steigern sich in eine laute Auseinandersetzung hinein, die schon zehn Minuten andauert. Als die Beteiligten sich schließlich heiser geschrien haben, tun Sie Ihr Bestes und greifen ein. „Einen Augenblick mal. Bitte beruhigen Sie sich erst mal ..."

„Arbeit ist Theater, der Ort, an dem das Leben sich zu unserer tragischen oder komischen Zufriedenheit entfaltet."
DAVID WHYTE

Der streitende Mann kontert ohne Nachdenken: „Was mischen Sie sich denn ein? Wer zum Teufel glauben Sie überhaupt, wer Sie sind?"

Einen Moment lang sind Sie wie gelähmt und verwirrt. Sie stottern und stehen auf. Was sagen und tun Sie als nächstes?

Zwischen dem Stottern und einer möglichen verbalen Schlammschlacht liegt ein Moment, in dem man wählen kann. Sie *werden* auf der Grundlage Ihres Bildes von sich selbst reagieren. Wie Sie auf Menschen eingehen, hängt davon ab, wie Sie Ihre eigene Identität definieren. Wenn Sie zu sich selbst sagen: „Oh-oh, hier läuft gleich alles aus dem Ruder. Hier muß ich wohl mal auf den Tisch hauen. Ich bin der Leiter hier, und das heißt, daß das Gezeter sofort aufhört. Mein Job ist, dafür zu sorgen, daß jetzt Schluß ist damit." Mit dieser Haltung gehen Sie von der Verwirrung in eine Reaktion hinein, indem Sie sich mit dem „Boß" identifizieren.

Wenn Sie andererseits denken: „Verdammt! Ich hasse Streitereien. Bei so etwas war ich noch nie gut. Warum soll ich mich überhaupt zwischen die Fronten stellen? Sollen sie sich doch die Köpfe einschlagen, bitte, ich halt mich da raus und geh in Deckung", gehen Sie von der Verwirrung in eine Reaktion hinein, indem Sie sich mit dem Beschwichtiger identifizieren. Dies ist ein klassisches Beispiel für Entweder-Oder-Denken: Wähle eine von beiden Möglichkeiten, und die Chancen stehen gut, daß sich die Lage nicht verbessert und die effektivste Lösung nicht gefunden wird.

Um eine alternative Reaktionsmöglichkeit zu entdecken, erwägen Sie die folgenden von drei weisen Männern beschriebenen Identitäten: Der Psychologe C.G. Jung beschrieb das Selbst als einen Ort, an dem die Gegensätze vereinigt werden. Der Dichter Rainer Maria Rilke beschrieb das Selbst als „das, was zwischen zwei Noten liegt, die immer in Dissonanz sind". Der Gründer des Aikido, Morihei Ueshiba, beschrieb das Selbst als Beziehung, einen nicht verstandesmäßigen Ort, der die Gegensätze in sich fassen kann. Jede dieser Beschreibungen einer Identität stellt den versöhnenden Aspekt des Dritten in der Mitte dar. Wie würden Sie auf den Konflikt reagieren, wenn Sie davon ausgehen, daß eine dieser drei Möglichkeiten das ist, was mit „Wer zum Teufel glauben Sie überhaupt, wer Sie sind?" gemeint ist?

Ein Beispiel für eine solche Erfahrung könnte darin bestehen, daß Sie sich ein großes Gummiband über beide Hand-

Auf die Frage, ob er jemals Furcht habe: *„Ja, aber ich habe mich an meine Furcht gewöhnt."* TERRY DOBSON, SENSEI

gelenke streifen und sich vorstellen, das Gummiband wären Sie selbst. Ballen Sie Ihre Hände zu Fäusten und stellen Sie sich vor, die Fäuste seien die widerstreitenden Kräfte in der eben erwähnten Geschichte oder in einer Arbeitssituation, die Sie aus der Realität kennen. Erlauben Sie sich, sich zu zentrieren, und erweitern Sie Ihre Sinne, so daß Sie im Geiste einen erweiterten Zustand einnehmen und sich von Verwirrung über Neugier zu Staunen bewegen, während Sie auf die beiden Fäuste schauen. Sobald Sie merken, wieviel Spannung Sie aus dem Gummiband nehmen können, stellen Sie sich vor, daß Sie beide Fäuste so akzeptieren, wie sie sind, und daß Sie sie einladen, eine Beziehung miteinander einzugehen und dabei voneinander zu lernen.

Wenn Sie merken sollten, daß Sie die eine Polarität als „richtig" beurteilen und die andere als „falsch", könnte es sich lohnen, eine Zeitlang neugierig dem Warum nachzugehen. Welche Absicht könnte durch dieses „Falschsein" erfüllt werden, selbst wenn Sie nicht damit einverstanden sind, wie dieses „Falschsein" versucht, seine Bedürfnisse zu erfüllen? Wenn wir auf diese Weise tiefer verstehen können, anstatt automatisch Ansprüche abzustreiten, versetzen wir uns in die Lage, Unterschiede als Lerngelegenheiten willkommen zu heißen und unsere verborgene Ganzheit zu finden.

„Unsere Aufgabe wird sein, fortwährend nach dem zu suchen, was neu und wichtig ist, und aus dem Gefundenen Sinn zu machen in Begriffen dessen, wer wir waren und wer wir zu werden versuchen." MARGARET WHEATLEY

Diese weitere Art des Denkens ermöglicht es, die Unterschiede aufrechtzuerhalten und sensibel für sie zu sein, ohne sich in ihnen zu verstricken. Anstatt den eigenen Kurs von Polaritäten ausgehend zu finden, orientiert man sich aus seiner Mitte. Anstatt vom äußeren Rand des eigenen Seins her zu leben, lebt man aus der eigenen Quelle.

Im Tai-Chi nennt man diese Position der Integrität die „Rückkehr zum Berg". Diese Rückkehr kann die Quelle von Antworten sein wie: „Ich weiß, daß Sie beide genau jetzt eine Antwort brauchen, und ich bin noch nicht soweit, zu entscheiden. Ich frage mich, wie wir alle zur Zufriedenheit finden können", oder: „Ich fühle mich bei dem, was hier gerade geschieht, nicht wohl. Ich weiß nicht, was man dagegen tun kann, und ich möchte mich nicht so unzufrieden fühlen." Aus einer solchen Haltung heraus handelte Rosa Parks*, als sie sich vorn in einen Bus setzte – wo nur Weiße sitzen durften – und auf diese Weise die Bürgerrechtsbewegung ins Leben rief.

In der folgenden Übung haben Sie Gelegenheit, eine weitere Weise zu erfahren, wie Sie zu einem Durchgang, einer Brücke oder einem „reflektierten Kontext" in einer aktiven Beziehung werden können.

* Rosa Parks hatte sich im Jahre 1955 in Montgomery geweigert, ihren Sitzplatz im Bus einem Weißen zu überlassen und wurde dafür ins Gefängnis gesperrt. Dieses Ereignis war Auslöser einer Aktion für die Bürgerrechte in den USA, deren Leitung Martin Luther King übernahm und in Form eines Busstreiks nach dem Vorbild des „passiven Widerstands" von Gandhi zum Erfolg führte.

ÜBUNG VIERZEHN: TRIADE

Doppelter Armzug

Standortbestimmung: Denken Sie an eine Situation an Ihrem Arbeitsplatz, bei der Sie ständig auf unangenehme Weise zwischen zwei Menschen, zwei Meinungen, zwei Abteilungen aufgerieben werden. Das kann eine Dauersituation sein oder einmaliger Druck, eine schnelle Entscheidung herbeiführen zu müssen. Schreiben Sie einige typische Floskeln aus Gesprächen auf. Zum Beispiel: „Sie müssen verstehen, daß Abteilung XY dieses Geld nötiger braucht als die Marketingabteilung."

Vorbereitungen

Machen Sie diese Übung in Dreiergruppen. Eine Person (A in der Mitte) tritt auf drei verschiedene Weisen Herausforderungen gehenüber, die von zwei Seiten gleichzeitig (Person B und C auf jeder Seite) kommen.

A steht mit herabhängenden Armen da (Uhren und Armbänder bitte abnehmen). B und C stehen mit leicht gebeugten Knien und fassen jeweils ein Handgelenk von A. Da Sie ohne

„Zwei ganz und gar gegensätzliche Qualitäten machen unseren Geist befangen – Gewohnheit und Neuartigkeit."
JEAN DE LA BRUYERE

Gefährdung oder Schmerzen lernen sollen, kann A die Übung jederzeit durch ein Wort stoppen.

Option 1

Auf ein Signal von A hin beginnen B und C damit, je ein Handgelenk in Richtung Boden zu ziehen. Die erste Reaktion von A besteht darin, zu versuchen, stark zu sein und stehen zu bleiben und den beiden Zugkräften zu widerstehen.

Dann signalisiert A eine Pause, und alle Teilnehmer achten darauf, welche Qualität diese Be„ziehung" hatte. Was würden Sie in einer solchen Situation typischerweise zu sich selbst sagen? Zum Beispiel: „Ich muß das aushalten. Ich muß standhaft bleiben. Ich bin der einzige, der hier alles zusammenhält, also hängt alles an mir."

Option 2

Gehen Sie wie eben vor, nur daß A diesmal gegenüber B und C sofort kapituliert, wenn Druck ausgeübt wird.

Was würden Sie in einer solchen Situation zu sich selbst sagen? Zum Beispiel: „Das ist einfach zuviel Arbeit. Das ist es nicht mehr wert. Was soll's? Wir machen es sowieso nicht mehr lange."

„Ohne Gegensätze kein Vorankommen."
WILLIAM BLAKE

Option 3

Diesmal zentriert sich A und erweitert seine periphere Wahrnehmung (siehe Übung zwei). Sobald A den Beginn der Herausforderung signalisiert, kann der Zug als eine willkommene Dehnung begrüßt werden, der die Arme und Gelenke ein bißchen in die Länge zieht.

Welche Metapher würde A helfen, den starken Armzug nach unten umzulenken? Zum Beispiel: „Je stärker der Zug, desto mehr werde ich mir vorstellen, diese Hände würden versuchen, einen fettigen Aal zu greifen oder seien wie schmelzender Schnee auf einem Bambusrohr, oder ich bin wie eine Schlange, die ihre Haut abwirft."

Anschließend signalisiert A das Ende der Übung, und alle drei diskutieren ihre Erfahrung. Auch B und C bekommen die Möglichkeit, in der Mitte zu stehen.

„Schütze mich davor, einen Teil von mir wegzuwerfen."
AUDRE LORD

Standortvergleich: Führen Sie sich noch einmal die Arbeitssituation vor Augen, an die Sie vor der Übung gedacht hatten. Denken Sie an eine Lernerfahrung, die Sie auf diese Situation anwenden können. Zum Beispiel: „Ich habe gelernt, daß Nichtentscheiden eine Möglichkeit ist und daß ich nicht immer sofort eine Antwort geben muß", oder: „Ich hatte so viel mit diesen beiden Knaben zu kämpfen, daß ich schon vergessen hatte, was mir eigentlich wichtig ist."

INTEGRATIONSFRAGEN

1. Was hatte A davon, beide Zugkräfte in sich aufzunehmen? Wie setzte sich A in Beziehung zu Kräften, die gegen ihn zu arbeiten schienen?
2. Bei welcher Arbeitssituation wäre diese Art des Umgangs mit den Zugkräften der gegenwärtigen Realität von Nutzen?
3. Denken Sie an eine aufgeladene Situation bei der Arbeit, in der es verfrüht ist, sich für etwas zu entscheiden, zu engagieren oder zu wählen. Wie könnte diese Übung Ihnen eine andere Reaktionsmöglichkeit eröffnen?
4. Wie könnte diese Übung den Raum zwischen Handlungsimpuls und Handlung füllen?

Sich normal zu verhalten ist manchmal verrückt, das Streben nach Integrität jedoch ist immer gesund

Bei vielen Problemen, die unsere Organisationen heimsuchen, sind grundlegende Paradoxien mit im Spiel, beispielsweise: „Wie erreichen wir mit weniger mehr?" und: „Wie finden wir Fülle in dieser Knappheit?" Gewohnheitsmäßig reagieren wir auf diese Fragen durch das Schaffen von Ungleichgewichtigkeiten, indem wir Situationen und Menschen manipulieren, damit eine Seite – unsere Seite – durch das Konkurrieren um verfügbare Ressourcen und das Ignorieren der Bedürfnisse des Ganzen gewinnt. Wenn die Ressource unserer Aufmerksamkeit knapp wird, stimmen wir sogar zu, wenn wir hören: „Wessen Meinung soll sich durchsetzen? Alle anderen werde ich ignorieren."

Peter Vaill, Autor von *Management As A Performing Art*, meint, die zwei Funktionen, die das Management zu einer

Organisation beisteuern sollte, seien Verstehen und Kontrollieren dessen, was vor sich geht. Aber wie verstehen und kontrollieren wir Paradoxien? Paradoxien sehen aus wie Wahrheiten, die miteinander im Konflikt liegen. Paradoxien lassen sich nicht durch normale Managementmethoden, wie das Anhäufen von mehr Fakten und Daten oder mehr Logik, auflösen.

Die Rückkehr zu Niels Bohrs Aussage darüber, derzufolge das Gegenteil einer grundlegenden Wahrheit eine weitere grundlegende Wahrheit sein kann, mag uns einen Hinweis geben. Das gesunde Selbstgefühl eines Menschen sollte beispielsweise idealerweise in der Lage sein, mit einer Fähigkeit zu koexistieren, selbstlos anderen zu dienen. Wir sollten in der Lage sein, das Innere und das Äußere, das Männliche und das Weibliche, unsere Intuition und unseren Intellekt, das Universale und das Konkrete, unsere Leidenschaft und unsere Weisheit, das Schöpferische und das Zerstörerische miteinander zu integrieren.

Parker Palmer meint, daß dies so schwierig sei, weil wir keine Symmetrie-Strukturen erschaffen, die unsere Paradoxien zusammenhalten und beide Pole reflektieren könnten. Bei einem großen Hersteller im mittleren Westen wurde beispielsweise viel Wert auf das Design neuer Produkte gelegt, und alle Strukturen reflektierten diese Wertigkeit. Aber das Bedürfnis nach Gleichgewicht – das Erfüllen der Bedürfnisse des „gemeinen Volks" – wurde ignoriert. Da der größte Teil der Führungsetage Spannungen ignorierte, wurde auch die zunehmende Fragmentierung ignoriert, die durch dieses grundsätzliche Ungleichgewicht – etwa dem Dünkel der Designer, der sich in einer „Wir und die anderen"-Mentalität niederschlug – verursacht wurde. Aber die Spannung wurde immer größer und drohte die Organisation zu sprengen, als die Designer immer starrköpfiger wurden und es ablehnten, die Bedürfnisse anderer zur Kenntnis zu nehmen oder anderen Abteilungen wichtige Informationen mitzuteilen. Die

„Es gibt eine Alternative. Es gibt immer einen dritten Weg, und der ist keine Kombination der anderen beiden Wege. Es ist ein anderer Weg."
DAVID CARRADINE

„Die Mission des Aikido ist die Verwirklichung der Liebe.“
MORIHEI UESHIBA, O SENSEI

Spannung löste sich erst, als die Führung das Bedürfnis nach Förderung der Verantwortung eines jeden einzelnen für die gesamte Organisation erkannte.

Als Andy Warhol gebeten wurde, ein Kunstwerk zu betrachten, meinte er, es sei nötig, es in einem Blickwinkel von 360 Grad zu sehen. „Leider habe ich vergessen, mein Leben so zu betrachten“, meinte er sarkastisch. Leider vergessen wir auch, unsere Organisationen so zu betrachten.

Paradoxien sind einfach da, um in aller Ruhe betrachtet zu werden. Anscheinend kann unser Geist Paradoxien am besten in Aktion anstatt von einem Fixpunkt aus reflektieren. Das bedeutet meistens, daß man sich fragt, wie die Situation sich weiterentwickelt, damit natürliche Kräfte an einer Lösung der Spannungen arbeiten können, die sich, wenn man die Situation als Stilleben sieht, zu widersprechen scheinen.

Die praktische Herausforderung besteht nicht so sehr darin, unsere Beschränkungen zu transzendieren, um Paradoxien aufzulösen, sondern mehr darin, Paradoxien durchlässiger zu machen. Die Integrität einer Organisation erfordert, daß wir auf eine Weise denken, welche die zwei Ströme in einer Art Gleichgewicht und Harmonie zusammenführt. Das ist nicht das gleiche wie das Eingehen von Kompromissen, denn bei Kompromissen geht die Dynamik der einzelnen Flüsse „den Bach runter“. Beispielsweise wollen Sie, daß das Team über Bezuschussungsprioritäten diskutiert, ich aber will, daß das Team Kommunikationskonflikte erörtert. Das endet dann damit, daß wir das Treffen von letzter Woche diskutieren oder darum kämpfen, wessen Thema den Vorrang haben sollte. Aber wir könnten statt dessen auch anerkennen, daß wir anscheinend in unterschiedliche Richtungen gehen und im Augenblick eine Meinungsverschiedenheit haben. Wir könnten der Frage nachgehen, was wirklich wichtig für jeden einzelnen von uns ist. Wir könnten uns gemeinsam fragen, wie wir unserer beider Bedürfnisse unter einen Hut bekommen …

Paradoxes Denken erfordert, daß man den anderen bewegt und leitet, aber nicht manipuliert. Die Verbindungen zwischen uns bleiben also auch dann erhalten, wenn wir in verschiedene Richtungen gehen. Dazu müssen wir eine innere Fähigkeit des Verbundenseins mit anderen, mit Ideen, mit Umgebungen fördern. Das wiederum erfordert einen Übergang von Information zu Einsicht, von Wissen zu Weisheit.

Wir leben in einem Zeitalter tiefer Dunkelheit und unerträglichen Lichts. Manche wollen eine Vergangenheit wiederherstellen, die es nie gegeben hat, andere eine Zukunft, die es nie geben kann. Das Leben scheint zum Untergang verdammt zu sein; nie jedoch hatte das Leben bessere Chancen. Traditionen liegen in Trümmern; neue Visionen entstehen aus dem Chaos. Die folgende Übung ist ein Übungsfeld zur Erweiterung unserer Denkweisen, während wir auf des Messers Schneide unserer Zeit stehen und versuchen, vollwertige Bürger eines sehr, sehr großen Universums zu werden.

„Du findest Kraft in dem Ort zwischen Geben und Nehmen."
TERRY DOBSON, SENSEI

ÜBUNG FÜNFZEHN: GRUPPE

Augen zu und durch

Vorbereitungen

Sie brauchen einen auf dem Boden liegenden Telefonmast oder einen 4 bis 6 Meter langen Baumstamm. Falls Derartiges in Ihrer Wohnung oder Ihrem Konferenzraum nicht in rauhen Mengen vorhanden sein sollte, tut es auch eine 5x15x600 cm-Bohle aus dem Baumarkt.

Arbeiten Sie in Gruppen mit je 8 bis 12 Teilnehmern. Jeweils 4 bis 6 Teilnehmer stellen sich an ein Ende des Mastes, so daß die Gruppen einander gegenüberstehen.

> *Auf ein Startsignal hin muß jede Gruppe sich, auf dem Mast oder Balken gehend, an der Gruppe, die ihnen entgegenkommt, vorbei und mit allen Mitgliedern zum anderen Ende bewegen, ohne einen einzigen Schritt neben den Mast oder den Balken zu setzen. Wenn jemand den Boden berührt, müssen beide Gruppen an ihren Anfangsort zurückkehren und von neuem beginnen.*

„Viele verfolgen stur den gewählten Weg; wenige verfolgen stur das Ziel."
FRIEDRICH NIETZSCHE

(Hinweis: Könnten Sie das gegnerische Team auch als Menschen sehen, die eine knappe Ressource mit Ihnen teilen, oder als interessante Bekanntschaften auf Ihrer Reise, statt als Hindernisse zwischen Ihnen und Ihrem Ziel?)

INTEGRATIONSFRAGEN

1. Was haben Sie aus dieser Übung über den Umgang mit jemandem gelernt, der scheinbar auf Gegenkurs zu Ihnen ist?
2. Wie haben Sie es geschafft, den wertvollen Raum, hier den Stamm, miteinander zu teilen?
3. Wenn der Stamm Zeit oder Geld darstellte, was haben Sie dann über das Teilen dieser knappen Ressourcen gelernt?
4. Was haben Sie über das Schaffen von Systemen gelernt, die entgegengesetzte Orientierungen berücksichtigen?

Business-Anekdote

Als wir den doppelten Armzug (Übung 14) in einer großen Bank durchführten, führte die Übung zu einer Veränderung der Kriterien zur Teambildung. Der Generaldirektor dieser Bank sagte: „Wir waren bisher sehr darauf bedacht, für Teams Mitglieder auszuwählen, die in jedem Funktionsbereich das ganze Spektrum der Bevölkerung repräsentieren.

Unsere Prämisse war, daß wir durch die Aufnahme der Extreme eine effektive Meinungsvielfalt erhalten würden. Statt dessen stellten wir fest, daß die Repräsentanten der Extrempositionen die Mitgliedschaft im Team als Gelegenheit sahen, so viele Stimmen wie möglich für ihren Standpunkt zu sammeln. Sie definierten sich selbst durch ihre extremen Positionen und taten alles nur Erdenkliche, um diese Positionen aufrechtzuerhalten. Nach der Übung begannen wir, Teammitglieder im Hinblick auf ihre Fähigkeit auszuwählen, viele verschiedene Standpunkte flexibel und menschlich zu integrieren. Die Zusammenkünfte machten mehr Spaß und wurden ein ganzes Stück produktiver."

7

Wie erzielen wir effektivere Ergebnisse mit weniger Ressourcen?

KOOPERATIVES FÜHREN

Kommando und Kontrolle überwinden

„Überall höre ich die Leute sagen, das Problem unserer Zeit sei, daß wir keine großen Führer mehr haben. Wenn wir zurückschauen, haben wir immer welche gehabt. Es scheint mir, daß es einen wichtigen Grund dafür gibt, daß es keine großen Führer mehr gibt, nämlich den, daß sie nicht mehr gebraucht werden. Die Botschaft ist klar. Wir wollen nicht länger von außen geführt werden. Jeder von uns muß sein eigener Führer sein. Wir wissen jetzt genug, um dem Licht in uns zu folgen, und mit Hilfe dieses Lichtes werden wir eine neue Gemeinschaft erschaffen."

LAURENS VAN DER POST

Dawna: Die Tochter des Chefs

Mein Vater hat nie zu mir gesagt: „Ich liebe dich." Er hat viele Dinge in seinem Leben gesagt, aber das nie. Meine Mutter klebte Zeitungsartikel in ein Album, die seine Karriere von einem Innenstadt-Demonstranten bis zum CEO eines großen Detroiter Unternehmens nachzeichneten. Er sagte oft, daß er bedauere, nie einen Sohn gehabt zu haben, einen rechtmäßigen „Thronfolger", dem er das ganze Wissen vermachen konnte, das er auf seinem Weg bis auf die oberste Sprosse der Leiter als inspirierender und kommandierender Manager gesammelt hatte.

Es gab jedoch etwas, was er nicht konnte, und das war sein größtes Geheimnis, das ihn zutiefst beschämte. Ich erinnere mich daran, wie ich regelmäßig nach der Schule in sein riesiges Büro kam. Meine Füße hinterließen Abdrücke auf der eleganten burgunderfarbenen Auslegware, als ich mich dem gewaltigen Mahagonischreibtisch näherte. Ich kletterte auf den mit gegerbtem Leder bezogenen Drehstuhl. Die einzigen Dinge auf dem glänzenden Tisch waren ein großer Kassettenrecorder, ein Tintenlöscher und ein sehr dicker Stapel Papiere, an Ort und Stelle gehalten von einem kristallenen Briefbeschwerer mit eingravierten Unternehmensinsignien.

Tag für Tag drückte ich auf „Aufnahme" und begann, ein Dokument nach dem anderen von dem Stapel nehmend, ins Mikrophon vorzulesen. Danach schob ich meine Hand unter den großen, schwarz-grünen Tintenlöscher und fand das 25-Cent-Stück, das mir mein Vater hingelegt hatte, damit ich mir auf dem Heimweg ein Eis mit Schokoladensoße kaufen konnte. Niemand hat je etwas über dieses Ritual herausgefunden. Es war unser Geheimnis. Niemand hat je entdeckt, daß mein Vater kein Wort lesen konnte.

Wenn er abends nach Hause kam, setzte er eine Brille mit Stahlfassung auf, machte es sich in einem großen braunen Sessel bequem und nahm eine Zeitung. Er bewegte seinen Kopf vor und zurück in einer Bewegung, mit der die meisten Menschen lesen. Ich schlüpfte unter das Papier, krabbelte auf seine Knie, um die unausweichliche Frage zu stellen: „Papa, hast du mich lieb?" Er verzwirbelte meine Haare, langte in seine Hosentasche und flüsterte in mein Ohr: „Hier ist ein Nickel, aber sag deiner Mutter nichts."

Als Teenager trug ich meistens seine weiten weißen gestärkten Hemden über meinen Jeans, die Ärmel hochgekrempelt und die Haare zu einem Pferdeschwanz gebunden. Daß sie viel zu groß und gestärkt waren, empfand ich nie als unangenehm. Ich fühlte mich geschützt, umgeben von seiner Sicherheit. Aber trotzdem wollte ich immer noch so gern die Worte hören, die er nie sagte. Der Nickel wurde zu einem Vierteldollar, dann zu einem Dollar. Nach dem College hörte ich auf zu fragen. Ich machte eine Therapie, prügelte mit einem Tennisschläger auf ein Kissen ein und schrie: „Ich hasse dich, ich hasse dich, Papa! Warum sagst du mir nie, daß du mich liebst?" Als ich erwachsen war und selbst ein Kind hatte, sagte er immer noch: „Hier sind fünf Dollar, aber sag deiner Mutter nichts".

In den letzten Jahren seines Lebens hatte er die Alzheimer-Krankheit. Dieser Löwe von einem Unternehmensleiter saß zusammengefallen und unrasiert in einem schwarzen Schaukelstuhl und starrte in Welten, die ich nicht sehen konnte. Ich weiß nicht, ob er hätte reagieren können, wenn er gewollt hätte, aber zwei Jahre lang tat sich gar nichts. Bei meinem – wie sich herausstellen sollte, letzten – Besuch kniete ich mich auf den Fußboden und nahm sein Gesicht zwischen meine Hände. Mehr als alles wollte ich, daß er all das wußte und mitbekam, was ich für ihn fühlte. Ich flüsterte eindringlich: „Ich liebe dich, Papa." Seine wäßrigen blauen Augen reflektierten nichts. Er war eingeschlossen hinter Mauern, die ich nicht überwinden konnte.

Ich stand auf, nahm meine Handtasche über die Schulter, wandte mich ab, bereit zu gehen, als mir ein Gedanke in den Sinn kam. Ich griff in meine Brieftasche, zog einen Fünfdollar-Schein heraus, legte ihn in seine kraftlose Hand und flüsterte ihm ins Ohr: „Hier sind fünf Dollar, aber sag Mama nichts." Sofort blinzelte er, sah zu mir auf und lächelte, als er mit sanfter Stimme sagte: „Ich liebe dich auch, mein Liebling."

Das waren die letzten Worte, die ich von ihm gehört habe. Er kehrte zu seinem Ort hinter den Mauern zurück, und ich ging nach Hause. Trotzdem lehrte er mich in dem einen einzigen wertvollen Augenblick etwas, das vielleicht meine wichtigste Lektion überhaupt war.

„Nachzugeben, um sich durchzusetzen, ist das Wesen des Aikido", erklärte Sensei Terry Dobson. Das bedeutet, daß wir den Menschen, die sich uns scheinbar in den Weg stellen, sehr nahe kommen müssen, nahe genug, um in ihr Modell der Welt eintreten zu können. Nahe genug, um ihren Schmerz, ihre Angst und ihre Verwirrung zu verstehen.

Die Essenz wahrer Führung bedeutet, diejenigen Hindernisse aus dem Weg zu räumen, die die Menschen davon abhalten, die großen Dinge zu tun, für die sie bestimmt sind. Das ist vielleicht nicht das Bild vom Kommandieren, dem wir im mechanistischen Newton-Zeitalter gefolgt sind, aber es kann uns zu der Kunstform des Einflusses zurück- und uns voranbringen, zum Erwecken unserer Zuversicht auf das, was wir gemeinsam werden können.

„Wenn wir an Führungskräfte denken und an die Vielfalt der Talente, die Menschen in Unternehmen und Organisationen einbringen, sehen wir, daß die Kunst des Führens im Freisetzen, Pflegen und Ermöglichen dieser Talente liegt."
MAX DEPREE

Orientierung

Wenn Sie gerade bequem an einem Trapez hängen (so unwahrscheinlich das auch scheinen mag mit diesem Buch in der Hand), in einiger Entfernung ein weiteres Trapez entdecken *und* sehen würden, daß es weit und breit kein Netz gibt, das Sie auffangen könnte, würden Sie dann das Trapez loslassen wollen, an dem Sie gerade hängen? Und wenn Sie gerade rhythmisch hin- und herschwingen, ein seltsames Geräusch hören, nach oben schauen und entdecken würden, daß sich die Seile des Trapezes, an dem Sie hängen, immer weiter aus der Verankerung lösen?

Fast jeder Mensch im zwanzigsten Jahrhundert hat mehr wilde Umschwünge weltgestaltender Veränderung mitgemacht als alle Menschen davor seit dem Untergang des alten Roms. In eben dieser Situation befinden sich heute viele Menschen in Führungspositionen in Amerika. Aktuelle Studien zeigen, daß sieben von zehn Fusionen und Unternehmensaufkäufen Fehlschläge sind. Die Hälfte aller Führungskräfte in einschlägigen Unternehmen werden nach weniger als einem Jahr entlassen oder verlassen von sich aus das Unternehmen. Gewinn-Verlust-Dynamiken schleichen sich überall ein. Die Sprache dieser Dynamik spiegelt sich in negativen Bildern wider: Krieg, Gewalt, Überfall. Während einer solchen Phase ist die Wahrnehmung verengt und verzerrt. Typisch für eine solche Phase sind mangelnde Zuversicht, Unsicherheit und Ängstlichkeit. Eigennützigkeit wird zum Wert schlechthin, wenn Manager um die Top-Positionen konkurrieren. Dies ist kein Klima, in dem Menschen erfolgreich lernen, die Hand nach dem nächsten Trapez auszustrecken – und in dem der Paradigmenwechsel von Kommando und Kontrolle hin zu Zusammenarbeit und Innovation gedeiht.

„Es ist nicht so sehr, daß wir Angst hätten vor Veränderung oder zu sehr an den alten Tagen hängen würden, sondern es ist diese Leere zwischen den Tagen, die wir fürchten – als hinge man zwischen Trapezen. Wie Linus von den Peanuts, wenn sein Nuckeltuch in der Wäsche ist – man kann sich an nichts festhalten."
MARILYN FERGUSON

Denken Sie einmal an drei große Führungskräfte, die Sie persönlich gekannt haben oder kennen: Welche Haupteigenschaften besitzen sie? Mit welcher Metapher würden Sie diese Manager beschreiben? Treten diese Manager wie Teamleiter auf oder eher wie Truppengeneräle?

Wenn eine Kultur an einem Punkt angekommen ist, der beispiellos in der Geschichte ist, scheinen die Menschen sich nach Führern zu sehnen, die Antworten haben – besonders Antworten, die ihnen zusagen. Technische Antworten, Lösungen, die von oben nach unten durchverordnet werden. Aber in einer Quantenwelt mit einer Komplexität wie der unseren sind Planen und Menschenführung mehr eine Sache des Lernens denn des Wissens. Der Wandel, den jeder einzelne durchmachen muß, ist der Übergang von unendlicher Expan-

„Wissen Sie, was mich am meisten auf der ganzen Welt erstaunte? Die Unmöglichkeit, mittels Gewaltanwendung, irgend etwas zu erschaffen. Auf lange Sicht wird das Schwert immer besiegt vom Geist.“
NAPOLEON BONAPARTE (gegen Ende seines Lebens)

„Wenn Sie es schon immer so gemacht haben, dann ist es wahrscheinlich falsch.“
CHARLES KETTERING

sion zu effektiverem Handeln, von Quantität zu Qualität, von Dominanz zu Kooperation im Verbund.

Wenn man glaubt, daß Führer diejenigen sind, die am längeren Hebel sitzen, bedeutet das, daß die Menschen am kürzeren Ende *keinen* Einfluß haben. Ein solches Wertesystem hält Menschen, die in der Hierarchie höher sind, aus irgendeinem Grund für wichtiger. Aber wir leben heute in einer Zeit, in der es Hierarchien aller Art an den Kragen geht, und in den Organisationen wird der Ruf nach Kreativität, Engagement und Innovation laut.

Die Kluft zwischen unserer Sehnsucht nach hierarchischer Führung und unserem Bedürfnis nach Führung, die auf Kooperation basiert, ist eines unserer heikelsten Dilemmas. Peter Senge beschreibt einen möglichen Grund dafür: „Einer der Gründe für die Attraktivität des Mythos vom großen Führer ist, daß dieser Mythos uns von der Verantwortlichkeit für ein weitergehendes Entwickeln von Führungsfähigkeiten erlöst. Systemtheoretisch betrachtet ist dort eine Struktur des „Abwälzens der Last“ auf fremde Schultern am Werke: Ein wahrgenommenes Bedürfnis nach Führung läßt sich durch das Entwickeln von Führungsfähigkeiten in der ganzen Gruppe erfüllen oder dadurch, daß man sich auf einen Helden verläßt. Letzterer verstärkt den Glauben der Gruppe an ihre eigene Machtlosigkeit und erschwert dadurch die grundsätzliche Lösung.“ Die Heldenmythen können also das Entstehen von echter Führung durch Teams und Organisationen, die sich selbst führen können, sogar blockieren.

Führung heute muß bedeuten, sich angesichts wesentlicher Probleme gemeinsam mit anderen Menschen zu engagieren – auch in Situationen, in denen keiner eine Antwort parat hat. Das kann zu einem Paradox führen, da Autoritäten gerade dafür belohnt werden, daß sie Antworten haben, und bestraft, wenn sie sagen: „Ich weiß nicht.“ Lyndon B. Johnson beispielsweise war überzeugt, daß er sich nicht erlauben konnte, sein politisches Vorgehen zur Diskussion zu stellen. Er wird oft mit den folgenden an seine Berater gerichteten Worten zitiert: „Verschont mich mit Problemen, es sei denn, ihr habt auch die Lösung." Auch Richard Nixon betrachtete die öffentliche Diskussion als Bedrohung und zog die „schweigende Mehrheit" vor. Beide spielten den alten Mythos von Führung – der charismatische Einzelgänger weiß die Antwort, weiß, wohin wir alle gehen müssen, und weiß auch, wie wir dahin kommen.

Vielleicht waren dieser Stil und dieses Führungsmodell nötig, als es für uns ums Überleben ging, aber heute geht es für uns darum, das zu erreichen, was der Historiker Arnold Toynbee „eine erneuernde Haltung, ein Verehren des Lebens zum lebenswichtigen Aufwachen" nannte. Von einem monopol(y)orientierten Operationsumfeld und dem Streben nach Aufrechterhaltung des Status quo zu einem kollektiven Klima der Innovation überzugehen bedeutet, eine Teamkultur zu entwickeln, die Veränderung und Begeisterung favorisiert.

Für den Übergang von Kontrolle zu dieser „Stewardship" genannten Einstellung und zu gemeinsamem Lernen sind verschiedene Fähigkeiten nötig. Manager, die erwarten, ihr altes Gefühl von „Macht über jemanden" zu bewahren, werden enttäuscht werden. Während diese Manager schließlich eine neue Art instrumenteller Macht gewinnen werden, die darauf basiert, Teil eines effektiveren, anpassungsfähigeren und befriedigenderen menschlichen Systems zu sein, werden sie auf dem Weg dorthin jedoch wahrscheinlich einen Kulturschock und Verwirrung erleiden, als ob sie in einem fremden Land unterwegs wären. Es können sich auch Gefühle der Desorientierung, der Entwurzelung und der Unfähigkeit einstellen.

Die Transformation der äußeren Landschaft von Organisationen muß ihren Anfang in der Transformation der inneren Landschaft unseres Geistes und unserer mentalen Modelle

„Man kann nicht länger der harte Kerl sein, nicht länger teilnahmslos auf Menschen zugehen, mit Eiswasser in den Adern und mit kühlem Kopf. Andererseits funktioniert der Ansatz der geduldigen Eltern, die immer nur zuhören und verstehen und nichts tun, auch nicht. Nein, man muß in jeder Situation mit seinem wahren Ich führen, denn wenn man im Management up to date sein will, dann muß man manchmal auch die emotionale Seite berücksichtigen."
JIM AUTREY

„Wir gewinnen an Macht und Einfluß, wenn wir auf Kontrolle verzichten.“
PETER BLOCK

nehmen. Führen im permanenten Strudel bedeutet, zu wissen, wir wir unseren Kurs auf völlig neue Weise bestimmen können. Wir müssen in der Lage sein, den Fluß zu „lesen". Das erfordert, daß wir uns selbst und unsere Umgebung aus einer völlig neuen Perspektive kennenlernen.

Es ist möglich, daß das Verändern unseres Bildes von Führung weitere Kontexte enthüllt, in denen wir erfahren, wie wir unseren Einfluß anders nutzen können, in denen wir erfahren, wie man wirklich zuhört und sich unterschiedliche Perspektiven zu eigen macht, und in denen wir verstehen, Dissonanz als kreativen Antrieb zu nutzen. Anstatt beispielsweise den Dirigenten eines Symphonieorchesters als Symbol für einen Führer zu sehen, erinnert uns Max Depree, Autor von *Leadership Jazz* und ehemaliger CEO von Herman Miller, an die Vitalität und bewegende Energie einer Jazz-Combo „in the groove", eine Art des „Jeder ist engagiert", wenn er das neue Bild von Leadership anspricht. Das ist ein Bild, in dem Neugier, Mitwirken, die Magie und Macht des Einflußnehmens auf dem Wechselspiel der Begabungen der Teilnehmer beruhen, die einander führen und folgen.

Wenn jedoch alle Schulungen, die man absolviert, und alle Erfahrungen, die man gemacht hat, das Spielen in einem Symphonieorchester als Metapher favorisieren, ist das Erschaffen von Jazzmusik schwierig. Sie sind daher eingeladen, dieses Kapitel als eine Jam-Session zu betrachten. Sie lernen drei Gruppen von Übungen kennen, damit Sie einen Sound finden können, der authentisch Ihr eigener ist. Sie lernen, den Menschen um Sie herum aufmerksam zuzuhören, und finden eine Möglichkeit, sich harmonisch einzubringen und Improvisationen ohne Partitur zu erforschen. Die Soloübung zur Selbstkompetenz nimmt Sie mit auf ein kinästhetisches Abenteuer, in dem Sie Ihren gegenwärtigen Stil aufgeben können, um Ihre Rolle im Ganzen auf bedeutungsvollere Weise neu zu organisieren. Die Partnerübungen zur Entwicklung von

Kompetenz im Umgang mit anderen vermitteln Ihnen Körpererfahrungen, mit deren Hilfe Sie lernen, die Welt durch die Augen anderer Menschen zu sehen und Ihren eigenen Standpunkt effektiv zu vertreten. Die Gruppenerfahrung zur Erweiterung von Veränderungskompetenz erforscht das Komponieren und Koordinieren der Harmonie des Gesamten.

„Mit gutem Beispiel voranzugehen ist nicht das Wichtigste, wenn man andere beeinflussen möchte – es ist das Einzige."
ALBERT SCHWEITZER

Weg von Kommando und Kontrolle und hin – zu was?

Viele Manager in Unternehmen spüren, wie nötig es für sie ist, sich neue mentale Modelle anzueignen. Bill O'Brien, ehemals Generaldirektor von Hanover Insurance, dessen Verdienste unter anderem darin bestehen, daß er dem Unternehmen geholfen hat, seinen Impuls zurückzugewinnen und einer der Marktführer auf seinem Gebiet zu werden, beschreibt dies folgendermaßen: „Die größte Herausforderung ist ein Konzept, das Manager seit Generationen antreibt – Macht, Kontrolle, Steuerung. Statt dessen müssen wir heute versuchen, Bedingungen zu schaffen, unter denen sich die innere Energie oder Motivation von Menschen inspirieren läßt. Menschen haben ein Gespür dafür, wann sie als Menschen behandelt werden, die etwas beizutragen haben, und diese Behandlung hat eine multiplikative Wirkung auf ihre Produktivität."

Kerm Campbell, CEO von Herman Miller, formulierte es so: „Wenn man es nur auf Rendite abgesehen hat, wird man zur Eintagsfliege. Transformation ist niemals quantifizierbar. Transformation beginnt damit, daß die Führung die Fähigkeit erwirbt, im »permanenten Strudel« zu navigieren, der uns zwingt, die Welt anders wahrzunehmen."

Worin bestehen die fundamentalen Regeln dieser neuen Navigation? Peter Vaill meint, daß unter diesen Bedingungen die Strategie, härter sowie politisch und technologisch cleverer zu arbeiten, uns nicht besonders weit bringen wird. Er erläutert: „Schließlich enden wir beim Workaholismus, beim richtungslosen Einzelkämpfertum. Damit wir gesund bleiben und die Strömung des Flusses erkennen können, müssen wir reflexiv klüger, kollektiv klüger und spirituell klüger arbeiten."

Wie geht das? Da mehr und mehr Beschäftigte die zum Selbstmanagement nötigen Informationen, Fertigkeiten und Autonomie besitzen, verliert die Führung ihre allein richtungsweisende Funktion und muß von Kommando und Kontrolle zu Werten und Vision übergehen. Werte und Vision werden das Maß, die Leitsterne, nach denen wir navigieren. Sie sind nicht die endgültige Bestimmung, sondern der Kompaß für die Reise.

„Da gehen meine Leute. Ich muß herausfinden, wohin sie gehen, damit ich sie führen kann."
ALEXANDRE LEDRU-ROLLIN (französischer Politiker)

Iva Wilson, CEO von Phillips Display, nennt intellektuelle Energie und Neugier sowie Engagement für kontinuierliches persönliches Lernen als wesentlich. „Als Führungskraft muß man sich zuerst selbst engagiert ändern, bevor man von anderen etwas in dieser Richtung verlangt. Die wichtigsten Dinge tragen wir dabei in uns selbst. Wenn wir uns auf die Absicht im Inneren zentrieren, kann es vorangehen." Dieses Innen wird von Trainingsprogrammen für Führungskräfte aber nur selten berücksichtigt: „Ich bin entmutigt davon, wie oft diese Programme sich einseitig auf die Entwicklung von Fertigkeiten zur Manipulation der äußeren Welt konzentrieren, statt die Fertigkeiten zu fördern, die man braucht, um nach innen zu gehen", erklärt Parker Palmer.

„Wenn du Menschen führen willst, gehe hinter ihnen her."
LAO TSE

Was wir als Führungskräfte wissen, ist nun dem gegenüber, was wir lernen können, sekundär. Die gute Nachricht ist, daß wir nicht länger auf dem Wasser gehen müssen. Die schlechte Nachricht ist, daß wir in der Lage sein müssen, zu erkennen, wo im Wasser die Steine sind, auf denen wir sicher gehen können.

Die Kämpfe, denen wir in unserer Rolle als Führungskraft immer wieder begegnen, spiegeln möglicherweise noch ungekämpfte oder immergleiche Kämpfe in uns selbst wider, Konflikte, die wir nicht erkennen oder noch nicht gelöst haben. Diese zu erkennen ist ein Anfang, um uns den Herausforderungen um uns herum zu stellen.

Mehr erreichen mit weniger: Dienen lernen

Die Fertigkeiten, die ein Meister der Kampfkünste und eine transformationsorientierte Führungskraft lernen müssen, sind im wesentlichen die gleichen: unter Druck Ruhe bewahren, ein ausgewogenes Gefühl für Macht bewahren, das Ganze wahrnehmen, sich konzentrieren, die Energie anderer konzentrieren und die Kräfte um sich zu einem positiven Resultat führen.

„Die beste Art für Führungspersönlichkeiten, anderen Menschen Visionen zu vermitteln, besteht darin, sie vorzuleben."
EDWIN LOCKE

Dem Buchstaben nach ist ein *Samurai* jemand, der dient, und ein wesentlicher Wandel im Verständnis der eigenen Identität, den jede Führungskraft vollziehen muß, besteht darin, zu lernen, die Rolle des einsamen Wolfes aufzugeben und Teil eines größeren Ganzen zu werden. Eine dienende Führungskraft ist ein praktischer Idealist, der sich der Würde und dem Selbstwert aller Menschen in einer Organisation verschrieben hat. Eine solche dienende Führungskraft ist überzeugt davon, daß die Macht *von* diesen Menschen ausgeht. Wir wissen vom Militär, daß Soldaten nur einem Offizier folgen werden, der sowohl kompetent ist als auch engagiert für das Wohlbefinden der Geführten.

Auf Erfolg gedrillt, haben die meisten von uns ein Leben lang damit verbracht, Sicherheit aus dem zu schöpfen, was wir wissen und kontrollieren können. Unsere Überzeugung, derzufolge Macht gleich Kontrolle ist, ist die allerbeschränkteste Gleichung. Wir führen uns nur selten vor Augen, worauf unsere Macht basiert. Versuchen Sie dieses kleine Experiment:

Bilden Sie aus Daumen und Zeigefinger einen „Ring", so als wenn Sie „OK" zeigen wollten. Bitten Sie einen Partner, beide Zeigefinger in Ihren Finger-Ring einzuhaken und zu versuchen, ihn aufzuziehen. Wahrscheinlich werden die beiden Arme Ihres Partners stärker sein als Ihre beiden Finger.

Tun Sie weniger, um mehr zu erreichen. Schütteln Sie Ihre Hände aus und bilden Sie wieder den Ring, nur daß sich diesmal Ihre Fingerspitzen nur ganz leicht berühren – rufen Sie Ihre Phantasie zu Hilfe: Stellen Sie sich vor, Ihre beiden Finger würden einen soliden Metallring formen.

Bitten Sie Ihren Partner wieder, zwei Zeigefinger in Ihren Finger-Ring einzuhaken und zu ziehen, aber mit allmählich zunehmender Stärke von sanft bis volle Kraft. Sie absorbieren die ganze Kraft, anstatt ihr zu trotzen.

Die meisten Menschen stellen fest, daß sie den Eisenring auch jemandem gegenüber aufrechterhalten können, der im konventionellen Sinn stärker ist als sie. Hingabe an ein Bild vom Ganzen macht es möglich, mehr mit weniger zu erreichen.

„Wie kann ich ein Führer sein, dem ich selber folgen möchte?"
JANE LAPOINTE

Die erste Form von Stärke, die die meisten Menschen benutzen, um Situationen oder andere Menschen zu kontrollieren, ist eine Kombination aus körperlicher Stärke, Wissen und Erfahrung. Koichi Tohei, Gründer des Ki-Aikido, vergleicht das mit dem sichtbaren Teil eines Eisbergs. Unter der Oberfläche jedoch, wo das Eigentliche des Eisbergs liegt, gibt es ein enormes Potential, das, wenn wir es anzapfen können, unsere Lebensenergie um ein Vielfaches steigern kann. Dieser unsichtbare Anteil ist das Mentale und das Geistige. Wenn wir beides mit unserem Körper vereinigen, beginnen wir, die unter der Oberfläche liegende Energie zu nutzen.

Bei der ersten OK-Geste haben wir allein Stärke eingesetzt, das Wesen der Autorität. Beim zweiten Mal eine Art von Kraft, die aus Hingabe und Sensibilität besteht und einen ganz neuen Kontext von Möglichkeiten erschließt. Dies kann für Ihr neues mentales Führungsstilmodell vom Leadership wesentlich sein. Indem Sie sensibel dafür werden, wie Sie sich festklammern, können Sie loslassen.

Ein Chef, der autoritär auftritt, um sicherzustellen, daß seine Angestellten härter arbeiten, wird Resultate erzielen, *bis* er in Urlaub geht oder einmal nicht hinschaut. Wenn sich der Chef andererseits mehr zu einer proportionalen Beteiligung hin orientiert, indem er andere Mitglieder des Systems einlädt, an der Verteilung von Verantwortlichkeit mitzuwirken, entsteht wirksame Koordination.

Ruthy Alon, eine begnadete und brillante Lehrerin für psychophysische Reedukation nennt dieses fundamentale Prinzip „funktionale Integrität". Die folgende Übung wurde aus einer ihrer Übungen für Schmerzfreiheit im Nacken entwickelt. Sie nennt diese Übung passenderweise „Den Chef in Urlaub schicken, während der Betrieb weitergeht". Wenn man sich den Kopf als Chef vorstellt und den Körper als die befehlsausführenden Arbeiter, dann ist der Nacken verantwortlich für das Aushandeln der Beziehung zwischen beiden. Die Nackenmuskeln werden oft über das normal notwendige Maß hinaus strapaziert. Dadurch staut sich immer mehr Spannung an.

Wenn diese Muskeln, wie in dieser Übung, in ihrer Bewegungsfreiheit eingeschränkt sind, wird der Chef in Urlaub geschickt, damit Spannungen abgebaut werden und neue Möglichkeiten des Engagements Gestalt annehmen können. Daraufhin hat das Nervensystem die Gelegenheit, andere Wege zu bahnen und zu gehen, die nicht mit den alten Vorurteilen darüber belastet sind, wie schwer es fällt, den Hals zu bewegen. Wenn die alte Bewegungsmöglichkeit nicht mehr zur Verfügung steht, kann der Schmerz im Nacken verschwinden und eine neue Qualität der Leichtigkeit und der koordinierten Effizienz entstehen. Sowohl auf der Ebene des Körpers *als auch* auf der Ebene der Organisation ist dies eine Revolution!

„Es ist, als müßte ich in zwei Welten leben – in der alten Welt der Kontrolle und Dominanz und in der neuen Welt des Lernens. Ich weiß, daß die neue Welt das ist, was wir brauchen, aber in der alten Welt bin ich so kompetent."
ANONYM

ÜBUNG SECHZEHN: SOLO

Chef im Urlaub

Vorbereitungen

Sie können diese Übung langsam auf Kassette sprechen, dann wieder abspielen und den eigenen Anweisungen folgen. Sie können auch jeweils einen oder zwei Absätze lesen, dann die Übung machen, wieder lesen, und so weiter.

Setzen Sie sich bequem auf einen Stuhl und schließen Sie langsam die Augen. Richten Sie Ihre Aufmerksamkeit auf Ihren Hals. Sehen Sie vor Ihrem inneren Auge die Form Ihres Halses, seine Länge, seinen Durchmesser, seine Weite. In welche Winkel ist er geneigt, wo hat er welche Ausdehnung? Spüren Sie die verschiedenen Teile Ihres Halses: Ihre Haut, Ihre Rückenwirbel, die tieferliegenden Gewebeschichten, Ihre Muskeln, die Flüssigkeiten und Pulse im Inneren. Erforschen Sie mit Ihren Händen ein paar Minuten lang die Muskeln Ihres Halses.

Drehen Sie Ihren Kopf nach rechts und drehen Sie ihn dann wieder zurück nach vorn. Wiederholen Sie diese kleine Bewegung ein paar Mal. Finden Sie heraus, wie weit nach rechts Sie Ihren Kopf drehen können. Achten Sie dabei darauf, bis wohin Sie die Bewegung leicht und schmerzfrei ausführen können. Tun Sie etwas weniger, als Sie könnten.

„Mein Leben ist meine Botschaft.“
MAHATMA GANDHI

Achten Sie auf Ihren Drehwinkel, indem Sie einen Punkt an der Wand fixieren. Drehen Sie langsam Ihren Kopf nach links und erforschen Sie Ihre Bewegungsfreiheit und den Bereich angenehmer Bewegung auf dieser Seite. Achten Sie darauf, an welchen Signalen Ihres Körpers Sie erkennen können, daß die Bewegung unangenehm wird und welchen Punkt Sie besser nicht überschreiten sollten. Lernen Sie Ihre natürliche Spannweite für sanfte und flüssige Bewegung kennen.

Vergleichen Sie die Bewegungen in beide Richtungen und achten Sie darauf, auf welcher Seite Sie sich stärker eingeschränkt fühlen. Wählen Sie auf der Grundlage dieser Beobachtung eine Seite, die Sie heute unterstützen und fördern möchten. Richten Sie Ihre Aufmerksamkeit auf diese „lernende" Halsseite, indem Sie sie mit der Hand der gegenüberliegenden Seite berühren.

Lassen Sie dann die Hand, mit der Sie gerade Ihren Hals berührt haben, über Ihre Brust langsam nach unten gleiten, bis sie ganz von selbst in der Handfläche der anderen Hand zu ruhen kommt. Während der Ellbogen der berührenden Hand entspannt und schwer durchhängt, können Sie diese Hand erneut langsam an Ihren lernenden Hals und Ihre lernende Schulter führen. Lassen Sie Ihre Hand dort ruhen. Ihre andere Hand kann nun langsam über Ihre Brust nach unten fallen.

Sie können den Ellbogen der berührenden Hand mit der Handfläche Ihrer anderen Hand abstützen und so ein Gerüst bauen, damit sich Ihr ganzes System nicht so anzustrengen braucht. Nehmen Sie sich in dieser Position einige Minuten Zeit, um mit Ihren Fingern den Bereich zwischen Ihrem Hals und Ihrer Schulter auf der lernenden Seite zu erforschen. Dies ist der Bereich, der Ihren Kopf mit Ihrem übrigen Körper verbindet. Erspüren Sie mit Ihren Fingern sanft jede Verspannung und die Konflikte zwischen Muskeln. Öffnen und schließen Sie Ihre Augen dabei nach Belieben und atmen Sie leicht und tief.

Lassen Sie die Handfläche Ihrer berührenden Hand eine Stelle auf Ihrer lernenden Schulter auswählen. Beginnen Sie, das Muskelgewebe in Ihrer Handfläche zu sammeln, bis Sie die Muskeln durch sanftes Drücken in Ihrer Hand halten können. Drehen Sie Ihren Kopf weg von der drückenden Hand und dann wieder zurück. Machen Sie diese Hin- und Herbewegung einige Minuten lang und vermindern Sie dabei allmählich die Bewegung und die Anstrengung, bis Sie sie auf die Hälfte Ihrer Möglichkeiten reduziert haben. Machen Sie eine mentale Notiz, wie glatt und flüssig Ihr Hals sich in diesem Bereich bewegen kann.

Wiederholen Sie einige Zyklen dieser Bewegung und erforschen Sie die Bewegung eingehend, während Sie Ihre Muskeln weiter festhalten. Ruhen Sie dann Ihre Hand aus, indem Sie Ihre Muskeln loslassen und einige sanfte Atemzüge lang auf die Empfindungen an der Stelle achten, die Sie gerade berührt haben.

Bringen Sie Ihre berührende Hand noch einmal an Ihre lernende Schulter und an Ihren Hals. Vertrauen Sie darauf, daß Ihr Finger zu einem Bereich hingezogen wird, der von Bedeutung für Sie ist. Während Ihre Hand das Muskelgewebe hält, bewegen Sie Ihren Kopf beliebig, ohne Muster, im Raum. Lassen Sie Ihren Unterkiefer lose hängen.

Machen Sie nach einiger Zeit eine Pause in Ihrer Muskelforschung und lassen Sie Ihre Hand in Ihren Schoß zurückkehren, während Sie einige langsame Atemzüge tun und auf die Empfindungen in Ihrem Körper achten. Drehen Sie Ihren Hals noch einmal von Seite zu Seite und achten Sie darauf, wieviel Bewegungsfreiheit Sie jetzt haben, verglichen mit dem ersten Mal zu Beginn dieser Übung.

INTEGRATIONSFRAGEN

1. Wie ist Ihnen der Übergang vom Bewegen des Halses mit Anstrengung und Kraft hin zu Neugier, weniger Tun und Entspannen gelungen?
2. Wie reagierten die Muskeln unter Ihrer drückenden Hand darauf, loszulassen, nichts mehr tun zu müssen und die anderen Muskeln Verantwortung übernehmen zu lassen?
3. In welcher Situation bei der Arbeit waren Sie die treibende oder kontrollierende Kraft bei einem Projekt oder einer Initiative? Wie wäre es für Sie, einen Schritt zurückzutreten und zu einer breiteren Wahrnehmung des Prozesses einzuladen?

Möchten Sie lieber recht haben oder effektiv sein?

Der CEO eines großen Unternehmens im mittleren Westen meinte dazu: „Ich weiß, daß ich meinen Führungsstil ändern muß, aber ich fühle mich einfach nicht besonders sicher dabei, wenn ich mich für die Menschen, mit denen ich arbeite, verwundbar mache, besonders für diejenigen, die einen Titel haben! In Wahrheit will ich gar nicht wissen, wie sich echte Kooperation *anfühlt*. Das klingt vielleicht dumm, aber wie *geht* das?"

Soweit wir in Erfahrung bringen können, gibt es an keiner bedeutenden Wirtschaftsschule einen Kurs über Kooperationsfertigkeiten. Ein junger Mann, der gerade seinen MBA-Abschluß machte, beschrieb seinen akademischen Grad als „Master in Bossing Around" (Meister im Herumkommandieren). Führungsfertigkeiten werden allgemein ähnlich den Fähigkeiten gesehen, die ein Trainer eines Baseballteams benötigt. Für den CEO also, der tapfer genug war, die Wahrheit über seine „dynamische Inkompetenz" zu sagen, für den frischgebackenen MBA und für alle, die nicht an einer Verhärtung ihrer Einstellungen durch KIS (Kenn ich schon) leiden, beschreibt hier ein Meister des Unbekannten, der Jazzmusiker Stephen Nachmanovitch, in überzeugender Weise, wie es sich anfühlt, mit anderen zusammenzuarbeiten:

„Leader sollten führen, soweit sie können, und sich dann in Luft auflösen. Ihre Asche sollte nicht das Feuer ersticken, das sie entzündet haben."
H.G. WELLS

„Ich spiele mit meinem Partner. Wir hören einander zu. Wir spiegeln einander; wir verbinden uns mit dem, was wir hören. Wir ahnen voraus, spüren, folgen und führen einander. Wir öffnen den Geist des anderen wie eine unendliche Folge ineinandersteckender chinesischer Kästen. Eine geheimnisvolle Art Information fließt hin und her, schneller als jedes Signal, das wir uns durch Sicht oder Klang geben könnten. Das Werk entsteht aus keinem von uns allein, obwohl unsere einzigartigen Eigenheiten und Stile, die Symptome unserer Naturen, immer noch ihre natürliche Zugkraft ausüben. Was wir machen, entsteht auch nicht aus einem Kompromiß oder einem Zugeständnis auf halbem Wege (Durchschnitte sind immer langweilig!), sondern an einem dritten Ort, der nicht unbedingt dort liegt, wo wir wären, wenn wir allein spielen würden. Was entsteht, ist eine Offenbarung für uns beide."

Offensichtlich wird eine neue Menge von Kompetenzen benötigt, die konsistent sind mit der Wahl, einem auf Gegenseitigkeit beruhenden, offenen, neugierigen System anzugehören, aber das bedeutet nicht, daß wir alles Bestehende wegwerfen und von Null an beginnen müßten. Unser eigent-

„In der Kampferfahrung lernen Sie, daß es sehr gut ist, Ihrem Gegner sehr nahe zu sein. Wenn ich ihm nah bin, weiß ich genau, wo er ist, was er denkt, was er wahrscheinlich tun wird. Ich kann diese Person kontrollieren, lenken, entspannen, beruhigen und wiederherstellen, indem ich ihr nah bin.“
TERRY DOBSON, SENSEI

liches Wesen ist ein Beispiel für diese Art kooperativen Schaffens; in der Genetik nennt man dies das Gesetz der erforderlichen Vielfalt; es bedeutet einfach, daß sich beim Kreuzen einer Art mit einer anderen die Vielfalt des Gesamtsystems erhöht. Ohne diese kooperative Vernetzung von Genen wären wir alle immer noch Einzeller oder Schleimpilze, all die Reichtümer der Evolution wären nicht möglich, und keiner von uns würde sich mit dem Wechseln von Paradigmen befassen!

Kooperatives Führen erfordert Disziplin in erhöhter Bewußtheit, Sensibilität, Überlegung, Zuhören und Bereitschaft zu Subtilität. Die Kunst besteht darin, zu lernen, sich selbst mit jemand anderem zusammen zu trauen, was anfangs wie ein ungeheuerliches Risiko scheinen mag und zu einem noch abenteuerlicheren Risiko führt, andere Menschen zu ermutigen, zu lernen, zusammen mit anderen sich selbst zu vertrauen.

Ein bekanntes Beispiel sind Mitglieder eines Baseballteams. Denken Sie bei Führung für einen Moment nicht so sehr an den Coach des Teams, sondern mehr an Führung, die aus dem gesamten Team entsteht. Im Kommunikationsfluß auf dem Feld geht es um das Fangen und Werfen eines Balls. Dazu benutzen Sie grundlegendste Kooperationsfertigkeiten. Halten Sie die Augen so weit offen wie möglich, laufen Sie zum Ball, wenn er in Ihre Nähe geschlagen wird, und erlauben Sie Ihrem Fanghandschuh, statt den Ball mit steifem Arm zu fangen, die Bewegungsrichtung des Balls zu absorbieren und ihr zu folgen, bevor Sie den Ball in die andere Hand geben und in die gewünschte Richtung weiterwerfen. Auch das hat überhaupt nichts mit Treffen auf halbem Wege oder Kompromiß zu tun, was die meisten Menschen irrtümlicherweise für die Basis guter Führung halten.

Miteinander verschmelzen: Neugier, Ausdauer und Einfluß nutzen

Die alte Brücke zwischen Geschäftspartnern war der Vertrag. Die neue Brücke ist die Beziehung. Die alten Fertigkeiten waren Abhängigkeit bzw. gegenseitige Abhängigkeit; die neuen Fertigkeiten sind Empfänglichkeit und Verbindung, Neugier und Einfluß. Im Aikido nennt man dies Nicht-Widerstand. *Ai* bedeutet harmonisieren, auf etwas eingehen, sich auf etwas einschwingen. *Ki* bedeutet Energie. *Do* ist der Weg, das zu tun – der Weg des energetischen Harmonisierens. Das bedeutet nicht, zum Bestehenden in Opposition zu gehen, sondern es statt dessen anzuerkennen, um es zu verstehen. Es bedeutet jedoch nicht, sich auf dem Spielfeld totzustellen und einen anderen Spieler mit spikebewehrten Schuhen über das eigene Gesicht laufen zu lassen.

Aikido-Meister sagen, daß man einen Angriff durch Opposition direkt unterstützt. Man kann den anderen vielleicht zeitweilig stoppen. Aber man stoppt nicht seine oder ihre Angriffsabsicht. Im Aikido transformiert man die Energie, statt sich ihr entgegenzustellen. Dazu muß man sie anerkennen, würdigen, mit ihr einswerden und ein Ergebnis auf einem Beziehungsniveau mitbewirken, das höher ist als das vorhergehende Niveau.

Wenn jemand Sie angreift, dann treten Sie der Kraft nicht entgegen (Sie bleiben nicht in der Angriffslinie stehen), sondern Sie positionieren sich zunächst, indem Sie der gegen Sie gerichteten Energie aus dem Weg gehen. Anstatt überwältigt zu werden oder sich entgegenzustemmen, verbinden Sie sich mit dem Fluß der Energie, indem Sie der anderen Person ganz nahekommen und sich in die Richtung drehen, in die der oder die Angreifende schaut und indem Sie versuchen, diesen Standpunkt zu verstehen. Auf diese Weise eröffnen wir uns die Möglichkeit, den anderen in unsere Richtung zu wenden.

„Aggression beruht auf Dualität: Für Aggression muß es ein Du und ein Ich geben. Wenn ich Sie angreife und Sie mir ähnlich werden, sind Sie schwer zu orten und daher schwer anzugreifen. Das ist mit Einswerden gemeint: Werden wie der Angreifer, und Sie und er haben keinen Ort, auf den Sie Aggressionen konzentrieren könnten.“
WENDY PALMER, SENSEI

Management-Guru Steven Covey sagte es so: „Versuche erst, zu verstehen, und dann erst, selbst verstanden zu werden."

Dies betont das Prinzip, das Parker Palmer mit den Worten: „Gehe von Kooperation aus" belegt. Jemand, der in Opposition zu sein scheint, wird als Partner gesehen, der uns das Geschenk zusätzlicher Energie macht, mit der wir arbeiten können. Mit fortschreitender Entfaltung der Situation treten wir in eine Art Forschen ein. Gleichgültig, ob der andere uns mit Wut, Frustration, Freude, Traurigkeit, Furcht, einer entgegengesetzten Sichtweise oder abweichenden Meinung begegnet, wir stellen uns ihm nicht entgegen. Statt dessen begeben wir uns in eine Lage, in der wir sicher genug sind, um neugierig darauf zu sein, was hier vor sich geht, was die Beweggründe des oder der anderen sind, was seine oder ihre Bedürfnisse sind, warum sie oder er so fühlt, und was die ursprüngliche Absicht ist.

„So wie winzige Billardkugeln durch Kontaktkräfte herumbewegt werden, so viele Muster aktiver Beziehungen gibt es."
DANA ZOHAR

Das erhöht die Bereitschaft auf der anderen Seite. An diesem Punkt warten wir auf eine Öffnung, durch die wir Einfluß nehmen können, auf eine Gelegenheit, die Interaktion zu führen, so daß der andere sich bereit erklärt, unsere Sicht der Dinge kennenzulernen. Kampfkünstler und meisterhafte Führungspersönlichkeiten beeinflussen, indem sie die Aufmerksamkeit anderer Menschen lenken und diese sensibel dorthin führen, wo sie diese haben möchten; sie helfen den anderen, dorthin zu gelangen, wohin sie ohnehin wollten.

Sowohl Neugier als auch Einflußnahme erfordern wache Sensibilität. Neugier impliziert eine Bereitschaft, sensibel zu sein für die fehlende oder abweichende Stimme. Die Autorin und Lehrerin Paula Underwood berichtet, daß bestimmte amerikanische Ureinwohner oft die Frage stellen: „Wer spricht für den Wolf?" Damit bitten sie darum, daß jemand mit der Stimme des Einzelgängers sprechen, die unpopuläre Meinung oder ungestellte Frage aussprechen möge, in der sich in Wirklichkeit der wesentliche Kern der fehlenden Wahrheit verbergen kann.

Neugier erfordert außerdem eine Bewußtheit für die Wirkung von etwas auf einen selbst und für die Wirkung, die man selbst auf andere hat. Wenn ich merke, daß jemand vor mir zurückschreckt und zurückweicht, dann geht es nicht darum, ob ich recht habe oder nicht. Wesentlich ist dann, daß ich das Verhalten des anderen bemerke und mir überlege, ob das die Wirkung ist, die ich haben möchte.

Entsprechend wird hier das Wort Einfluß anstelle des Wortes *Druck* (leverage) benutzt, das im heutigen Business üblich ist. Letzteres ist angemessen im Umgang mit Maschinen, impliziert aber eine Art Kraft, die in kooperativen Beziehungen weniger wirksam ist. Ein lebendiges System wird durch Einflußnahme bewegt. Weniger kontrollieren bedeutet, Menschen Raum zu geben, mehr zu tun. Anstatt zu versuchen, jemanden durch den richtigen Druck auf die richtige Stelle zu etwas Bestimmtem zu motivieren, könnten Sie sich überlegen, wie Sie die Faktoren unterstützen könnten, die dem Betreffenden helfen würden, sich selbst zu motivieren. Ein Versorgungsunternehmen beispielsweise, das ein Downsizing über sich ergehen lassen mußte, bot Gratis-Weiterbildungen für alle Beschäftigten an, die sich in neuen Technologien ausbilden lassen wollten.

„Bei einer Schlacht verlieren immer beide: Gewinner und Verlierer."
BUDDHA

Zur Übung sensibler Einflußnahme suchen Sie sich bitte eine schwere Tür, die nach außen aufgeht. Experimentieren Sie und finden Sie die Stellen heraus, an denen Sie mit minimaler Körperanstrengung maximale Druckwirkung auf die Tür ausüben können. Versuchen Sie, die Tür mit Ihrem kleinen Finger oder Ihrer Handkante zu berühren und zu drücken, anstatt die Tür aufzustoßen.

Wenn einer verliert, verlieren alle

Wenn wir auf diese nicht-konfrontative Weise in Beziehung zueinander treten, versetzen wir uns selbst in eine Lage, in der wir ohne Reibungs- und Widerstandsverluste gemeinsam etwas erschaffen können. Unsere gesamte Aufmerksamkeit richtet sich darauf, miteinander zu lernen, Lösungen hervorzubringen und positive Handlungen zu bewirken. Das kann beispielsweise etwas so Einfaches sein, wie dem anderen näherzukommen, indem man sich so im Raum hinstellt oder nebeneinander geht, daß die eigene Nähe nicht als bedrohlich empfunden wird. Man hat dieses Vorgehen „das Näheprinzip" genannt. Je näher man der Quelle einer Kraft kommt, besagt dieses Prinzip, desto größer wird die eigene Kraft. Nähe, mit anderen Worten, erhöht Einfluß, während Distanz Einfluß verringert. Tom Peters gab ein Beispiel dafür, als er von „Management durch Herumgehen" sprach.

„Es ist schrecklich, wenn man beim Versuch, zu führen, nach hinten schaut – und niemand ist da."
FRANKLIN D. ROOSEVELT

Wenn Menschen von dieser flexiblen Art der Beziehungsgestaltung hören, sagen sie oft: „Schön und gut, aber warum sollte ich der erste sein, der nachgibt, warum sollte ich mich dem anderen beugen?" Sensei Richard Kuboyamas Antwort auf diese Frage war: „Weil Sie das Privileg haben, dieses Wissen über Flexibilität zu besitzen. Andere haben nicht so viel Glück. Deshalb haben Sie die Verantwortung dafür, anderen diese wundervolle Lektion in Sachen widerstandsfreier Menschenführung zu geben."

Wenn Sie sich von einer Situation oder einem Menschen nicht bewegen lassen wollen, dann ist Ihre gegenwärtige Realität, daß Sie sich nicht wirkungsvoll engagieren wollen. Das ist in Ordnung. Manchmal findet man sich im Aus wieder, wenn man gerne auf dem Spielfeld wäre. Bringen Sie sich selbst keinen Widerstand entgegen: Forschen Sie nach, was Sie im Augenblick benötigen; was Ihre Absicht wirklich ist; was Ihnen wichtig ist. Richten Sie dann Ihre Aufmerksamkeit auf etwas anderes, das Ihre Sensibilität erhöhen kann.

Manche Menschen setzen das Wort „sensibel" immer noch mit „schwach" gleich. Führt das Weicherwerden von starr vertretenen Meinungen in uns wirklich zu weniger Macht? Die folgenden Übungen fordern Sie auf, ein Risiko einzugehen und aus Ihrer eigenen Erfahrung heraus zu entdecken, ob dies der Fall ist.

ÜBUNG SIEBZEHN: PAAR

Beziehungen statt Kontrolle

Standortbestimmung: Denken Sie an eine Gelegenheit an Ihrem Arbeitsplatz, als Ihre besten Bemühungen um eine Idee oder Ihre Versuche, jemanden zu etwas zu bewegen, mit Zurückweisung, mit Widerstand oder einem Gefühl vergeblicher Liebesmüh beantwortet wurden. Halten Sie einige Details dieser Situation für später schriftlich fest.

Teil 1
Schmetterling auf dem Handgelenk

A streckt einen Arm mit geschlossener Faust aus. B greift das Handgelenk von A wie auf dem Foto zu sehen.

B versucht eine Minute lang, den Arm von A in irgendeine Richtung zu bewegen oder zu lenken. Person A tut alles, was in ihrer Macht steht, um nicht bewegt zu werden.

„Macht ist die Fähigkeit, Veränderung zu bewirken und sich verändern zu lassen."
JOHN LOCKE

Nach einer Minute der Anspannung machen beide eine Pause und achten darauf, welche Wirkung diese Art der Beziehung auf sie hat. Welcher Ausdruck oder welche Metapher kommt Ihnen in den Sinn? Zum Beispiel: engstirnig, widerspenstig, drängend, unsensibel, starke Hand, feindlich, kontrollierend, manipulativ, „wie ein Bulldozer, der einen Felsblock schiebt".

A beginnt wie zuvor, streckt einen Arm aus und unternimmt wiederum große Anstrengungen, nicht aus seiner Ruhelage geworfen zu werden. Diesmal zentriert sich B wie in Kapitel zwei beschrieben. Sehr aufmerksam und sehr leicht, wie ein Schmetterling, der auf einem Zweig landet, nimmt B Kontakt mit dem Arm von A auf.

Nach der Kontaktaufnahme spürt oder „horcht" B auf die Bewegungen, die im Arm von A bereits vorhanden sind. Weil A lebt, gibt es im Arm immer Bewegung, wenn auch vielleicht sehr subtile. B erspürt die Energie, die sich im Arm von A in Bewegung befindet, folgt ihr, verbindet sich mit ihr und beeinflußt sie durch Verstärkung, bis sich beide Hände zusammen bewegen, ohne aneinanderzustoßen oder eine Bewegung zu erzwingen, die von A oder B nicht antizipiert wurde.

Bei dieser gemeinsamen Bewegung kann B auf Gelegenheiten achten, den Arm von A in die ursprünglich beabsichtigte Richtung zu lenken. B kann darauf achten, daß es vielleicht eine Million Möglichkeiten gibt, auf diese Richtung einzuschwenken, an die er zuvor nicht gedacht hatte; einige davon führen zu Widerstand, einige führen zu Harmonie und Beziehung mit A durch Erweitern, Führen und Folgen.

Nach einer Minute der „Schmetterlingsbeziehung" machen beide eine Pause und achten auf die Wirkung dieser zweiten Art, miteinander in Beziehung zu treten. Welche Phrase oder Metapher beschreibt diese Wirkung?

INTEGRATIONSFRAGEN

1. Können Sie sich die Metapher vom Schmetterling auf dem Handgelenk als eine funktionierende körperliche Definition von Forschergeist und Einflußnahme vorstellen?
2. Wie würden Sie eine Idee, eine Initiative oder ein Programm „verkaufen", an das Sie inbrünstig glauben, wenn Sie den Schmetterlings-Ansatz als Leitlinie nehmen?
3. Was ist, aus systemischer Sicht, die relative Wirksamkeit der beiden Ansätze? Wie würden Sie die Energievektoren der beiden unterschiedlichen Arten von Beziehung skizzieren?
4. Welche mentalen Modelle oder Geschichten werden durch die beiden Ansätze aufgedeckt oder erzählt?

Teil 2
Mit der Kraft einswerden

In dieser Übung können Sie das, was Sie aus der Schmetterlings-Übung gelernt haben, auf den ganzen Körper anwenden. A und B stellen sich wie auf dem Foto gezeigt auf.

Option 1

B (auf dem Foto im dunklen Hemd) beginnt, gegen den Arm von A (im hellen Hemd) zu drücken. Die erste und vielleicht instinktive Reaktion von A ist, Kraft gegen Kraft zu setzen und gegen die Hand von B zurückzudrücken.

A und B nehmen sich einen Augenblick Zeit und achten auf die Wirkungen dieser Art Beziehung und auf damit assoziierte Geschichten. Zum Beispiel: „Ich muß mich ordentlich ins Zeug legen, um den Anteil am Quartalsbudget zu bekommen, der mir zusteht."

Option 2

Die zweite Reaktion von A auf das Drücken von B könnte Zusammenbruch oder Willfährigkeit sein, wie auf dem folgenden Foto zu sehen.

A und B nehmen sich einen Augenblick Zeit und achten auf die Wirkung dieses Ergebnisses und auf damit assoziierte Geschichten. Zum Beispiel: „Der Typ da hat mehr Power als ich … sinnlos, dagegen anzustinken."

Option 3

Einszuwerden mit der Kraft ist eine Option jenseits von Kampf und Kollaps. A zentriert sich wie in Kapitel zwei beschrieben. Dann drückt B wieder wie zuvor. Mit Einsetzen des Drucks kann A seine Fähigkeit üben, flexibel zu sein und sich wie eine Tür in der Angel zu drehen. Während A nahe bei B bleibt, ohne über den Haufen gerannt zu werden, kann A die Bewegungsrichtung und die Stärken von B kennenlernen und auch Momente herausspüren, in denen Richtung und Geschwindigkeit von B beeinflußt werden können.

B spürt möglicherweise, wie es sich anfühlt, für einen Moment aus dem Gleichgewicht gebracht und verwirrt zu werden, wenn A sich dreht. Anstatt dieses Ungleichgewicht zu nutzen, um B Schaden zuzufügen – lehrt Aikidokämpfer Terry Dobson – führt A B wieder in ein sicheres Gleichgewicht zurück und respektiert so Recht und Berechtigung der Gefühle von B, während A gleichzeitig seine eigenen Rechte und Privilegien schützt. In diesem nahen und harmonischen Kontakt ist A frei, B in eine andere Perspektive zu führen oder B seinen Weg gehen zu lassen.

A und B nehmen sich einen Augenblick Zeit und achten auf die Wirkungen dieser Art des Zusammenseins. Welcher Ausdruck oder welche Metapher beschreibt den Kontakt? Ein Beispiel wäre etwa: „Die Energie wie ein Segler nutzen, der seinen Kurs durch den Wind nimmt."

Standortvergleich: Kehren Sie zu der Situation zurück, die Sie am Anfang der Übung notiert haben, vor der Schmetterlings-Übung und vor dem Einswerden mit der Kraft. Welche Lernerfahrungen können Sie aus diesen Übungen in die Situation mitnehmen, die Sie anfangs festgehalten haben?

INTEGRATIONSFRAGEN

1. Welches ist, wenn kontrollierte Bemühungen zur Lenkung ausbleiben, die Art der Beziehung, die sich zwischen A und B entwickelt?
2. Wie muß A denken, um Neugier anstelle von Gewißheit entstehen zu lassen?
3. Wie sieht die relative Wirksamkeit der möglichen Reaktionen aus systemischer Sicht aus? Wie könnte man die Energievektoren der einzelnen Reaktionen graphisch darstellen?
4. Welche mentalen Modelle oder Geschichten wurden während der Übung durch die jeweiligen Reaktionen aufgedeckt?
5. Bei welcher Reaktion hatten Sie die größte Bewegungsfreiheit? Bei welcher saßen Sie am stärksten fest?

6. Beobachten Sie Ihren normalen Stil im Umgang mit Konflikten. Wann oder bei wem ist dieser Stil nicht effektiv? Wann oder mit wem ist er effektiv?
7. Unter welchen Bedingungen werden Sie zulassen, beeinflußt zu werden?

Gruppenbildung: Das Team als Leader

Die Welt erfordert heute einem Führungsstil, der mit einem qualitativen Wandel der Perspektive einhergeht. Die Firma EDS hat „Leadership" zu ihrer Top-Priorität gemacht. Sie nennt ihr Programm aber nicht *Leadership-Entwicklung*, sondern *Leadership-Erschließung* (leadership unlocking). Jim Young, Assistent des Vorsitzenden, beschreibt diesen Wandel: „Wir bewegen uns weg von einer Welt, in der es ewige Führer und ewige Gefolgsleute gibt, und hin zu einer Welt, in der alle Menschen von Zeit zu Zeit führen und folgen müssen. Leadership ist in der gesamten Organisation nötig. Jeder von uns führt manchmal und folgt manchmal – das hängt von der Aufgabe ab, und wir müssen nahtlos zwischen diesen Rollen hin- und herwechseln."

„Erst die Not zeigt den Genius; Wohlstand verbirgt ihn."
HORAZ

Als Amerikaner sind Sie mit Konkurrenzdenken aufgewachsen. Jungen Menschen wird der Eindruck vermittelt, sie müßten gewinnen, um sich kompetent fühlen zu können. Das Problem ist, daß ein rein konkurrenzorientiertes System Gewinner und Verlierer produziert. Während das Gewinnen zu Kompetenz führt, kann Konkurrenz auch eine verkrüppelnde Angst vor Versagen fördern. Und obwohl die Regale randvoll sind mit Büchern über Führungsstile in all ihren Aspekten, haben wir kein einziges über die Fertigkeiten von Geführten gefunden.

Wenn eine Organisation wesentlich eine Gemeinschaft ist, deren Kontext auf kooperativen Beziehungen beruht, wie kann man dann führen und folgen? Wie fügen wir uns gerade ausreichend ein, um als System bewegungsfähig sein zu können? Wie unterstützen wir Menschen beim effektiven Zusammenarbeiten in Teams?

Wenden wir uns einer natürlichen Dynamik zu – der Flug der Gänse ins Winterquartier könnte uns einigen Aufschluß geben. Robert MacNeish aus Baltimore sagte es so: „Indem jeder Vogel mit den Flügeln schlägt, erzeugt er einen Auftrieb für den folgenden Vogel. Indem die Vögel in einer V-Formation fliegen, erhöht sich die Flugreichweite des gesamten Schwarms um 71 Prozent gegenüber dem Flugvermögen der einzelnen Vögel."

Sobald eine Gans aus der Formation herausfällt, spürt sie den Zug und den Widerstand beim Versuch, allein zu fliegen. Schnell kehrt sie in die Formation zurück, um vom Vorteil des Auftriebs der Gans direkt vor ihr zu profitieren. Wenn die Leitgans müde wird, rotiert sie zurück in die Formation, und eine andere Gans übernimmt die Spitzenposition. Die Gänse in der Formation schnattern von hinten, um die Gänse vorn dazu zu bewegen, das Tempo aufrechtzuerhalten. Wenn eine Gans krank oder verwundet oder angeschossen wird, fallen zwei weitere Gänse aus der Formation und begleiten die fluguntüchtige Gans nach unten, um ihr zu helfen und sie zu schützen. Sie bleiben bei ihr, bis sie entweder wieder fliegen kann oder stirbt. Dann heben sie selbst mit einer anderen Formation ab, um wieder zu ihrem Schwarm aufzuschließen.

„Lernen ist nichts, was dazukommt, sondern eine Reorganisation dessen, was bereits da ist."
MILTON ERICKSON

Autonomie und Verbindung ausbalancieren

Uns scheint es, anders als den Gänsen, schwerzufallen, im Team zu arbeiten, weil wir alle in verschiedene Richtungen rennen und versuchen, den unausweichlichen Kampf zu gewinnen, den Kampf gegen was? – Die Uhr? Das andere Unternehmen? Uns selbst? Wie können wir gemeinsam gewinnen? Wie können wir gemeinsam nach etwas streben – das ist die ursprüngliche Bedeutung des Wortes *„Konkurrenz"* (competition).

Margaret Wheatley erinnert uns daran, daß es auf diese Fragen keine Antworten gibt: „Der Tanz des Universums erstreckt sich auf alle Beziehungen, die wir haben. Es kommt nicht darauf an, die Schritte vorher schon zu kennen; der Schlüssel ist, bereit zu sein, sich auf die Musik einzulassen und sich frei auf der Tanzfläche zu bewegen."

„Die wahrhaft erfolgreichen Organisationen werden jene sein, die entdecken, wie sich Engagement und Lernfähigkeit der Menschen erschließen lassen."
PETER SENGE

Anstatt zu versuchen, diesen Tanz auf mechanistische Weise zu verstehen, können wir nun einige der zum Vorschein gekommenen Elemente unserer Art aufdecken, die für eine auf Gegenseitigkeit beruhende lernende Gemeinschaft wesentlich sind. (Band-)Leader mögen eine entscheidende Rolle bei der Wahl der Melodie, der Angabe des Tempos, der Festlegung der Tonart und des Mobilisierens der Energie der Spieler spielen, aber die Musik kommt von etwas, das sich nicht lenken läßt – von einem geeinten Ganzen, das zwischen den einzelnen Spielern entsteht.

Bleiben wir für einen Augenblick bei der musikalischen Metapher, damit wir verstehen, wie das funktioniert: Jede Note hat ihren Platz, und jeder Ton steht mit jedem anderen Ton in Beziehung. Wann werden Töne zu Musik? Wenn jeder auf einen Klang aus der Gesamtgruppe antwortet und wenn jede größere Tonvielfalt im Feld den Gedanken und Gefühlen sowohl der Spielenden als auch der Zuhörer Frage und Antwort ist. Musik ist gleichzeitig Einheit und verwickelte Vielfalt, Ökonomie, Vollständigkeit, Kompaktheit und offene Enden.

„Wir sind … in jene schwierigere Zeit gekommen, in der es Aufgabe des Menschen ist, die Welt zu verstehen, statt einfach um sie zu kämpfen."
ERNEST HEMINGWAY

Harmonie, die wir alle sowohl in Organisationen als auch in der Musik zu suchen scheinen, ist eigentlich das Verweben von Dissonanz mit Konsonanz. Letztere erzeugt Bewegung in der Musik; sie gibt Dynamik. Der größte Teil der westlichen Musik konzentriert sich auf Konsonanz, aber in vielen anderen Kulturen, wie etwa auf Bali oder im Orient, konzentriert sich die Musik auf polyrhythmische Strukturen und Dissonanz. Bestimmte Instrumente, beispielsweise die Gongs auf Java, bestimmen den Puls, die Konstanz. Sie erden die Dissonanz, so daß die entstehende Spannung zur Vorwärtsbewegung genutzt werden kann.

Was, wenn die neuen Muster von Führung in unseren zunehmend vielfältigen und „polyrhythmischen" Organisationen die Rolle des Gongs oder der Trommeln übernehmen würden? Um in der Musik das Gleichgewicht zu wahren, braucht man einen Bezugspunkt, einen Weg, sich selbst treu zu bleiben, und einen Wegweiser, um den Weg zurück finden zu können, wenn man sich im Chaos und in der Kakophonie der Gemeinschaft verläuft. Das ist der Gong oder die Trommel – ein klarer Kern von Werten, ein gefühlter Sinn für zentrierte Absicht.

Führung, die Verbundenheit fördert, nutzt Werte und Vision als Anker und Bezugspunkt und hält diese in der gegenwärtigen Realität aufrecht, indem sie den Gesamtgrundrhythmus festlegt, der dem einzelnen hilft, seine Position in der gegenwärtigen Realität zu orten. Dee Hock, der Gründer von Visa, beschreibt, wie wichtig dies ist: „Da die Stärke jeder Organisation in dem Gefühl für die Gemeinschaft der Menschen liegt, die sich von der Organisation angezogen fühlen, hat ihr Erfolg viel mehr mit der Klarheit einer gemeinsamen Vision, gemeinsamer Prinzipien und der Stärke des Glaubens zu tun als mit Aktivposten, Expertenfähigkeiten, Handlungsfähigkeit oder Management-Kompetenz, so wichtig diese auch sind. Unternehmen sterben nicht aus, wenn sie besiegt oder unterdrückt werden, sondern wenn sie verzweifeln und die Begeisterung für die Zukunft verlieren."

„Im Geiste des Anfängers gibt es viele Möglichkeiten. In dem des Experten nur wenige."
SHUNRYU SUZUKI

Zusätzlich zum Aufrechterhalten des Rhythmus muß die kooperative Führung auch den Gesamtenergiefluß einer Organisation spüren, Bedingungen modifizieren, die den Energiefluß blockieren, Öffnungen erkennen und dem einzelnen dabei helfen, seine eigenen, einzigartigen Fähigkeiten weiterzuentwickeln. Die Leerräume zwischen den Noten, die

Ruhe an dem Ort, an dem die Musik geboren wird, sind ein integrales Element der Musik. Diese Orte und Zeiten, in denen die Vision fehlt, lassen sich nutzen, um die gegenwärtige Realität wahrzunehmen, anstatt nur „härter zu visionieren". Ehrliches Bilanzziehen über das, was ist, und das Mitteilen der Wahrheit schafft oft das Gleichgewicht und die Stille, die nötig sind, damit die Musik geboren wird.

Die folgende Übung ist ein Experiment: Sie unterstützt die Inkubation der wesentlichen Zutaten für Autonomie, Verbundenheit, Einfluß, Einswerden und vielleicht sogar für eine Wanderung hin zu der Wärme und zu dem Zugehörigkeitsgefühl, das eine dem Lernen verpflichtete Gemeinschaft vermitteln kann. Ganz neue Arten menschlicher Beziehungen und frischer Harmonien sind möglich in einer Struktur, in der Regeln nicht von der Autorität diktiert, sondern von den Spielern selbst geschaffen werden. Kooperation kann an und für sich Ausdruck der sowie Vehikel und Stimulus für die Musik sein, die wir lernende Gemeinschaften nennen können.

„Weil die Beziehung zwischen Ich und Welt reziprok ist, geht es nicht darum, zuerst das eigene Leben zu transformieren und dann in dieser Welt zu handeln. Wenn man Sorge dafür trägt, kühn zu leben, wird die Welt durch einen handeln."
JOANNA MACY

ÜBUNG ACHTZEHN: GRUPPE

Gemeinschaft statt Kollision

Option 1
Der Leiter als Zeltstange

Vorbereitungen
Sie benötigen für diese Übung (mindestens) sieben Teilnehmer.

- Sechs Teilnehmer stellen sich in einem Kreis auf, ein Teilnehmer stellt sich in die Mitte. Der Teilnehmer in der Mitte repräsentiert den Leiter, der durch Kommando und Kontrolle führt, analog zu einer Zeltstange in der Mitte, die das Zelt aufrechthält.

- Jeder im Kreis stellt sich seine Absicht als ein Ziel an einem Punkt direkt gegenüber der eigenen Position, auf der anderen Seite des Kreises, vor.
- Auf ein Zeichen des Leiters hin geht einer der Teilnehmer auf sein Ziel zu, wobei er durch den Mittelpunkt geht, an dem der Leiter steht. Jeder der „Außenseiter" macht sich nacheinander in zufälliger Reihenfolge und sehr schnell auf den Weg zu seinem Ziel. Es geht immer nur ein Teilnehmer zur Zeit.
- Die Aufgabe des Leiters ist, den Verkehr zu lenken und dafür zu sorgen, daß jeder sein Ziel auf der anderen Seite erreicht.
- Nachdem jeder sein Ziel erreicht hat, machen alle eine Pause und tauschen sich darüber aus, wie es sich anfühlt, das eigene Ziel auf diese Weise zu erreichen. Dabei beschreiben die Teilnehmer die Qualität der Kontakte, die sich auf dem Weg ergeben haben. Achten Sie darauf, daß auch der Leiter im Mittelpunkt Gelegenheit erhält, zu beschreiben, wie es für ihn war.

Option 2
Der Leiter geht auf Begegnungen ein

Nehmen Sie in der zweiten Runde wieder die gleiche Anfangsaufstellung ein wie im ersten Teil, aber bevor Sie beginnen, erinnert der Leiter in der Mitte noch einmal an die Fertigkeiten aus der Zentrierübung sowie an die Schmetterlings-, Einswerden- und Mast-Übung. Vielleicht findet der Leiter auch eine metaphorische Frage nützlich, wie etwa: „Wie könnte ich Spaß daran haben, mit all diesen Menschen zu tanzen, anstatt mich anzustrengen, sie zu managen?"

Dann gibt der Leiter wieder ein Signal, um die zufälligen, nacheinander begonnenen Durchquerungen der Teilnehmer im Außenkreis zu starten. Es sind jetzt mehrere Teilnehmer unterwegs. Diesmal kann der Leiter auf „Rangierraum" zwischen den Teilnehmern achten und zu jedem Teilnehmer hilfreichen, respektvollen Kontakt aufnehmen. Die übrigen Teilnehmer haben auch die Gelegenheit, sich mit anderen zu verbinden, wenn sie auf dem Weg zu ihrem Ziel jemandem begegnen.

Nachdem jeder an seinem Ziel angekommen ist, machen alle eine Pause und besinnen sich auf die Qualität ihrer Reise während dieses zweiten Versuchs. Beschreiben Sie die Qualität des Kontaktes während der Zufallsbegegnungen, der Interaktionen und Kollisionen, die sich ergaben, als alle auf ihrem „Berufsweg" waren. Geben Sie dem Leiter Gelegenheit, seine Erfahrung im Mittelpunkt des Kreises zu beschreiben.

INTEGRATIONSFRAGEN

1. Was haben Sie aus dieser Übung gelernt, in der Sie ein Gefühl für Ihre eigenen Werte und Ihr Gleichgewicht aufrechterhielten, während Sie den Standpunkt anderer einnahmen und verstanden?
2. Beschreiben Sie Ihre Einstellung gegenüber den Menschen, denen Sie in den verschiedenen Teilen dieser Übung begegnet sind.
3. Unter welchen Bedingungen werden Sie sich selbst erlauben, anderen zuzuhören oder von anderen beeinflußt zu werden?

Business-Anekdote

Die Vizepräsidentin eines Weltunternehmens beschreibt, wie Übung siebzehn auf sie wirkte: „Eines Tages kam ein Angestellter in mein Büro, offensichtlich in Kampfstimmung. Er hatte den Ausdruck von jemandem, der in den Krieg zieht. Er saß auf der Kante seines Stuhls und beugte sich aggressiv zu mir vor. Sie können sich vorstellen, daß ich mich ebenfalls auf einen Kampf vorbereitete. George begann, indem er sagte, daß er nun seit acht Monaten für das Unternehmen arbeite, wesentlich anspruchsvollere Aufgaben erledige, als bei seiner

Einstellung vereinbart worden seien, und daß er das Gefühl habe, daß er verdiene, höher eingestuft und besser bezahlt zu werden.

Ich sagte ihm direkt, daß er entsprechend den Fertigkeiten eingestellt worden sei, die er besaß und die der Job erforderte. Ich teilte ihm mit, daß die vorliegenden Leistungsdaten meine Einschätzung unterstützten und daß er nicht nur korrekt eingestuft, sondern auch definitiv fair bezahlt werde. Er meinte natürlich, daß nicht alles, was er tue, auch bemerkt und anerkannt werde. Ich sagte, daß es mir sehr leid tue, daß er dieses Gefühl habe, weil wir wirklich anerkannten, was er tat – Ende der Unterhaltung. Als er aus meinem Büro ging, mit hängenden Schultern, hatte ich ein schlechtes Gefühl im Magen. Ich konnte gar nicht genau sagen, warum ich mich eigentlich schlecht fühlte, denn ich hatte ihm doch nur die Fakten mitgeteilt, und die stimmten. Als ich so dasaß und über das Gespräch nachdachte, kam mir die Übung über das Einswerden mit der Kraft in den Sinn. Es ist wirklich ein besonderes Gefühl, etwas vermasselt zu haben.

„Wenn ein Hund auf Sie zuläuft, dann pfeifen Sie nach ihm."
HENRY D. THOREAU

Am nächsten Tag bat ich George noch einmal zu mir ins Büro und führte noch ein Gespräch mit ihm. Das Einswerden ging mir nicht mehr aus dem Sinn. Während ich wie beiläufig Georges Schulter berührte, machte ich einen Schritt auf ihn zu und sagte: »George, ich hatte wegen unserer Unterhaltung gestern kein gutes Gefühl. Ich würde unser Gespräch gern noch einmal führen, weil ich mir inzwischen Gedanken darüber gemacht habe, wie Sie sich gefühlt haben. Sie haben recht, sie haben hervorragende Arbeit geleistet, jeder macht anerkennende Bemerkungen über Ihre Leistungen. Ich bin sehr glücklich darüber, wie Sie mit Kunden umgehen. Mir ist leider nicht gelungen, Ihnen zu erläutern, wie unsere Jobs eingestuft und wie unsere Gehälter bestimmt werden.«

Ich erklärte ihm dann, daß wir unsere Jobs auf der Grundlage von Leistungskontrolldaten einstufen und daß die

Empfehlungen für Gehälter ebenfalls auf dieser Grundlage zustandekommen. Die Arbeit, die er machte, lag vollständig innerhalb der Position, des Profils und des Gehaltsrahmens, wie das auch bei den anderen Angestellten war, die die gleiche Arbeit machten. Ich sprach mit ihm auch über die bevorstehende Anerkennung seiner Leistung und seiner Verdienste, die sich auf sein Gehalt auswirken würden. Wir erörterten gemeinsam andere Möglichkeiten, die ihm innerhalb der Organisation offenstanden, und was wir tun könnten, um ihn für diese Positionen zu qualifizieren.

Seltsam war, daß das Ergebnis dieses Treffens das gleiche war wie vorher. Es gab keine Beförderung und keine Gehaltserhöhung, aber er ging mit dem Gefühl, besser informiert zu sein und besser zu verstehen, warum die Entscheidung so ausgefallen war und nicht anders. Er bewarb sich auch für eine andere Stellung innerhalb seiner Abteilung und erhielt sie. Was für eine einfache Sache. Es war wie ein Tanz … sehr fließend und leicht für uns beide."

„Ich werde in meiner Nacktheit außer Sichtweite leben. Nur dann werde ich wagen, als Führerin aufzutreten."
RUTH BEEBE

UM KOOPERATIV ZU FÜHREN, SOLLTEN SIE:

- offen sein für das Wahrnehmen neuer Ideen;
- sich erlauben, von anderen Meinungen bewegt zu werden;
- neue Alternativen schaffen;
- aggressive Aktionen in Zusammenarbeit umformen;
- die Absichten hinter den Handlungen erspüren;
- Menschen einerseits und Probleme und Anliegen andererseits auseinanderhalten;
- eine Krise spüren, bevor sie akut wird;
- zentriert in Ihren Kernüberzeugungen bleiben und dabei gleichzeitig Raum schaffen für die Überzeugungen anderer;
- mit voller Kraft arbeiten, ohne anderen ins Gehege zu kommen;
- Interaktionen und Beziehungen ausbauen;
- wechselseitige Win-Win-Situationen schaffen.

8

Wie können wir lernen, das Ganze zu sehen, statt nur an unser individuelles Überleben zu denken?

DAS WIR DES ICH

Systemisch handeln

„Für diejenigen, die sich ein Herz fassen, einen neuen Weg zu suchen … ist es ein Weg, der dadurch entsteht, daß wir unsere tiefsten Hoffnungen reflektieren, persönliche Visionen und Gespräche würdigen und zusammen intelligenter sind, als wir als einzelne jemals sein könnten. Es ist ein Weg, der auf der Vorrangstellung des Ganzen gegenüber den Teilen beruht. Es ist ein Weg, der fundamental anders ist als der Weg, auf dem die industrielle Entwicklung im Westen bisher vorangeschritten ist."

Peter Senge

Vom Herzen der Verbundenheit ausgehen

nach einer wahren Geschichte
von Jack Kornfield in *A Path With Heart*

Nach dem Tode Mahatma Gandhis wollte eine ganze Reihe seiner Anhänger zusammenkommen, um zu diskutieren, wie sich sein Werk am besten fortsetzen ließe. Vinoba Bhave, der Gandhi als Schüler besonders nahegestanden hatte, sollte ihrem Willen nach die Konferenz leiten. Anfangs lehnte er ab, aber schließlich erklärte er sich einverstanden, unter der Bedingung, daß das Treffen sechs Monate später stattfinden sollte, lange genug für ihn, um von seinem Wohnort zum Ort der Zusammenkunft zu Fuß durch halb Indien zu gehen.

Er begann also seine Reise von Ort zu Ort. Im ersten berief er eine Versammlung ein, wie es schon Gandhi getan hatte. Viele der Menschen waren sehr arm, und er hörte sich ihre Geschichten über das harte Leben an, das sie führten, und den Hunger, den sie litten. Er fragte sie, warum sie ihre Nahrungsmittel nicht selbst anbauten, aber die meisten dieser Menschen gehörten der Kaste der Unberührbaren an und besaßen kein Land. Nachdem er hierüber meditiert hatte, versprach Vinoba, daß er bei seiner Rückkehr nach Delhi mit Premierminister Nehru sprechen würde, um zu sehen, ob es möglich wäre, ein Gesetz zu verabschieden, das den ärmsten Dorfbewohnern in Indien Land zusprechen sollte.

In jener Nacht fand Vinoba keine Ruhe. Am Morgen rief er die Dorfbewohner erneut zusammen, diesmal, um sich zu entschuldigen. „Ich kenne Regierungen nur allzugut", sagte er. „Selbst wenn es mir nach Jahren gelingen sollte, unsere Regierung zu überzeugen, ein solches Landgesetz zu verabschieden, habt ihr vielleicht nie etwas davon. Das Gesetz wird durch die Staaten und Provinzen gehen, vom Distriktvorsteher zum Dorfvorsteher, und wenn das Land an euch verteilt werden soll, hat schon jeder Regierungsangehörige seinen Teil genommen, und für euch wird am Ende wahrscheinlich nichts mehr übrigbleiben."

Ein reicher Dorfbewohner stand auf und sagte: „Ich habe Land. Wieviel brauchen diese Menschen?" Es waren 16 Familien da, deren jede brauchte 2 Hektar, und so sprach Vinoba: „Zweiunddreißig Hektar", und der Mann, tief inspiriert vom Geiste Gandhis und Vinobas, bot ihnen 32 Hektar an. Vinoba aber sagte: „Nein, wir können es nicht annehmen. Du mußt zuerst nach Hause gehen und mit deiner Frau und deinen Kindern sprechen, die dein Land einmal erben werden." Der Mann tat das, kam zurück und sagte: „Ja, wir werden 32 Hektar unseres Landes abgeben."

Am nächsten Tag wanderte Vinoba zu einem anderen armen Dorf und hörte die Klagen über Hungersnot und Landlosigkeit der Angehörigen der niedrigsten Kaste. Auf der Versammlung erzählte er die Geschichte des Dorfes, in dem er zuvor gewesen war, und ein weiterer reicher Landbesitzer wurde von der Geschichte inspiriert. Er bot den verzweifelten zweiundzwanzig ärmsten Familien 44 Hektar an und wurde wieder gebeten, die Zustimmung seiner Familie einzuholen. Noch am gleichen Tag erhielten die Armen das Land.

Dorf für Dorf hielt Vinoba Versammlungen ab und setzte diesen Prozeß fort, bis er einige Monate später die Versammlung erreichte. Auf seinem Weg sammelte er knapp 900 Hektar Land für die ärmsten Familien. Er erzählte der Versammlung seine Geschichte, und daraufhin schlossen sich ihm viele an und starteten die große indische Landreform-Bewegung. In den folgenden vierzehn Jahren besuchten Vinoba Bhave und Tausende von ihm Inspirierte jeden Staat, jede Provinz und jeden Distrikt Indiens, und ohne jede Komplikation seitens der Regierung oder Bürokratie sammelten sie über 4 Millionen Hektar Land für die am schwersten an Hunger leidenden und ärmsten Dorfbewohner.

Diese ganze Bewegung begann mit einer Veränderung im Denken. Ein Mann war bereit, seine Perspektive zu erweitern, alles fallenzulassen, was er wußte, bis er wieder wie ein Anfänger sein konnte, ein Kind voller Neugier mit der Bereitschaft, auf das zu hören, was ist, mit der Einfachheit, die mit unvernebelten Augen sieht, was das Leben von uns verlangt, und mit dem großen Herzen eines Menschen, der für alle Mitglieder der Menschheit eintritt.

Unterdrückung ist nicht einfach das Ergebnis des Waltens blinder äußerer Kräfte; Unterdrückung rührt auch daher, daß wir gemeinsame Sache machen mit den Kräften und genau den Dingen unsere Zustimmung erteilen, die schließlich unseren Geist töten. Vinoba lehrt uns, daß wir mit dem Erkennen der systemischen Natur der Welt die Rolle der Opfer und Zuschauer hinter uns lassen und unmittelbar teilhaben an der Gestaltung der Welt und unserer selbst. Mit Rückendeckung durch die Gemeinschaft können wir „Privatprobleme" in die Gelegenheit für kulturelle Veränderung verwandeln.

„Die Auffassung, alle diese Fragmente existierten getrennt voneinander, ist offensichtlich eine Illusion, und diese Illusion kann nur zu endlosem Konflikt und endloser Verwirrung führen."
DAVID BOHM

Orientierung

Welche Substanz hält die Welt der Organisation im Innersten zusammen? Wenn wir über diese Fragen objektiv, analytisch nachdenken wollen, treten wir aus ihnen heraus, wobei wir nutzen, was Autor Morris Berman „nicht-teilnehmendes" Bewußtsein nennt – wir hier drinnen denken über „es" da draußen nach. Die Organisation wird etwas, das wir messen, manipulieren und kontrollieren können. Sie verliert an Bedeutung, an spiritueller Bestimmung. Im Jahre 1927 machte der Physiker Werner Heisenberg die große Entdeckung, daß es so etwas wie einen unabhängigen Beobachter nicht gibt. Objektivität, Unabhängigkeit und Isolation sind Mythen. Es gibt kein „da draußen".

Trotzdem handeln die meisten von uns noch nicht mit einem teilnehmenden Bewußtsein. Vor einigen Jahren führte das Carnegie Institute eine Studie mit Absolventen betriebswirtschaftlicher Studiengänge durch. Die Studenten wurden gefragt, wie ihrer Meinung nach die Zukunft der Welt aussehe. Achtzig Prozent gaben zu Protokoll, mit der Welt gehe es rapide bergab, „den Bach runter". Nach ihrer persönlichen Zukunft befragt, meinten die gleichen Studenten, sie sei recht positiv – denn sie verfügten ja über eine gute Ausbildung, würden einen guten Job bekommen, gut leben und so weiter. Sie sahen ihren persönlichen Werdegang als getrennt vom Lebenslauf der Welt, als könnten sie Teile aus dieser herausschneiden und darin leben.

Man hat gesagt, wir im Westen würden die Fähigkeit zur Förderung individuellen Talents und Handelns in die Welt bringen, der Osten die Fähigkeit zur Förderung von Verbundenheit, und die Ureinwohner könnten uns lehren, die Natur besser zu verstehen. In der Einführung zur chinesischen Ausgabe der *Fünften Disziplin* beschreibt Peter Senge die Evolution der ersten beiden unterschiedlichen kulturellen Denkweisen: „Wir im Westen sehen eine Welt, die aus Dingen zusammengesetzt ist, während Sie eine Welt der Prozesse sehen. Wir handeln als einzelne, während Sie noch an Familie und Gemeinschaft gebunden sind. Wir glauben an einfaches Ursache-Wirkungs-Denken und suchen fortwährend nach der allesumfassenden »Antwort«, während Sie dazu neigen, ausgehend von konkreten Einzelheiten zu schließen und mehr danach streben, das Netz der wechselseitigen Abhängigkeiten zu verstehen, in dem solche Handlung ergriffen werden muß. Wir denken in Tagen und Monaten, während Sie in Jahrzehnten und Generationen denken. Für uns ist die Zeit eine Gegnerin, während für Sie, glaube ich, die Zeit eher eine Verbündete ist."

„Die Menschen sollten die Straße entlanggehen, als gehörten sie zueinander."
ETTIENNE DECROIX

Die Fragmentierungskräfte, die wir uns mit der Industrialisierung eingehandelt haben, führten zur Störung des organisatorischen Zusammenhangs und tragen zu starren Denkmustern bei, übermäßigem Konkurrenzdenken und Passivität. Dies sind zentrale Ursachen vieler gegenwärtiger Probleme. Ein Ingenieur in einem großen Automobilunternehmen beschrieb ein typisches Beispiel: Er und sein Team sollten eine

„Ein Mensch ist Teil eines »Ganzen«, das wir »Universum« nennen, ein in Zeit und Raum begrenzter Teil. Er erfährt sich selbst, seine Gedanken, seine Gefühle, als etwas vom Rest Getrenntes – eine Art optische Täuschung des Bewußtseins. Diese Täuschung ist eine Art Gefängnis für uns, sie beschränkt uns auf unsere persönlichen Wünsche und auf unsere Zuneigung gegenüber einigen wenigen, die uns am nächsten stehen. Unsere Aufgabe muß sein, uns aus diesem Gefängnis zu befreien, indem wir unseren

Kupplung für einen neuen Prototyp entwerfen. Zu den übrigen Designern, die den Rest des Autos entwarfen, hatten sie fast keinerlei Kontakt, und sie versuchten, noch vor den anderen Teams fertig zu werden. Als die Kupplung eingebaut wurde, geriet das Auto in dermaßen starke Vibrationen, daß es fast in Stücke zerfiel.

Es ist klar, daß wir den falschen Weg genommen haben, aber wie gehen wir zu einem teilnehmenden Bewußtsein über? Was müssen wir tun, um wiederzuerlangen, was Parker Palmer unsere innere Fähigkeit zu Verbundenheit nennt? Wir müssen die Leitideen der Verbundenheit und der Vorrangstellung des Ganzen in uns aufnehmen. Wir müssen über Systeme nachdenken, deren Elemente zusammenhängen, weil sie im Laufe der Zeit fortwährend aufeinander wirken und auf ein gemeinsames Ziel zusteuern. Um ein System zu verstehen, müssen wir begreifen, wie es sich in ein größeres System einfügt. Wie Russell Ackoff meint: „Wir werden nie verstehen, warum normale Autos vier oder fünf Sitzplätze haben, wenn wir uns die physikalischen Eigenschaften der Einzelbestandteile anschauen. Um zu verstehen, warum das Auto so gebaut wurde, müssen wir sehen, wie es sich in eine Gesellschaft von Familien fügt, die gemeinsam reisen."

Michael Goodman von Innovation Associates meint, daß jemand, der systemisch denkt, vier gleichzeitig operierende Ebenen wahrnehmen kann: das Ereignis, das Verhaltensmuster oder den Trend, die Art und Weise, wie Trends sich gegenseitig beeinflussen, und die mentalen Modelle oder Überzeugungen, die hier am Werke sind. Wenn Sie zu Besuch bei einem Verwandten sind und das Wasser in der morgendlichen Dusche plötzlich brühend heiß wird, werden Sie wahrscheinlich gewohnheitsmäßig das kalte Wasser aufdrehen. Würden Sie die Dusche in ihrem Systemzusammenhang sehen, könnten Sie das Installationssystem als Ganzes bedenken, innehalten und sich daran erinnern, daß Sie just vor der

Temperaturänderung eine Toilettenspülung gehört haben. Dann würden Sie schließen, daß die Versorgungsleitungen wohl nur über geringe Kapazität verfügen und daß der Kaltwasserfluß kurzfristig von der Toilette beansprucht wurde; Sie würden daraufhin ihre ursprüngliche Annahme überdenken, derzufolge ein Mehr an kaltem Wasser für die verbleibende Zeit unter der Dusche alle Probleme beheben würde, einen Schritt zurücktreten und warten, bis sich der Kaltwasserdruck wieder aufgebaut hat – und dadurch einen akuten Fall von Gänsehaut verhindern.

Kreis der Leidenschaften ausdehnen, bis er alle lebenden Wesen und das Ganze der Natur in all ihrer Schönheit umfaßt.“
ALBERT EINSTEIN

Systemisch zu denken bedeutet, daß sich ein viel größerer Teil unserer Aufmerksamkeit darauf richten muß, wie gut wir zusammenarbeiten, wie ansprechbar wir füreinander sind und wie wir unsere Fähigkeit zu kritischem Denken im Kontext der Bejahung der kommunalen Natur der Realität nutzen. Unsere Gedanken entwickeln ein Zirkulationssystem, wenn wir uns auf Verbundenheit ausrichten, und wenn wir darüber nachzudenken beginnen, wie eins das andere beeinflußt, beginnen wir, robuster und federnder zu werden anstatt nur größer; wir denken an Evolution, Lernen und Entwicklung. Unser Kernbild davon, wer wir zusammen sind, reflektiert den Wandel im Denken hin zu wechselseitiger Verbundenheit, und unsere Organisation wird eine Gemeinschaft, ein lebendiges Ökosystem, wie auch die Natur immer komplexer werdende Systeme mit Leichtigkeit hervorbringt und organisiert.

„Ein Bild ist eine Hebamme, die es der inneren Weisheit ermöglicht, zur Welt zu kommen.“
MATTHEW FOX

Fritjof Capra beschrieb in einer Begrüßungsansprache kürzlich die ökologischen Prinzipien, die für eine solche tragende Gemeinschaft wesentlich sind: wechselseitige Verbundenheit, Feedbackschleifen, Arbeiten in Netzwerken, zyklische Muster, Flexibilität, Vielfalt und Co-Evolution. Dee Hock faßt diese Neukonzeptionierung so zusammen: „Jede Organisation ist ausschließlich ein mentales Konstrukt, ein Konzept, eine Idee, zu der Menschen und Ressourcen mit einer gemeinsamen Absicht zusammenkommen. Alle Organisationen sind damit eigentlich konzeptuelle Verkörperungen einer sehr alten und grundlegenden Idee – der Idee der Gemeinschaft."

Welchen Unterschied macht es, ob wir uns als eine Organisation oder als eine Gemeinschaft sehen? Wenn wir in den letzten zwanzig Jahren bei der Erforschung unserer Erde und des Weltraums an die Grenzen der Erkenntnis gestoßen sind, müssen wir jetzt das Abenteuer gemeinsam in Angriff nehmen. Das können wir hier gemeinsam entdecken. Wir verfügen über die Fähigkeit, fragmentierende Denkweisen in zusammenhängende, stärker integrierende und effektivere Denkweisen zu verwandeln.

Juanita Brown, Präsidentin von Whole Systems Associates, macht den Unterschied zwischen einer Organisation und einer Gemeinschaft ganz klar: „Was eine Organisation zusammenschweißt, sind ökonomische Transaktionen. Eine Gemeinschaft wird von der Chance zusammengeschweißt, einen Beitrag zu leisten."

Sie stellt Organisationen und Gemeinschaften einander folgendermaßen gegenüber: Ein Unternehmen ist etwas, das wie eine Pyramide aus lauter einzelnen Boxern aussieht; eine Armee angestellter Hände, unter dem Oberbefehl eines Chefs mit Managern, die eine aggressive Strategie ausführen, nach der die Konkurrenz attackiert und der Marktanteil zur Maximierung des Quartalsgewinns für die Aktionäre des Unternehmens ausgeweitet wird. Eine Unternehmens-Gemeinschaft andererseits ist dynamisch, durch Netzwerke miteinander in Austausch stehender Teams verbunden; sie besteht aus Menschen mit vielfältigen Eigenschaften, die alle ihre Talente nutzen; sie wird geleitet von gemeinsamen Zielvorstellungen und Qualitätsprüfungsprozessen, mit Managern, die sich für eine Entwicklungsstrategie engagieren, die die Umwelt ständig im Auge behält, und die gleichzeitig kontinuierlich lernen, besser zu werden, im Dienste maximaler langfristiger Kundenzufriedenheit, im Dienste von Beschäftigten- und Aktionärsgewinnen und dem Wohl der größeren Gesellschaft.

Es gibt keine Regeln und keine richtige Methode, um diese Art von Gemeinschaft zu schaffen oder sich entwickeln zu lassen; schließlich gibt es auch keine Regeln oder richtigen Methoden in der Liebe. Es braucht Zeit, Aufmerksamkeit, Energie und das Risiko und den Ruhm des unvorhersagbaren Geheimnisses des Lebens. Das kann erschreckend sein. Es kann uns frei machen, zu experimentieren, zu staunen und zu träumen. Für Harley Davidson besteht der Grund für den Unternehmenszusammenhalt in der Vision: „Es ist die Reise, nicht das Ziel."

Auf mancherlei Weise ähnelt dieses Kapitel sehr dem Knüpfen eines Netzes aus den Fäden der vorhergehenden Kapitel. Sie werden Gelegenheit haben, die Einzelfertigkeiten, die Sie gelernt haben, umfassender und systemischer zu robusten und flexiblen Denkweisen zu integrieren. Die Soloübungen zur Selbstkompetenz sollen Sie beim Erweitern Ihres Denkens durch das Erweitern Ihrer mentalen Modelle unterstützen, und das Ganze sehen zu können. Die Partnerübung zur Entwicklung von Kompetenz mit anderen hält ein Experiment zur Mustererkennung und zum generativen Denken in beengenden Situationen für Sie bereit. Die Gruppenübung zum Meistern von Veränderung läßt Sie erleben, was es heißt, in der Komplexität und Vielfalt einer Organisation umfassend und zusammenhangstiftend zu denken.

„Wir bestreiten unseren Lebensunterhalt mit dem, was wir bekommen, und wir leben von dem, was wir geben."
WINSTON CHURCHILL

Mentale Modelle: Seien Sie Veränderer und Veränderter

Eine Welt, die sich rasant verändert, fordert oft, daß wir bereit sind, unsere Perspektive, unsere mentalen Modelle zu verändern. Es ist, als hätten wir durch das eine Ende eines Teleskops

„Verwirrung ist ein Wort, das wir erfunden haben für eine Ordnung, die noch nicht verstanden ist."
HENRY MILLER

gesehen und würden es nun umdrehen, um auf andere Weise sehen zu können, und dabei machen wir unseren Geist himmelweit, lassen das ganze Gefühl für Grenzen sich auflösen und unsere Perspektive expandieren. Gewohnheitsmäßig tun wir jedoch genau das Gegenteil. Wenn wir mit Veränderung konfrontiert werden, neigen wir dazu, unser Gleichgewicht zu wahren, indem wir die Augen vor neuen Informationen verschließen, die uns in unseren lange gewonnenen Überzeugungen und Verhaltensweisen stören würden.

Mentale Modelle sind kognitive Landkarten, Methoden, über Erfahrung zu denken und Erfahrung zu interpretieren. Zwei Menschen kommen aus der gleichen Besprechung, haben das gleiche erlebt, und der eine schüttelt seinen Kopf und sagt: „Puh, ich bin nur froh, daß das vorbei ist. Hier kriegt man auch überhaupt kein Bein auf den Boden." Sein Freund hinter ihm dagegen hört man sagen: „Das hat mich wirklich aufgeweckt. Diese neuen Richtlinien bedeuten, daß wir an die Sache ganz anders herangehen können." Der einzige Unterschied zwischen den beiden sind ihre mentalen Modelle.

Peter Carlson, Autor und Berater der Healthy Companies, diskutiert die gegenwärtigen mentalen Modelle vieler Manager, denen zufolge die Reengineering-Bemühungen scheitern, weil die Menschen angeblich keine Veränderung wollen, und meint: „Viele der Probleme, denen Unternehmen in diesem Bereich begegnen, lassen sich auf die Vorannahmen zurückführen, die dort über Menschen und Veränderung gemacht werden; viele dieser Vorannahmen sind irreführend, unzeitgemäß oder einfach unbegründet."

Als Beispiel zitiert er eine kürzlich durchgeführte Studie, in der Manager in einer Rangfolge aufführen sollten, was ihrer Meinung nach Beschäftigte am meisten motiviert. Sie vergaben einheitlich den ersten Platz an finanzielle Belohnungen. Den Beschäftigten andererseits waren finanzielle Anreize weit weniger wichtig als z.B. Faktoren wie etwa Arbeit, die ihnen etwas bedeutet, faire Behandlung und Engagement. Carlson schließt, daß „unsere Einschätzung von Veränderung als positiv oder negativ zu einem großen Teil davon abhängt, wie groß unser Einfluß ist, den wir in einer bestimmten Situation ausüben können."

Wie drehen wir nun das Teleskop so um, daß wir unsere Perspektive so weit machen können, um zu erkennen, wo wir Einfluß haben und wo wir die mentalen Welt-Modelle anderer Menschen erforschen müssen? Viele der aus den Kampfkünsten stammenden Prinzipien und Übungen in diesem Buch, mit denen Sie experimentiert haben, tun genau das. Für die Grundlegung verläßlicher innerer Stabilität hat Selbstkompetenz hohe Priorität:

- innerlich ruhiger werden, wenn die Veränderung außen hektischer wird;
- Raum zum Zentrieren schaffen, um sich selbst inmitten von Ungewißheit, Druck und Umwälzungen zu erholen und zu erfrischen;
- die eigene Flexibilität durch Manövrieren erhöhen, so daß man wählen kann, wie man auf eine gegebene Situation oder Person reagieren möchte, ohne zu manipulieren;
- durch das Finden neuer Methoden zum Lösen alter Probleme und das Aufbrechen überflüssig gewordener Muster die eigene Kreativität erweitern.

„Jene, die sich ehrlich bemühen, wahrhaftig zu sein, widersprechen sich seltener als jene, die versuchen, konsequent zu sein."
OLIVER WENDELL HOLMES

Rechtshirniges Denken in einer linkshirnigen Welt

Sie erinnern sich wahrscheinlich daran, daß das Erweitern der Peripherie Ihrer Wahrnehmung dem Zentrieren besonders förderlich ist: Durch das Ausweiten des Gesichtsfeldes, das Hören der Geräusche in der Umgebung und das Fühlen des ganzen Körpers sowie der Energie im Raum können wir das Angriffs-und-Flucht-Denken aufgeben. Von diesem Ort aus können wir einen sogenannten Vielpunkte-Bewußtheitszustand entwickeln, der unsere Fähigkeit fördert, innovativ und kreativ zu denken und das Ganze anstatt nur die Teile zu erkennen. (Auch wenn Menschen steif und fest behaupten, sie seien eben „linkshirnig", ist bisher noch bei keiner Autopsie ein Leichnam mit zwei linken Hirnhälften gefunden worden).

„Der häufigste Fehler ist, anzunehmen, die Grenze unseres Wahrnehmungsvermögens sei auch die Grenze alles Wahrnehmbaren." C.W. LEADBETTER

Machen Sie es sich bequem und achten Sie einen Augenblick lang auf Ihren Atem. Sie brauchen Ihren Atem nicht zu verändern, achten Sie einfach auf jedes Einatmen, die Pause dazwischen, das Ausatmen, die Pause dazwischen, das nächste Einatmen.

Achten Sie weiter auf Ihren Atem und achten Sie jetzt zusätzlich auch darauf, wie sich Ihr Bauch anfühlt. Erweitern Sie dann Ihre Aufmerksamkeit, so daß Sie zusätzlich auf etwas achten, was Sie sehen, und auf etwas, das Sie hören.

Sie können Ihre Bewußtheit noch weiter werden lassen, indem Sie jetzt auf zwei Dinge achten, die Sie sehen, und auf zwei, die Sie hören, zusätzlich zu Ihrer anhaltenden Aufmerksamkeit für Ihren Atem und Ihren Bauch.

Sie nehmen mehr und mehr von der Welt in sich auf, denken immer umfassender. Einige von Ihnen möchten vielleicht zu drei bewußten Dingen übergehen, einige von Ihnen stellen vielleicht fest, daß sie ein wenig „abheben", als ob sie tagträumen und ihren Geist schweifen lassen. Das ist ein Signal dafür, daß Ihr Geist weiter wird und Sie beginnen, mehr und mehr Möglichkeiten ins Auge zu fassen und Muster und Bilder wahrzunehmen, statt einzelne Details zu analysieren.

Margaret Wheatley beschreibt, welche Erfahrungen sie beim Übergang zum ganzhirnigen Denken gemacht hat: „Ich versuchte angestrengt, mich selbst zu disziplinieren, um bewußt zu bleiben für das Ganze und meinem wohltrainierten Verlangen zu widerstehen, die Teile zu Tode zu analysieren. Jetzt achte ich auf die Bewegungsmuster im Laufe der Zeit und konzentriere mich auf Qualitäten wie Rhythmus, Fluß, Richtung und Gestalt. Zweitens weiß ich, daß ich Zeit verschwende, wenn ich zwischen zwei Variablen in einem Ursache-Wirkungs-Diagramm gerade Pfeile ziehe oder mir Dinge als Polaritäten vorstelle oder umfangreiche Pläne und Zeitrahmen schmiede. Drittens streite ich mit niemandem mehr darüber, was real ist. Viertens nutze ich die Zeit, die ich früher in detaillierte Planung und Analyse gesteckt habe, jetzt dazu, auf die Strukturen zu achten, die Beziehungen fördern könnten. Ich erwarte inzwischen, daß etwas Nützliches geschieht, wenn ich Menschen, Einheiten, Aufgaben miteinander verbinde, selbst wenn ich keine genauen Aussagen über mögliche Ergebnisse machen kann. Und schließlich erkenne ich mehr und mehr, daß das Universum mit meinem Verlangen nach Determiniertheit nicht kooperieren wird."

„Diese verborgene Ganzheit, die unter der aufgebrochenen Oberfläche unseres Lebens liegt."
THOMAS MERTON

Diese Muster und Beziehungsstrukturen springen leicht ins Auge, wenn man metaphorisch denkt und dabei Bilder und Geschichten einbezieht. Die folgende Übung nutzt die Geschichten, die Sie sich selbst erzählen – oft, ohne überhaupt zu merken, daß Sie es tun. Dadurch können Sie Ihre eigenen mentalen Modelle leichter ausfindig machen und untersuchen.

Fangen Sie an, indem Sie ein Anliegen oder ein Problem beschreiben, mit dem Sie es gerade zu tun haben. Schreiben Sie nach dem ersten Absatz die folgende Frage auf: „Welche Geschichte erzähle ich mir selbst darüber?" Gehen Sie im nächsten Abschnitt so ausführlich wie möglich auf diese Frage ein und beschreiben Sie dann weiter das Problem. Schreiben Sie nach diesem Absatz wieder die Frage: „Welche Geschichte erzähle ich mir selbst darüber?" Fahren Sie fort, solange das Spiel Sie interessiert.

Bert schrieb: „Ich habe ein Problem mit diesem neuen Team, an dem ich teilnehme. Ich wurde zum Teamleiter gewählt, aber ich bin mir nicht sicher, was jetzt von mir verlangt wird oder was das bedeutet."

„Welche Geschichte erzähle ich mir selbst darüber?"

„Ich sage mir selbst, daß die Gruppe mich für einen Schwächling halten wird, wenn ich mich nicht bald durchsetze, und für einen Nazi, wenn ich mich durchsetze. Wie auch immer, jedenfalls wollte Marvin heute wissen, wann die neue Werbekampagne fertig sein muß, und mir ist nichts Besseres eingefallen, als seine Frage auf das Flipchart zu schreiben."

„Welche Geschichte erzähle ich mir selbst darüber?"

„Nun, daß ich kein Rückgrat habe und daß sie mich ablehnen und sich fragen werden, warum in aller Welt ausgerechnet ich zum Leiter gewählt worden bin. Genauso war das auch schon bei meinem letzten Job und ..."

„[Wahrheit kann nicht] reduziert werden auf Aphorismen oder Formeln. Wahrheit ist etwas Lebendiges und Unaussprechliches. Geschichten schaffen eine Atmosphäre, in der Wahrheit als ein Muster erkennbar wird."
BARRY LOPEZ

Wenn wir beginnen, uns die Denkmuster bewußtzumachen, die Geschichten, die wir uns selbst erzählen, und die mentalen Modelle, die unsere Erfahrung filtern, erhöhen wir unsere Fähigkeit, frei zu sein und zu unserer Integrität zurückzukehren. Als wären wir der Himmel und nicht die Wolken, die vorüberziehen. Diese Bewußtheit verschafft uns unmittelbaren Zugang zu dem, was Viktor Frankl „persönliche Freiheit" nannte – unsere Fähigkeit, zu wählen, wie wir auf eine gegebene Situation reagieren wollen und welche Bedeutung sie für uns hat.

Die folgenden Soloübungen vermitteln auf körperlicher Ebene, wie es ist, die eigenen mentalen Modelle zu verändern und durch Erweiterung der Wahrnehmung des Ganzen die eigene Flexibilität zu erhöhen. (Teil 1 nach Linda Booth und Teil 2 nach Moshe Feldenkrais)

ÜBUNG NEUNZEHN: SOLO

Das Rotierenlassen mentaler Modelle

Teil 1

Kreise in der Luft

Vorbereitungen

Sie benötigen einen Stift.

Nehmen Sie einen Stift zur Hand. Schauen Sie nach oben, richten Sie die Spitze des Stiftes zur Decke und zeichnen Sie einen Phantasiekreis in die Luft. Stellen Sie sich vor, die Stiftspitze würde im Uhrzeigersinn einen Kreis an die Decke zeichnen. Fahren Sie mit dieser kreisförmigen Bewegung fort und nehmen Sie dabei den Stift nach jeder Umdrehung zwei Zentimeter weiter nach unten, bis er sich genau vor Ihrem Gesicht befindet. Führen Sie den kreisenden Stift weiter nach unten, bis Sie von oben draufblicken. Achten Sie darauf, in welcher Richtung der Stift jetzt kreist – im oder gegen den Uhrzeigersinn?

„Ein Fehler ist ein Ereignis, dessen vollen Nutzen wir noch nicht zu unserem Vorteil verwendet haben.“
Ed Land

INTEGRATIONSFRAGEN

1. Was ist Ihre spontane Reaktion auf das, was passierte? Einige Reaktionen von anderen Menschen waren beispielsweise: „Ich glaube, mein Stift ist kaputt." „Ich habe sowieso noch nie etwas richtig gemacht." „Das ist ein Trick." „Ich habe die Richtung umgekehrt, als ich den Stift nach unten nahm. Ich will das noch mal richtig machen."
2. Gibt es etwas in Ihrem Leben, dessen Sie sich eine Zeitlang völlig sicher waren und zu dem Sie später eine neue oder entgegengesetzte Perspektive eingenommen haben? Welche Erfahrung brachte Sie damals zu dieser Veränderung im Denken?

Teil 2

Besser werden durch erhöhte Bewußtheit für das Ganze

Standortbestimmung: Suchen Sie sich einen Platz, wo Sie sich bequem mit ausgestreckten Armen um die eigene Achse drehen können. Achten Sie auf die Position Ihrer Füße auf dem Boden und merken Sie sich, wie Sie stehen, damit Sie diese Fußposition während der Übung beibehalten können.

Blicken Sie nach vorn, wählen Sie einen Arm, strecken Sie ihn seitlich aus und blicken Sie am Arm entlang, bis Ihr Blick auf einen Punkt an der Wand trifft. Drehen Sie jetzt Ihren gesamten Körper so weit wie möglich in die Richtung, die der ausgestreckte Arm angibt. Wenn Sie beispielsweise Ihren linken Arm heben und am linken Arm entlangschauen, drehen Sie sich nach links. Merken Sie sich den neuen Punkt an der Wand für später.

Option 1

Besser werden durch größere Anstrengung: *Um besser zu werden, unternehmen Sie jetzt größere Anstrengungen, sich so weit wie möglich zu drehen, indem Sie die Drehung und Streckung in die betreffende Richtung fünfmal wiederholen.*

Testen Sie die Ergebnisse Ihrer Anstrengungen, indem Sie sich ein oder mehrere Male in die gleiche Richtung drehen und strecken. Vergleichen Sie die neuen „Markierungspunkte" an der Wand mit der anfänglichen Position.

Option 2

Besser werden durch Bewußtwerden für andere Aspekte des Systems: *Beginnen Sie mit dem gleichen Arm wie zuvor. Drehen Sie sich wieder fünfmal in die gleiche Richtung wie zuvor, drehen Sie aber diesmal, während sich Ihr Kopf und Hals, Arm und Oberkörper in eine Richtung bewegen und Ihre Augen in die entgegengesetzte Richtung. Wenn also beispielsweise Ihr linker Arm und Ihr Körper nach links drehen, wenden Sie Ihren Blick nach rechts.*

Wenn Sie üben, eine Variable zu verändern, werden Sie wahrscheinlich ein wenig verwirrt sein, während Ihr Gehirn einige seiner Nervenbahnen umorganisiert. Sobald Sie diese Drehfolge fünfmal mit der gleichen Seite wie am Anfang absolviert haben, können Sie Ihre Ergebnisse mit Ihren Ergebnissen aus der Standortbestimmung vergleichen, indem Sie sich ein weiteres Mal drehen, dabei am rotierenden Arm entlang- und auf den Punkt an der Wand schauen, auf den der Arm zeigt.

Option 3

Besser werden durch Erweitern des Denkens: *Beginnen Sie mit dem Arm und der Richtung, die bisher noch keine Verbesserung erfahren haben. Wenn Sie also die ersten beiden Prozesse zur Verbesserung mit dem linken Arm begannen, dann üben Sie diesen dritten Prozeß mit Ihrem rechten Arm. Wenn Sie sich in diese Richtung so weit wie möglich gedreht haben, merken Sie sich, auf welchen Punkt an der Wand der Arm zeigt.*

Nehmen Sie jetzt wieder die Anfangsposition ein und stellen Sie sich mental vor, wie Sie den bisher nicht trainierten Arm heben ... wie Sie den untrainierten Arm drehen ... wie Sie Ihre Augen in die entgegengesetzte Richtung drehen, fünfmal.

Heben Sie nun den betreffenden Arm wirklich und drehen Sie sich so weit Sie können, bis Sie den neuen maximalen Auslenkungspunkt an der Wand markieren können. Vergleichen Sie die Ergebnisse.

„Es läuft wirklich auf das folgende hinaus, nämlich darauf, daß alles Leben miteinander in Beziehung steht. Wir alle sind gefangen in einem Netzwerk der Gegenseitigkeit, aus dem es kein Entrinnen gibt, gebunden an ein einziges Gewand der Bestimmung. Was immer direkt auf einen Menschen wirkt, wirkt indirekt auf alle."
MARTIN LUTHER KING

INTEGRATIONSFRAGEN

1. Denken Sie an eine Situation, in der Sie trotz aller Konzentration, allen Fleißes und allen Engagements nicht die gewünschten Ergebnisse erzielten.
2. Was können Sie, außer härter oder länger zu arbeiten oder sich angestrengter zu konzentrieren, noch tun, um besser zu werden? Welchem Faktor haben Sie bisher wichtiges Verbesserungspotential nicht einmal zugetraut?
3. Denken Sie an eine Situation bei der Arbeit, der Sie aus dem Weg gehen, weil sie ungemütlich, seltsam und merkwürdig oder verwirrend ist. Welche Lernerfahrung zum Thema Merkwürdigkeit oder Verwirrung können Sie aus dieser Übung bei Ihrer Arbeit anwenden?

Vernetzt denken, grenzenlos handeln

Parker Palmer beschreibt Gemeinschaft als „eine Fähigkeit, Beziehung herstellen zu können – aber nicht nur zu

Menschen, sondern auch zu geschichtlichen Ereignissen, zur Natur, zur Welt der Ideen und zu spirituellen Dingen". Was macht diese Verbundenheit möglich?

In ihrem Buch *For the Common Good* erforschen der Ökonom Herman Daly und der Theologe John Cobb eine Umdeutung des Willens zur Macht in Formen, die Verbundenheit schaffen. „Beziehungen in einer Gemeinschaft sind wechselseitige Beziehungen, in denen es Norm ist, daß keiner verliert, wenn ein anderer gewinnt, sondern daß jeder verliert, wenn einer verliert, und jeder gewinnt, wenn einer gewinnt. ... Der richtige Dienst an der Gemeinschaft besteht in diesem Fall nicht darin, sein Leben zu opfern, sondern die Gemeinschaft durch Mittel zu bereichern, die einen selbst ebenso bereichern."

„Wenn wir versuchen, etwas nur für sich aufzunehmen, stellen wir fest, daß es gleichzeitig an alles andere im Universum gekoppelt ist."
JOHN MUIR

Dem Bellschen Theorem aus der Physik zufolge gilt: Wenn man ein subatomares Teilchen eines Teilchenpaares von Dallas nach London transportiert und dabei seinen Spin, seinen Eigendrehimpuls, verändert, ändert sich auch der Spin des in Dallas verbliebenen Teilchens. Wenn wir hier und da über die isolierten Konzepte vom Du und Ich als voneinander getrennte Objekte hinausgehen, beginnen wir, wie viele andere Kulturen auch, zu erkennen, daß wir nur in Beziehung miteinander existieren. Im Japanischen kann man beispielsweise nicht sagen: „Ich schaue den Baum an." Man kann nur sagen: „Der Baum und ich schauen einander an." Im Vietnamesischen kann man mit niemandem sprechen, ohne den Angesprochenen vorher zu einem Verwandten zu machen. Selbst wenn ich Ihnen noch nie zuvor begegnet bin, werde ich, wenn ich Sie auf der Straße anspreche, sagen: „Älterer (oder jüngerer) Bruder, wie komme ich von hier zur nächsten Stadt?"

Sie können diese Fähigkeit zur Verbundenheit erfahren, indem Sie auf eine erweiterte Art und Weise zuhören:

Tun Sie sich mit einem Partner zusammen und legen Sie Instrumentalmusik auf (ohne Worte), die Sie beide noch nicht kennen und die mindestens fünf Minuten dauert.

Setzen Sie sich Rücken an Rücken hin, so daß Sie sowohl bequem sitzen als auch Rückhalt haben. Achten Sie, während Sie die Musik zum ersten Mal hören, auf die Bilder, Gefühle und Gedanken, die in Ihnen beim Hören und in einigen Minuten der Stille nach dem Verklingen der Musik aufsteigen.

Drehen Sie sich um und teilen Sie einander mit, was Sie erlebt haben.

Spulen Sie die Cassette zurück und wiederholen Sie das Erlebnis, aber hören Sie diesmal mit den Ohren Ihres Partners zu und versuchen Sie, seine Bilder und Erfahrungen nachzuvollziehen. Sie brauchen Ihre eigenen nicht aufzugeben, ergänzen Sie einfach und erleben Sie die Reichhaltigkeit dieser ganz neuen Möglichkeit, sich zu Musik in Beziehung zu setzen.

Verbundenheit entwickeln können ermöglicht zudem, über Begrenzungen und Beschränkungen hinaus wahrzunehmen und zu erkennen. Wir können sogar unsere Fähigkeit entwickeln, Beschränkungen jenseits unseres Einflusses zur Erweiterung kreativer Möglichkeiten zu nutzen. Künstler wissen, daß die Notwendigkeit uns zwingt, mit den Materialien zu improvisieren, die gerade zur Hand sind, und eben dadurch eine Ressourcenfülle und einen Einfallsreichtum heraufbeschwört, die sonst nicht möglich wären. Eine Beschränkung in einer Richtung kann totale Freiheit in anderen Richtungen bedingen. Die Beschränkungen einer menschlichen Hand, wie weit sie greifen kann, wie schnell sie sich bewegen kann, bilden eine Struktur, die allem, was wir mit der Hand tun, vom Spielen einer Geige bis zum Tippen auf einer Computertastatur, eine gewisse Disziplin auferlegt. Die Begrenzungen eines Stückes Papier sind Beschränkungen, ohne die keine Kunst möglich wäre. Begrenzungen bieten uns etwas, mit dem und gegen das wir arbeiten können. Sie werden keinen

„Die Gewinner von morgen werden proaktiv mit dem Chaos umgehen, sie werden das Chaos an sich als Quelle des Marktvorteils sehen, und nicht als Problem, das es zu umgehen gilt."
TOM PETERS

Künstler finden, der seine ganze Aufmerksamkeit auf die Kanten des Papiers legt, der stöhnt und darüber klagt, daß es nicht möglich sei, über die Kanten hinwegzumalen. Statt dessen sehen Künstler das leere Papier als etwas an, das darauf wartet, gefüllt zu werden.

Im Aikido gibt es ein ganz ähnliches Prinzip, das für das Steigern der Fähigkeit zur Wahrnehmung des Ganzen außerordentlich wichtig ist. Im Aikido werden Sie aufgefordert, darauf zu achten, wo Sie frei sind und wo Sie festsitzen oder festgehalten werden. Das klingt simpel, aber wenn wir uns in Beziehung zu anderen setzen oder arbeiten, konzentrieren wir uns, weil wir es so gelernt haben, auf die Kanten des Papiers, nämlich darauf, wer das größte Blatt hat, und darauf, das größere Blatt haben zu wollen.

Die folgende Übung gibt Ihnen reichlich Gelegenheit, zu üben, über sich selbst als Ganzes nachzudenken – wo Sie frei sind und wo sie sich beschränken –, und anschließend über Ihre Beziehung zu anderen als Ganzes.

ÜBUNG ZWANZIG: PAAR

Darauf achten, wo man frei ist

Standortbestimmung: Denken Sie an eine Arbeitssituation, in der Sie Ihr Bestes geben, um einen Vorschlag zu machen, ein neues Programm auf die Beine zu stellen oder jemand anderem zu helfen, und in der Sie sich, trotz Ihrer besten Absichten und Bemühungen, nicht nur ineffektiv, sondern regelrecht angegriffen fühlen. Halten Sie die Einzelheiten fest, damit Sie später darauf zurückkommen können.

Da Sie es verdienen, sicher und angenehm zu üben und zu lernen, bestimmt Person A in dieser Übung das Tempo.

A streckt B die nach oben gewandte Handfläche der rechten Hand entgegen. Person B ergreift diese mit ihrer rechten, nach unten gewandten Handfläche und beginnt langsam, die Finger von A einzurollen, bis alle Lockerheit aus der Hand gewichen ist und A eine Pause einlegen möchte.

Sobald A weitermachen möchte, beginnt B langsam, die Finger von A noch weiter einzurollen. A wird bemerken, daß selbst ein starker Versuch, dem Druck zu widerstehen, schließlich zu schmerzvollem Widerstand und/oder Zusammenbruch führt.

A und B machen eine Pause, treten zurück und reflektieren, was auf sie eben den stärksten Eindruck machte und was für ein Gefühl sie bei dieser Art von „Beziehung" hatten.

Wenn beide dazu bereit sind, die Übung fortzusetzen, zentriert sich A (siehe Kapitel 2) und nimmt wie zuvor die Anfangsstellung ein.

Auf ein Signal von A hin rollt B wieder die Finger von A ein. Gleichzeitig erweitert A seine Peripherie und achtet darauf, wo er Bewegungsfreiheit hat. Beispiel: Die Finger von A und die Hand von A mögen zwar in ihren Bewegungsmöglichkeiten beschränkt sein, aber viele andere Körperteile wie Beine, Ellbogen und Füße können sich frei bewegen.

Mit dieser erweiterten Aufmerksamkeit kann A darauf achten, wie es sich anfühlt, den nach unten gerichteten Druck der Hand von B zu integrieren, indem A die Bewegung mit seinem Ellbogen lenkt und gleichzeitig nach unten geht.

Nach Lösen des Abwärtsdruckes „fühlt" A einen Weg, auf dem Bewegung ohne Kollision mit B möglich ist, auf dem sich beide in die gleiche Richtung nach außen und vorn bewegen können, ohne einander zu behindern.

Standortvergleich: Denken Sie wieder an die Situation bei der Arbeit, bei der Ihre besten Bemühungen zu ineffektiven und schmerzhaften Ergebnissen führen. Gegen welche Energie oder Bewegung kämpfen Sie an? Achten Sie darauf, wo Sie frei sind, bewegen Sie sich in die gleiche Richtung wie die Energie, um etwas Druck abzubauen, lernen Sie mehr über die Bedürfnisse des anderen und lenken Sie dann diese Energie in eine ganz neue Richtung, nämlich in die, in der Ihre beiden Energien vereint sind.

Sich einer Energie entgegenzustellen ist nutzlos. Ein System ist effizienter, wenn alle Energie in einer Richtung gebündelt wirkt. Wie haben Sie in dieser Situation, selbst mit Ihren besten Bemühungen, zu dem Gegeneinander beigetragen? Was könnten Sie tun, um vom „Rechthaben" zum „Effektivsein" zu kommen?

INTEGRATIONSFRAGEN

1. Was half Ihnen als A, das System als Ganzes wahrzunehmen – Ihr Unwohlsein, die Energie und die Richtung von B, die Stellen, an denen Ihr Körper nicht gefangen war, Richtungen, in die Sie sich bewegen konnten, wie Sie auf angenehme Weise mit B verbunden bleiben konnten, anstatt in eine Kampf- oder Fluchtreaktion zu verfallen?

„Der Wassertropfen ist nur schwach, wenn er aus dem Ozean herausgenommen wird."
BAIRD T. SPAULDING

2. Was haben Sie als B empfunden, als die konzentrierte Energie, die Sie auf das Handgelenk von A richteten, plötzlich entwich und in eine neue Richtung ging?

Eine Kollektion von Intelligenzen oder eine kollektive Intelligenz?

Wir haben jetzt Wege kennengelernt, unsere Wahrnehmung der Muster zu erweitern, welche die unsichtbare Architektur des Ganzen bilden. Mit fortschreitender Erweiterung wird die konventionelle Auffassung der eigenen Identität, der beschränkten und isolierten Auffassung vom Ich aus den Angeln gehoben. Sie gehen über zu etwas, was man „kontextuelles Erkennen" nennen könnte – Sie erhalten einen Überblick über den Kontext, in dem sich unser Leben ereignet. Sie sehen nicht nur das Ganze, Sie werden es.

Probieren Sie dieses kleine reflektive Experiment, in dem Sie Ihren eigenen Kontext als Zeuge beobachten und darauf achten, wie Ihr Kontext Sie beeinflußt:

Bedenken Sie Ihr genetisches Erbe, sowohl persönlich gesehen als auch als Mitglied einer Art. Reflektieren Sie die Tatsache, daß Ihre Existenz der Höhepunkt, die Summe von Millionen von Jahren der Vorbereitung ist. Tief im Innern Ihres Körpers wohnt eine beständige und verläßliche Quelle der Ermutigung, herrührend von den Ahnen, deren Leidenschaften Sie ins Leben riefen und die wollten, daß sich das Leben weiterentwickelt. Ihre persönliche Existenz ist der Höhepunkt von Millionen von Jahren der Vorbereitung. Wenn alle die Lebensformen, die hinter Ihnen stehen, sprechen könnten, würden sie der Hoffnung Ausdruck verleihen, daß Ihr Leben zu etwas Wundervollem beigetragen hat. Das ganze Leben unterstützt, was Sie erstreben und strebt Ihrem Erfolg zu. Dies ist die Affirmation, die jedem positiven Schritt innewohnt, den Sie machen. Und das, was uralt ist, wird in Ihnen neugeboren.

„Die ganze Welt lebt in sicherem Schutz. Fische in den Wellen, Vögel umgibt der Himmel. Der Elefant, die Ameise, die wartende Schlange, der Boden, das Wasser, der Funke – alle existieren und werden von diesem großen Göttlichen gehalten. Nichts ist auch nur für einen Augenblick jemals allein."
RUMI

Aber wie nimmt man das Ganze eines Kontextes wahr, der so komplex ist wie z.B. die Gemeinschaft in einem modernen Unternehmen? „Mehr als hundert verschiedene Kulturen und ethnische Gruppen sind in einer einzigen Organisation vertreten", kam dem Leiter der Personalabteilung eines Unternehmens mit über 8000 Beschäftigten zu Bewußtsein.

Unternehmensberaterin und Autorin Judy Sorum Brown beschreibt, welchen Herausforderungen sich das Denken in Zusammenhängen inmitten solcher Vielfalt gegenübersieht: „Wenn einer von uns ausgelassen wird, nicht mit uns am Tisch sitzt, das müssen wir ganz klar sehen, geht auch ein Teil von jedem von uns verloren. Wird der Sklave zum Opfer gemacht, so wird auch sein Herr zum Opfer. Wenn die Stimme der Frauen ausgelöscht wird, so wird auch die winzige Stimme in den Männern ausgelöscht, die es ebenfalls danach verlangt, zu Wort zu kommen und einzutreten für eine Zeit der Fürsorge, für einen größeren Sinn für Verbundenheit und für die Einheit mit ihren Kindern und einer größeren Familie. Wenn der Mann im Rollstuhl unsichtbar ist, laufen wir alle Gefahr, unsichtbar zu werden. Wenn die afrikanische Vision oder die Vision der Indianer niemanden findet, der für sie eintritt, geht auch jedem von uns der Teil unserer persönlichen Vision verloren, der dem gleichen Ort auf der Erde entsprang. Der in einem Mangel von Vielfalt repräsentierte Verlust ist nicht nur ein Verlust für das kollektive Wohlbefinden. Es ist ein sehr tiefer und persönlicher Verlust von uns selbst und in uns selbst."

„Der Sitz einer Seele liegt nicht innerhalb eines Menschen oder außerhalb eines Menschen, sondern genau dort, wo sich Innen und Außen überlappen und mit der Welt treffen."
GERARD DE NERVAL

Wie also machen wir es möglich, daß verschiedene mentale Modelle koexistieren und in nicht-konkurrierender Weise untersucht werden? Wie können wir zu realistischen Visionären werden, die die Fähigkeit besitzen, die Begabungen, die Intelligenz und Kreativität zu erkennen, die unterschiedliche Mitglieder der Organisation in ihre Arbeit einbringen? Wie bauen wir auf dieser Vielfalt auf, um zu größerem

Engagement und größerer Leistung zu inspirieren? Wie koordinieren wir beständiges Bemühen um Verbesserung bei systemischen Anliegen, bei denen Order von oben nie funktionieren werden?

Die beiden Wörter „Community" (Gemeinschaft) und „kommunizieren" wurzeln in der gleichen Bedeutung: verbunden sein. Bei unserer Suche nach Möglichkeiten zur Steigerung unserer Effektivität beim Zusammenarbeiten stellen wir unweigerlich fest, wie sehr wir beschränkt sind durch die starren, gewohnheitsmäßigen Verfahren, mit denen wir miteinander kommunizieren müssen. Gibt es eine Form, die uns helfen kann, zusammenzukommen? Gibt es einen Weg, wie wir das tun können, was Leonard Bernstein über das Musikmachen sagte: „Das Unnennbare nennen und das Unwißbare kommunizieren?"

In einem Artikel in der *Harvard Business Review* mit dem Titel „Das Wissen schaffende Unternehmen" beschrieb Ikujiro Nonaka, wie wichtig Kommunikation für Teams in der im Entstehen begriffenen Gemeinschaft der Lernenden Organisationen ist: „Teams bieten einen gemeinsamen Kontext, in dem einzelne miteinander interagieren und den dauerhaften Dialog führen können, von dem effektives Reflektieren abhängt. Teammitglieder führen ihre Informationen in einem Pool zusammen und beleuchten diese von verschiedenen Seiten. Schließlich integrieren sie ihre unterschiedlichen Einzelperspektiven zu einer neuen kollektiven Perspektive."

„Hinter jeder Hilflosigkeit gibt es ein tiefes Sehnen."
PETER SENGE

Organisationen wie General Electric, EDS und Polaroid, um nur wenige zu nennen, werden von Teams von Managern geleitet und nicht von einem „großen einzelnen". Charles Keifer von Innovative Associates sagt über diese Teams: „Kollektive Führung ist von individueller Führung so verschieden wie kollektives Lernen von individuellem Lernen. Teamleadership zu meistern bedeutet, eine komplexere Tagesordnung zu meistern. Dazu muß Einigkeit über gemeinsame

Visionen herrschen, die Fähigkeit, die gegenwärtige Realität zu diskutieren, Klarheit über die einzelnen Rollen und Methoden für den Erwerb und die Bewertung kollektiven Wissens. Wesentlich ist die Fähigkeit zum offenen und wahrhaftigen Dialog."

Chris Thorsen, Managementberater an der Westküste der USA, der leitende Manager mit Methoden aus dem Aikido und aus dem Dialog* coacht, beschreibt, warum diese Fähigkeit, anders zu kommunizieren, für Managementteams so entscheidend ist: „Die Mitglieder in solchen Teams sehen sich früher oder später unweigerlich vor die Notwendigkeit gestellt, mehr von der Wahrheit preiszugeben, als normalerweise angenehm ist. Ihre zugrundeliegende Angst (aus der Perspektive des Aikido) ist in Wirklichkeit ein Vorläufer von Kraft. Wenn es ihnen gelingt, die festsitzende Energie durch Zentrieren, Öffnen und Mitfließen mit der Veränderung zu befreien, dann können die Teammitglieder unter sicheren Bedingungen die lebenswichtigen Informationen miteinander teilen, die zu oft aus Angst vor Mißverständnissen oder Repressalien nicht mitgeteilt werden. Sie lernen, wie sie ungefährdet die Wahrheit aufdecken und ihre Kräfte freisetzen können."

* *Dialog:* Kommunikations-Modell, das der Physiker David Bohm für Lernende Organisationen entwickelt hat. Es ist u.a. ein Konferenzmodell, bei dem jeder zu Wort kommen muß und wo jede Meinung zum Ganzen beiträgt. Das Regelsystem wird „Dialog" (von dia=durch) genannt. A. d. Ü.

Der entscheidende Fehler, den die meisten Teams machen, scheint die Annahme zu sein, daß eine Struktur, die auf Kommando und Kontrolle baut, sich auch nur durch Kommando und Kontrolle in eine potentere und umfassendere Struktur verwandeln ließe. Statt dessen braucht eine solche Struktur ein stimmiges Methodenkonzept, um eine selbstorganisierende Evolution anzuregen. Das bedeutet, daß wichtige Leute aus dem ganzen System zusammengebracht werden müssen, um einen Beziehungskontext für die gemeinsame Kultur zu schaffen, in dem Kommunikation stattfinden kann.

Wenn Menschen erkennen, daß ihre Stimme gehört wird, daß ihre Meinungen respektiert und ihre Beiträge wertgeschätzt werden, dann nimmt ihre Beteiligung und die Anteilirimi = *in eine Situation hineingehen, das Leben umarmen, tieferen Kontakt entwickeln, voll und ganz am Leben teilnehmen*

nahme zu. Was die meisten Menschen zuhören nennen ist allerdings, nach Judy Brown, gewöhnlich nur zuhören, um zu prüfen, ob man recht hat oder ob das, was der andere sagt, den eigenen Überzeugungen entspricht, um dann die eigene Position zu verteidigen oder zu behaupten. Zusätzlich zur vertrauten Abfolge des Datensammelns und analytischen Problemlösens ist ein ständiger Prozeß der Erforschung, der Befreiung und des integrativen Dialogs zwischen Menschen in den vielfältigsten Konfigurationen nötig.

Dazu müssen wir lernen, uns auf wesentlich tieferen Ebenen aufeinander einzulassen. Sowohl Dialog als auch Aikido sind Künste der offenen Neugier, die dieses Ziel unterstützen. Dialog ist ein kollektives Fragen und Forschen, das Schlüsselfragen entdeckt, unterschiedliche Standpunkte ermutigt, Annahmen aufdeckt und auf die Probe stellt, erforscht, wo das Bekannte das Unbekannte trifft und den entstehenden Strom der Bedeutung erspürt. Der Physiker David Bohm ist ein bedeutender moderner Vertreter dieser uralten Form. Dialog ist nicht das gleiche wie Diskussion, die auf Abschluß und Entscheidung aus ist. Da Dialog mehr auf Einsicht als auf Wissen beruht, erkennt und klärt er das zerklüftete Denken in und zwischen uns. Dadurch eröffnet uns der Dialog die Möglichkeit, zu lernen, wahrhaft vom „Ich“ aus zu sprechen und auf das „Wir“ zu hören, um respektvolle Zeugen des individuellen und kollektiven Prozesses des Lernens zu werden.

Die folgende Übung gibt Ihnen Gelegenheit, das zu üben, was im Aikido *rei* genannt wird, das sowohl Respekt als auch Dankbarkeit bedeutet – Respekt für ein Gewahrsein des Prozesses, auf den eine Gruppe angewiesen ist, um effektiv zu lernen, und Respekt für eine Effektivität, auf die eine Gemeinschaft angewiesen ist, um produktiv zu funktionieren und Ziele zu erreichen. Und Dankbarkeit? Dankbarkeit für die Reichhaltigkeit, mit der uns die Vielfalt beschenkt, und für den 360-Grad-Blickwinkel, der Kooperation zu einem Kunstwerk machen kann.

ÜBUNG EINUNDZWANZIG: GRUPPE

Wurfjonglage

(nach Linda Booth)

Vorbereitungen

Eine Gruppe von 8 bis 12 Teilnehmern in einem Raum ohne Möbel oder andere Hindernisse, groß genug, daß die Teilnehmer Schulter an Schulter stehen können. An Materialien benötigen Sie nur drei Jonglier- oder Kooshbälle sowie eine Stoppuhr.

- Die Gruppe stellt sich in einem Kreis auf, einer übernimmt die Rolle des Initiators. Der Initiator führt einen der Bälle ein, indem er den Gegenstand einem Teilnehmer gegenüber zuwirft.
- Derjenige, der den ersten Ball fängt, wirft ihn jemand anderem auf der anderen Seite des Kreises zu, der seinerseits nach dem Fangen den Ball weiterwirft, und so weiter, bis jedes Gruppenmitglied den Ball gefangen und geworfen hat. Der Ball geht danach zu dem Initiator zurück.
- Wiederholen Sie die Fang- und Wurfreihenfolge, wobei sich jeder Teilnehmer daran erinnert, wem er den Ball zugeworfen hatte.
- Nachdem die Anfangsreihenfolge mit einem Gegenstand geübt wurde, gibt der Initiator den zweiten und dann den dritten Ball dazu, so daß nun drei Objekte gleichzeitig in der festgelegten Reihenfolge geworfen werden.

- Fordern Sie die Gruppe auf, die zum Austausch aller drei Bälle benötigte Zeit zu verringern. Bei den Versuchen der Gruppe, die Zeit für die Erledigung der Aufgabe zu reduzieren, müssen zwei Konstanten berücksichtigt werden: 1) Jeder im Kreis muß jeden Ball einmal berühren, und 2) die Bälle müssen in der gleichen Reihenfolge berührt werden. *Anmerkung:* Wenn Teilnehmer diese Übung schon kennen, können sie still teilnehmen und den anderen beim Verbessern ihrer Strategien zusehen.

- Die Gruppe gibt eine Schätzung ab für die Minimalzeit, die ihrer Meinung nach machbar ist, und ernennt einen Zeitnehmer mit einer Stoppuhr, der den Versuch mißt. Das Werfen beginnt auf ein „Los!" des Initiators hin erneut. Sobald alle drei Bälle zum Initiator zurückgekehrt sind, gibt er das Signal zum Beenden der Übung.

Die erste Übungsrunde dauert typischerweise zwischen 20 und 40 Sekunden. Während der Übung kann ein Teilnehmer aus dem Kreis heraustreten und den Prozeß kommentieren: „Was passierte, als jemand eine neue Idee zur Zeitreduzierung äußerte? Welche Verhaltensmuster haben Sie beobachtet? Welche bei der Problemlösung hilfreiche Annahmen traten zutage?" usw. Die Gruppe kann diese Fragen nach Beenden der Übung gemeinsam diskutieren.

INTEGRATIONSFRAGEN

1. Wie haben Sie die Verbesserungsstrategie „erhöhter Anstrengung" eingesetzt? Wie viel an Verbesserung brachte diese Strategie? Welche Anzeichen gab es dafür, daß diese Strategie der Aufgabe nicht gewachsen war, und welche Anzeichen für die Begrenzung oder Beschränkung in dem anfänglichen Erfolgsmuster? Vielleicht ist die Gruppe auf die Idee gekommen, sich enger zusammenzustellen, um den Ball schneller werfen zu können, was zwar anfangs zu einer gewissen Verbesserung, schließ-

lich aber zu mehr Fehlern, fallengelassenen Bällen und Verzögerungen geführt haben mag. Welche Folgerungen können Sie für eine Arbeitssituation ziehen?

2. Welche Arten von blindem Fleck, Streßmomenten und Begrenzungen traten in der Gruppe als Ergebnis des anfänglichen Erfolges auf? Inwiefern läßt ein erfolgreiches Handlungsmuster bei Ihrer Arbeit Ihr Denken stillstehen oder macht Sie blind für neue Möglichkeiten?
3. Inwiefern färbte die Anfangsdarstellung der Aufgabe auf den kreativen Denkprozeß der Gruppe ab? Denken Sie an eine Situation bei der Arbeit, bei der die Anfangsbewertung oder -darstellung eines Problems das Unternehmen oder die Abteilung auf eine aussichtslose Fährte setzte, bevor schließlich doch eine Lösung gefunden wurde.

Business-Anekdote

Eine Gruppe von leitenden Angestellten eines großen Gesundheitsfürsorgesystems machte Übung 21, die Wurfjonglage, um ihr Bewußtsein dafür zu schulen, wie sie innerhalb all der komplexen Bezüge ihres Systems arbeiten konnten. Die Angestellten kamen in acht Gruppen mit jeweils etwa fünfzehn Teilnehmern. Obwohl die beiden Beschränkungen explizit ausgesprochen und aufgeschrieben wurden, verbrachte eine Gruppe den größten Teil ihrer Zeit damit, den Ball wie eingangs gezeigt zu werfen. Sie konnten ihre Zeit wesentlich verbessern und hatten viel Spaß, organisierten aber zu keinem Zeitpunkt ihre Struktur neu, um, wie die anderen Gruppen, den auferlegten Beschränkungen besser gerecht zu werden. Die Teilnehmer dieser Gruppe gaben zu, daß dies auch für ihr Zusammenspiel bei der Arbeit zutraf – im Dienst erlebten sie tollen Teamgeist und viel Freude, aber nicht auffällig viel Innovation oder Neudurchdenken ihrer Arbeitsabläufe.

„Bezweifle niemals, daß eine kleine Gruppe denkender, engagierter Bürger die Welt verändern kann. Tatsächlich ist es nie anders gewesen."
MARGARET MEAD

Eine andere Gruppe verstand sofort, daß ihre Struktur geändert werden konnte. Anfangs versuchten die Teilnehmer die Aufgabe so zu lösen, wie es ihnen gezeigt worden war, und verbrachten dann ihre Zeit bis zur letzten Minute mit Planen und schlossen die Aufgabe in fünf Sekunden ab. Aber selbst mit dieser großartigen Zeit war die Gruppe immer noch etwas unzufrieden, nämlich mit ihren Strukturen. Den Teilnehmern fiel auf, daß einige wenige stimmstarke Mitglieder die ganze Planung fast allein machten. Dadurch wurden viele Ideen nicht berücksichtigt, und es gab wenig experimentelles Lernen. Einige Gruppenmitglieder meinten, sie fühlten sich nicht eingebunden in die kreative Schleife und gaben zu verstehen, daß sie ihre Energie der Gruppe entziehen würden, wenn das so weiterginge. Sie erkannten, daß es in ihrer Einheit einige wenige Superplaner und viele stille „Mitläufer" gab. Mit der Zeit führte diese Konfiguration zum Zurückhalten von Ressourcen und zur Abhängigkeit von einigen wenigen.

Bei dieser Übung entstand ein Bewußtsein dafür, daß Kurzzeiterfolge nur einen kleinen Teil der Gesamt-Lernkurve ausmachten. Es wurden Variablen definiert, die vor der Herausforderung nie zur Debatte gestanden hatten, wie etwa der Wunsch der Teilnehmer, auch in Zukunft weiter zu lernen und besser zu werden, der Nutzen aktiver Neugier in bezug auf die Strategieentwicklung und die Fähigkeit, in zwei oder drei Bewußtseinszuständen gleichzeitig präsent zu sein.

9 *Welche Kohärenz liegt jenseits der Fragmentierung?*

EIN ABSCHLUSS

Zu einer neuen Ökologie der Anteilnahme

„Wenn Sie ein Dichter sind, werden Sie deutlich sehen, daß in diesem Blatt Papier eine Wolke treibt. Ohne Wolke wird es kein Wasser geben; ohne Wasser können keine Bäume wachsen; und ohne Bäume kann man kein Papier herstellen. Also ist die Wolke hier drin. Lassen Sie uns an etwas anderes denken, zum Beispiel an den Sonnenschein. Sonnenschein ist sehr wichtig, weil der Wald nicht wachsen kann ohne Sonnenlicht, und wir als Menschen können ohne Sonnenlicht ebensowenig wachsen. Also braucht der Holzfäller Sonnenlicht, um den Baum zu fällen, und der Baum braucht Sonnenlicht, um ein Baum zu sein. Also können Sie in diesem Blatt Papier Sonnenlicht sehen. Und wenn Sie tiefer hinschauen … sehen Sie nicht nur die Wolke und den Sonnenschein darin, sondern, daß alles hier ist, der Weizen, der zum Brot wurde, das der Holzfäller aß, der Vater des Holzfällers – alles ist in diesem Blatt Papier. … Die Gegenwart dieses winzigen Stückchens Papier beweist die Gegenwart des ganzen Kosmos."

THICH NHAT HANH, Being Peace

„Unsere tiefste Angst ist nicht, daß wir einer Aufgabe nicht gewachsen sind. Unsere tiefste Angst ist, daß wir maßlos machtvoll sind. Es ist unser Licht, nicht unsere Dunkelheit, die uns am meisten ängstigt. Wir fragen uns selbst: Wer bin ich schon, daß ich brillant, über alle Maßen talentiert und fabelhaft wäre? Aber: Wer bist du, daß du es nicht sein solltest?"
NELSON MANDELA

Das Überleben unserer Spezies basiert auf einem wesentlichen Merkmal, das uns von anderen Arten unterscheidet – auf der Flexibilität. Wir können die verlorengegangene Integrität unserer Organisation wiederfinden, indem wir unsere Fähigkeit trainieren, unsere Vorannahmen und Vorurteile gehenzulassen, und indem wir unsere Fähigkeit erweitern, die Welt durch die Augen des anderen zu sehen. Das ist Flexibilität.

Wenn das Wissen selbstgerechter Antworten uns voneinander trennen kann, kann das Stellen der heiligen Fragen uns miteinander verbinden. In der Legende vom Heiligen Gral ist Parzival (manchmal auch Gawaine genannt) auf dem Weg, ein Ritter am Hofe König Artus' zu werden, als er sich plötzlich in der Mitte einer unfruchtbaren Wüste wiederfindet. Am Hofe angekommen, entdeckt er, daß der König verletzt ist und seine Fähigkeit zur Selbstheilung eingebüßt hat. Die Höflinge und Bewohner sind mit einem Zauberbann belegt und bewegen sich automatisch, roboterhaft und tun nichts, um die Wüste wieder fruchtbar zu machen.

Parzival hat keine Antworten, aber sein Kopf ist voller Fragen. Ihm wurde gesagt, er könne alle aufwecken, wenn er nur die richtigen Fragen stelle. Aber er erinnert sich der ständigen Ermahnung seiner Mutter, anderen Menschen nicht durch das Stellen von Fragen auf die Nerven zu gehen, und so verläßt er Schloß und Wüste. Nach viel Schmerz und Kampf kehrt er zurück. Diesmal überwindet er seine Zurückhaltung und fragt: „Woran leidest du?" und: „In wessen Diensten stehst du?" Der Bann ist gebrochen, und alles erwacht wieder zum Leben.

Was würde in Ihrem Unternehmen passieren, wenn Sie eine aktuelle Version von Parzivals Frage stellen und mit Ihrem Herzen zuhören würden? Wenn Sie verschiedene Mitarbeiter fragen würden: „Was ist deiner Ansicht nach die größte Gefahr, der wir uns gegenübersehen? Meinst du, daß es etwas gibt, das jemand wie du dazu tun kann? Was gibt dir Hoffnung?"

Auf diese Weise Gehör zu finden ist ein Geschenk. Unsere Geschichten zu erzählen, eine Notwendigkeit. Den Geschichten anderer zuzuhören, eine Quelle der kollektiven Weisheit der Gemeinschaft. Gandhi hat immer wieder die „Kraft der Wahrheit" beschrieben, die über enorme Macht zur Vereinigung von Menschen verfügt. Um ein System zu verstehen, muß man seine verletzlichen Stellen kennen. Wahrheit existiert nicht in uns oder gar nur außerhalb von uns. Wahrheit gibt es auch zwischen uns. Wenn wir einander die Wahrheit über das sagen, was wir fühlen und sehen und wissen und was geschieht, wird eine immense Lebendigkeit freigesetzt – wir erwachen. Was, wenn wir dieses Erwachen als Entwicklung sehen würden – ein Erwachen, um unseren wahren Wohlstand zu entdecken und unser Potential als einzelne und als Gesellschaft? Was, wenn wir erwachen würden, um unsere wahren Bedürfnissen nach Verbindung, unsere Fähigkeit zur Zusammenarbeit und unser Entwicklungspotential zu entdecken? Was, wenn wir erwachen würden, um zu entdecken, daß wir unsere Verbindungen gar nicht erst erfinden müssen? Es gibt sie bereits in der „verborgenen Ganzheit". Was, wenn wir erwachten, um zu entdecken, daß wir zueinander gehören?

„Im Leben geht es nicht um Kontrolle, sondern um dynamische wechselseitige Verbundenheit. Ich möchte dieses Wissen in Handlung umsetzen. … Ich möchte meine Sorge um das Universum aufgeben und ein Mitglied werden, das an jedem Mitarbeiter Anteil nimmt, in einer Organisation, die harmonisch mit ihrer Umwelt Schritt hält und dem in Entfaltung begriffenen Tanz der Ordnung vertraut."
ERIC JANTSCH

E MALAMA I KO OLA KINO – RESPEKTIERE DEINEN KÖRPER

Hawaiianisches Sprichwort

ANHANG

Die Fünf Disziplinen einer Lernenden Organisation

Mentale Modelle

Stellen Sie sich vor, Sie setzen für einen langen Tag am Strand eine Sonnenbrille auf. Als Sie nach Hause kommen, sind Sie so müde, daß Sie vergessen, die Sonnenbrille abzusetzen. Mit der Brille auf der Nase schlafen Sie ein. Als Sie am nächsten Morgen aufwachen, merken Sie nicht, daß Sie die Brille noch tragen. Die Brille ist nicht zu spüren, und die getönte Welt beginnt ganz normal auszusehen. Stunden, Tage, Wochen vergehen. Niemand erwähnt Ihnen gegenüber, daß Sie eine Sonnenbrille tragen, weil alle meinen, Sie haben sicher einen guten Grund dafür, Ihre Augen zu schützen. Eines Tages, zwanzig Jahre später, geschieht etwas, das Ihnen allmählich „die Augen öffnet". Vielleicht fragt Sie ein Kind, warum Sie die ganze Zeit mit einer Sonnenbrille herumlaufen, oder Sie werden krank, und im Krankenhaus müssen Sie all ihre irdischen Habseligkeiten an der Rezeption abgeben. Man nimmt Ihnen die Brille ab, und nun sind Sie ohne Ihre gewohnten Filter geblendet. Sie schließen Ihre Augen und lassen sie die ganze Zeit geschlossen, bis es Zeit für die Entlassung ist und man Ihnen Ihre Brille zurückgibt. Obwohl Sie auf Ihre Sonnenbrille nicht verzichten wollen, wächst Ihre Neugier, wie die Welt wohl ohne aussehen würde. Sie gehen in einen Laden und kaufen sich elastische Bänder, die man über die Ohren streift, um die Brille von Zeit zu Zeit, für einen Augenblick oder zwei, absetzen zu können, um wahrnehmen zu können, wie ungefiltertes Bewußtsein aussieht. Jetzt haben Sie eine Wahlmöglichkeit, derer Sie sich vorher nicht bewußt waren.

Dies beschreibt die Disziplin der „Mentalen Modelle", Sie brauchen für Sonnenbrille nur das Wort Glaubenssystem einzusetzen. Hier untersuchen wir die tief verankerten Annahmen, die wir darüber machen, wie und was die Welt ist. Wir erkennen, wie diese Annahmen unsere Handlungen und

Entscheidungen formen. Die Gummibänder repräsentieren die neue Art von Unterhaltung, die wir lernen zu führen, um Neugier und Verharren auszubalancieren. Auf diese Weise können wir unsere Sicht der Welt reflektieren und verbessern.

So wie Autos von Benzin angetrieben werden, wird unser Geist durch Ideen angetrieben. Wenn wir aus unseren mentalen Konstruktionen treten und dabei unser eigenes Denken beobachten, vergrößern wir unseren Treibstoffvorrat. Anstatt Möglichkeiten in eine einzige richtige Antwort zu sperren, erweitern wir unser Denken durch das Erzeugen einer Vielzahl von Möglichkeiten.

Personal Mastery – Selbstkompetenz

Dies ist die Disziplin kontinuierlicher Klärung und Vertiefung unserer persönlichen Ziele und unserer Fähigkeit, das zu erreichen, was wir uns am meisten wünschen. Dabei erhöhen wir gleichzeitig unser Bewußtsein für die gegenwärtige Realität unserer Lage; wir lernen, wie unsere Handlungen in der Welt um uns herum Wirkung entfalten.

Im Geschäftsleben wird stark betont, wie wichtig es ist, daß man das Bild einer positiven Zukunft vor Augen hat. Wenig Aufmerksamkeit wird jedoch darauf verwandt, die gegenwärtige Realität klar und deutlich zu sehen und diese Wahrheit ehrlich auszusprechen. Moshe Feldenkrais meinte: „Wenn man wirklich weiß, was man tut und wie man es tut, kann man alles lernen, was man will." Wenn man entdeckt, wie man in einer bestimmten Situation bei sich selbst eine reaktive Kampf-oder-Flucht-Reaktion auslöst – beispielsweise durch die Art zu sprechen, die Augen zu fokussieren oder die Muskeln anzuspannen –, fällt es verhältnismäßig leicht, das Gegenteil dessen zu tun.

Teamlernen

Historisch gesehen ist Lernen eine Angelegenheit einzelner, aber die Komplexität der Gegenwart verlangt danach, daß wir unsere Fähigkeit beschleunigen, bei der Arbeit zu lernen und Synergie zu erzeugen. In den ersten Jahren dieses Jahrzehnts haben wir auf Quality-Improvement-Teams gesetzt, aber die Auswertung hat ergeben, daß diese Teams mehr versprochen als gehalten haben.

Beim Sport und bei den darstellenden Künsten, zwei Gebieten, auf denen Teams verläßlich und kooperativ lernen, pendeln die Spieler (Künstler) regelmäßig zwischen Übungsbetrieb (Proben) und dem „wirklichen" Spiel (Aufführung) hin und her. Aber diese Fähigkeit zu gemeinsamem Lernen kennt zur Zeit keinen Transfer in die Geschäftsarena.

Die Disziplin des Teamlernens ermöglicht die Entwicklung von kollektiver Intelligenz über das Vermögen des einzelnen hinaus. In der Praxis geht es in dieser Disziplin um das Bündeln und Entwickeln der Fähigkeit eines Teams, das zu erreichen, was die Mitglieder des Teams sich wirklich wünschen. Das sind unter anderem Fertigkeiten des Umgangs und des Arbeitens miteinander, mit denen wir sicherstellen möchten, daß die Leistungsfähigkeit von Gruppen auf zuverlässige Weise die Summe der Talente ihrer einzelnen Mitglieder übersteigt.

Vor kurzem stellte Rosabeth Moss Kanter in einer in der *Harvard Business Review* veröffentlichten Studie fest, daß einem Unternehmen das wohlentwickelte Vermögen, fruchtbare Zusammenarbeit aufzubauen und aufrechtzuerhalten, in der neuen Wirtschaft einen Wettbewerbsvorteil verschafft. Aber gerade unsere unbewußte Inkompetenz beim Denken in Beziehungen offenbart sich am Arbeitsplatz wie daheim. Die Forscher haben die Beobachtung gemacht, daß „nordamerikanische Unternehmen mehr als alle anderen Unternehmen auf der Welt Beziehungen mit einem engen, opportunistischen Fokus betrachten, diese ausschließlich in finanziellen Begriffen bewerten und häufig die politischen, kulturellen, organisatorischen und menschlichen Aspekte von Partnerschaft außer acht lassen. Sie sind dagegen äußerst versiert darin, Beziehungen auszubeuten." Ein guter Partner zu sein ist ein Schlüssel-Aktivposten jedes Unternehmens geworden; ein Aktivposten, den es weiterzuentwickeln gilt.

Gemeinsame Vision

Die Disziplin der gemeinsamen Vision schafft Sinn für Engagement in einer Gruppe, indem sie sowohl Kernbilder der von den Gruppenmitgliedern angestrebten Zukunft entwickelt als auch die Prinzipien und Richtlinien, mit denen die Gruppenmitglieder diese Zukunft zu erreichen hoffen. Man kann nicht zusammenarbeiten und -leben mit Hilfe von Bildern und Metaphern, die kriegsähnlich sind, bei denen es ums Gewinnen und Verlieren geht oder um Maschinen und Schlachtfelder.

Unser Geist schafft Bedeutung durch Symbol, Metapher und Analogie. Diese helfen uns, das Ganze der Dinge zu bedenken. Sie helfen Menschen, Verbindungen herzustellen, indem sie es ihnen ermöglichen, etwas Seltsames und Unbekanntes zu ihrer eigenen Erfahrung in Beziehung zu setzen. Sie helfen, in scheinbarem Chaos Muster aufzudecken. Eine kalifornische Unternehmensberatungsfirma mit dem Schwerpunkt Teambildung stellte fest, daß sich unter ihren eigenen Beschäftigten zwei Lager gebildet hatten. Zwei Stunden bewußten Zuhörens durch einen Außenstehenden brachten ans Licht, daß das Management bei jedem Treffen dauernd Fußballmetaphern gebrauchte und implizit ein Team gegen das andere aufhetzte. Als wir ein Treffen mit Metaphern ausschließlich aus dem Bereich des Segelns anregten – beispielweise: „Wir sitzen alle im selben Boot", „Wer bestimmt den Kurs?", „Wie segeln wir durch eine derart steife Brise ohne zu kentern?" –, änderte sich das Betriebsklima von implizitem Konkurrenzdenken zu expliziter Kooperation. Wir müssen unsere innere Optik verändern, damit wir wieder Bilder sehen können, die in der Lage sind, unser Bewußtsein zu verändern.

Die Menge der uns Menschen bekannten Informationen verdoppelt sich alle fünf Jahre. Information ist wie ein Fluß: Selbst wenn man an exakt der gleichen Stelle wie gestern in den Fluß steigt, wird etwas völlig anderes an einem vorbeifließen. Wir müssen lernen, Probleme mit Hilfe eines sich kontinuierlich verändernden Informationsflusses anzugehen. Das ist aber noch nicht alles. Wir sehen uns einer Herausforderung gegenüber. Carolyn Lukensmeyer, Leiterin von America Speaks, erinnert uns daran, uns selbst zu fragen: „Was wird die Hinterlassenschaft unserer Generation sein? Wird man uns das Informationszeitalter nennen? Oder das Zeitalter des Bewußtseins?" Dies ist die Domäne gemeinsamer Visionen.

Denken in Systemen

Dies ist die Disziplin, die alle anderen Disziplinen integriert. Denken in Systemen ist eine Art zu denken, die darauf aus ist, die komplexen Situationen zugrundeliegenden Strukturen aufzufinden und uns in die Lage zu versetzen, die Wechselbeziehungen und die für dauerhafte Verbesserungen erforderlichen Handlungs- und Veränderungsmuster zu erkennen. Denken in Systemen vermittelt uns eine Sprache, mit der wir die Kräfte verstehen und beschreiben können, die das Verhalten von Systemen bestimmen. Wir entdecken also, wie wir in größerer Harmonie mit den umfassenderen Prozessen der natürlichen und ökonomischen Welt, in die wir eingebettet sind, handeln können.

Das Denken in Systemen hat seine Wurzeln in den zwanziger Jahren, im Werk der Gestaltpsychologie, der Kybernetik und in den Anfangsgründen ökologischen Denkens. Weiterentwickelt wurde es in den siebziger und achtziger Jahren, als das Wissen darüber zunahm, wie Leben in „sich selbst-organisierenden Systemen" organisiert ist. Der Begriff „sich selbst organisierende" Systeme geht zurück auf Margaret Wheatley, Autorin von *Leadership and the New Science*. Sie sagt: „Wir haben begonnen, die Welt grundsätzlich anders zu sehen – es hat ein Wandel in unserer wissenschaftlichen Weltsicht stattgefunden, weg von diskreten, meßbaren Objekten und hin zu einer Sicht miteinander verwobener Beziehungen."

Dieser Wandel stellt uns vor zahlreiche Probleme. Dick Cross, ehemals CEO der Halcyon Corp., heute Unternehmensberater und Ratgeber für andere Manager in vergleichbaren Positionen, beschreibt eines: „50 Prozent meiner Zeit habe ich damit zugebracht, einzelnen zu helfen, ihr Denken auf die Reihe zu bringen, Verständnis für kollektive Ziele zu entwickeln, zu verstehen, was andere Menschen motiviert, ihre eigene Rolle zu verstehen, wie sie von anderen wahrgenommen werden, wo sie helfen können und wo sie selbst Hilfe brauchen. Diese Zeit habe ich dafür genutzt, ihre Energie zu verstehen und in eine neue Richtung zu lenken. Heute besteht die Aufgabe eines CEO darin, jemand zu sein, mit dem man darüber reden kann, wie man mit Menschen umgeht. Der Rest des Jobs sind strategische und finanzielle Überlegungen. Das ist eine totale

Kehrtwendung im Denken, wie es vom amerikanischen Management seit 1950 gelernt wurde. Beziehungsangelegenheiten sind jetzt die große Unbekannte. Wir wissen inzwischen ziemlich genau, wie der technische Kram funktioniert – aber wir haben vergessen oder nie gewußt, wie man mit Menschen umgeht.

Die Energie anderer Menschen zu »lesen«, zu erspüren, umzuleiten oder in eine neue Richtung zu kanalisieren ist der größte Teil der Arbeit. Für einen CEO ist die Idee neu, mit anderen zusammenzuarbeiten, sich jemandem anzuvertrauen, anderen die Hand zu reichen, um Szenarien zu simulieren, darauf zu achten, wobei er das beste Gefühl hat, und Input anzufordern, der ihm hilft, sich darüber Gedanken zu machen. Fast jeder der in den letzten dreißig Jahren ausgebildeten Manager hat die falschen Dinge gelernt."

Literatur

Ackoff, Russell L. The Art Of Problem Solving. New York: John Wiley & Sons, Inc., 1978

Alon, Ruthy. Mindful Spontaneity. New York: Avery Publishing Group, 1991; dt. Leben ohne Rückenschmerzen (Bd. 1) *und* Besser leben ohne Rückenschmerzen (Bd. 2). Paderborn: Junfermann, 1996 bzw. 1995.

Argyris, Chris. Wissen in Aktion. Klett-Cotta, 1997

Argyris, Chris. Overcoming Organizational Defenses. New York: Allyn & Bacon, 1990.

Benson, Roger. „Cutting Edge: Mapping the Learning Landscape". Organizations and People, Heft 1, Volume 4.

Berman, Morris. Coming To Our Senses. New York: Bantam Books, 1990.

Bridges, William. Managing Transitions. New York: Addison-Wesley, 1991.

Brown, Judy S. The Choice: Seasons Of Loss and Renewal After A Father's Decision To Die. Berkeley, Cal.: 1995.

Chawla, Sarita & Kenesch, John. Learning Organizations. Portland: Productivity Press, Inc., 1995.

Collins, James C. Built To Last. New York: Harper Business, 1994.

Covey, Stephen R., Merrill, Roger & Merrill, Rebecca R. First Things First. New York: Simon & Schuster, 1994.

Crum, Thomas F. The Magic of Conflict. New York: Touchstone, Simon & Schuster, 1987.

Davidow, William & Marlone, Michael S. The Virtual Corporation. New York: Edward Burlingame Books, Harper Business, 1992.

Dobson, Terry & Miller, Victor. Aikido in Everyday Life. Berkeley, Cal.: North Atlantic Books, 1993.

Dobson, Terry & Moss, Rikki. Between Love, Trust and Surrender. Grand Isle, Vermont: Rikki Moss, 1994.

Dobson, Terry und Moss, Rikki. It's A Lot Like Dancing. California: Frog Ltd., 1993.

Dobson, Terry. When Push Comes to Shove. Selbstverlag, 1980.

Drucker, Peter F. Post-Capitalist Society. New York: Harper Business, 1993.

Eisler, Riane. The Chalice and The Blade. San Francisco: Harper, 1987.

Feldenkrais, Moshe. Awareness Through Movement. New York: Harper and Row, 1972; dt.: Bewußtheit durch Bewegung. Frankfurt: Suhrkamp, 1978

Fox, Matthew. The RE-Invention of Work. New York: Harper Collins, 1994.

Fritz, Robert. The Path of Least Resistance, Revised. New York: Ballantine Books, 1989.

Goldstein, Jeffery. The Unshackled Organization. Portland: Productivity Press, 1994.

Hanna, Thomas. Somatics. New York: Addison-Wesley, 1988.

Hawkin, Paul. Growing A Business. New York: Fireside, 1987.

Heckler, Richard Strozzi. The Anatomy Of Change. Boston: Shambala, 1984.

Homma, Gaka. Aikido For Life. Berkeley: North Atlantic Books, 1987.

Joiner, Brian L. Fourth Generation Management. New York: McGraw-Hill, 1994.

Kantor, Rosabeth M. „Collaborative Advantage". Harvard Business Review, July-August 1994.

Kelly, Kevin. Out Of Control. New York: Addison-Wesley, 1994.

Klickstein, Bruce. Living Aikido. Berkeley: North Atlantic Books, 1987.

Kofman, Fred & Senge, Peter. „Communities of Commitment: The Heart of the Learning Organization". American Management Association, 1993.

Lambert, Craig. „Leadership In A New Way". Harvard Magazine, March/April 1995.

Lelen, Kenneth. „Managing With Soul". Publisher's Weekly, 1. August, 1994.

Leonard, George. Mastery. New York: Penguin Books, 1991.

Markova, Dawna. The Art of the Possible, A Compassionate Approach to Understanding the Way People Think, Learn and Communicate. Berkeley: Conari Press; 1990, dt.: Die Entdeckung des Möglichen. Freiburg: VAK, 1993.

Markova, Dawna. How Your Child Is Smart: A Life Changing Approach to Learning. Berkeley: Conari Press, 1992; dt.: Wie Kinder lernen. Freiburg: VAK, 1996

Markova, Dawna. No Enemies Within: A Creative Process for Discovering What's Right About What's Wrong. Berkeley: Conari Press, 1994; dt.: Die Versöhnung mit dem inneren Feind. Heilung durch Annehmen und Integration. Paderborn: Junfermann, 1997.

Mc Gartland, Grace. Thunderbolt Thinking. Texas: Bernard-Davis Publishing, 1994.

Mindell, Arnold. The Leader As Martial Artist. San Francisco: Harper, 1992.

Murphy, Michael. The Future of the Body. New York: G.P. Putnam and Sons, 1992.

O'Reilly, Brian. „The New Deal: What Companies and Employees Owe One Another". Fortune Magazine, 13. June, 1994.

Pater, Robert. „Black Belt Moves to Management". Personnel Administrator, Nov. 1989.

Reed, William. Ki: A Road Anyone Can Walk. New York: Japan Publications, 1986.

Reed, William. Ki: A Practice Guide for Westeners. New York: Japan Publications, 1986.

Richards, Dick. Artful Work. San Francisco: Berrett-Koehler, 1995.

Schwartz, Peter. The Art of the Long View. New York: Currency/Doubleday, 1991.

Senge, Peter: The Fifth Discipline. New York: Doubleday, 1990; dt.: Die Fünfte Disziplin. Stuttgart: Klett-Cotta, 1996.

Senge, Peter. The Fifth Discipline Fieldbook. New York: Currency/Doubleday, 1994; dt.: Das Fieldbook zur Fünften Disziplin. Stuttgart: Klett-Cotta 1996.

Sherman, Stratford. „Leaders Learn to Heed the Voice Within". Fortune Magazine, 22. August, 1994.

Srivastra, Suresh & Copperrider, David and Associates. Appreciative Management and Leadership. San Francisco: Jossey-Bass, 1990.

Stevens, John. Aikido: The Way of Harmony. Boston: Shambala Publications, 1984.

Stevens, John. Abundant Peace. Boston: Shambala Publications, 1987.

Stevens, John. The Secret of Aikido. Boston: Shambala Publications, 1995.

Stewart, Thomas A. „Intellectual Capital". Fortune Magazine, 3. Oktober 1994.

Tohei, Koichi. Ki in Daily Life. Tokio: KI NO Kenkyuka H.Q., 1978.

Vaill, Peter. Managing as a Performing Art. San Francisco: Jossey-Bass, 1989.

Ventura, Michael. „The Art of Interruption". Networker, Januar/Februar 1995.

Watzlawick, Paul, & Weakland, John & Fisch, Richard. Change. New York: W.W. Norton, 1974; dt.: Lösungen. Bern: Huber, 1974.

Weisbord, Marvin R. & 35 internationale Ko-Autoren. Discovering Common Ground. San Francisco: Berrett-Koehler, 1992.

Westbrook, Adele & Ratte, Oscar. Aikido and the Dynamic Sphere. Ruthland: Charles E. Tuttle, 1987.

Wheatley, Margaret. Leadership and the New Science. San Francisco: Berrett-Koehler, 1995.

Wheatley, Margaret & Senge, Peter. „The Learning Organization: From Vision to Reality". The Systems Thinker. Vol. 4., Nr. 10, 1993.

Wilson, John. „Managing Change". Retreat, Ausgabe Nr. 5.

Andere Quellen

Alon, Ruthy. „The Grammar of Spontaneity". Feldenkrais Resources, Berkeley, 1990.

Bailyn, Lotte. „The Impact of Corporate Culture on Work-Family Integration". Vorlesung: Sloan School of Management, M.I.T., 16. November 1994.

Booth, Linda. The System Thinking Playbook. Wenn Sie mehr Informationen wünschen, nehmen Sie bitte Kontakt zur Autorin auf: 11 Sophia Drive, Uxbridge, MA 01569, USA.

Brown, Juanita & Bennett, Sherrin. „Strategic Dialogue, Strengthening Collaborative Learning, Insight and Innovation". Manuskript: The Learning Organization. New Leader's Press, 18. April 1994.

Brown, Judy S. „Empowerment: Being Of Two Minds About Leadership". Working Paper Series, 1992.

Thorsen, Chris & Moon, Richard. „Harmonious Leadership". An Interview: The Performance Edge.

Aikido-Dojos in den USA:

- Austin Ki Society, Kathey Ferland, 211 W. North Loop, Austin, TX 78757, Tel. 001-512-459-9249
- Bay Area Ki Society, Pietro Yuji Maida, 2525 Eighth Street #12, Berkeley, CA 94710, Tel. 001-510-848-3437
- Chicago Ki Society, John Eley, 1019 Diversey Parkway, Chicago, IL 60614, Tel. 001-312-721-9006
- Midland Ki Society, Vic Montgomery, P.O.B. 1033, Shawne Mission, KS 66222, Tel. 001-913-362-7314
- Maui Aikido Ki Society, Shinichi Suzuki, P.O. Box 724, Wailuku, Maui, HI 96796, Tel. 001-808-575-2367
- New Jersey Ki Society, Terrence Pierce, 529 Howard Street, Riverton, NJ 08077, Tel. 001-609-829-7323
- Northwest Ki Federation, Calvin Tabata, P.O. Box 2143, Lake Oswego, OR 97035, Tel. 001-503-684-0185
- Rocky Mountain Ki Society, Russell Jones, 2400 30th Street, Boulder, CO 80302, Tel. 001-303-442-0505
- Seattle Ki Society, Koichi Kashiwaya, 6106 Roosevelt Way N.E., Seattle, WA 98115, Tel. 001-206-527-2151
- Southern California Ki Socitey, Clarence Chinn, P.O. Box 3752, Gardena, CA 90247, Tel. 001-310-514-8834
- South Carolina Ki Society, Dr. David Shaner, Dept. of Philosophy, Furman University, Greenville, SC 29613, Tel. 001-803-269-4664
- Vermont Aikido, Ken Nisson, 274 North Winooski Avenue, Burlington, VT 05401, Tel. 001-802-862-9785

- Aikido of Montpelier, Sara Norton, 7 Court Street, Third Floor, Montpelier, VT 05602, Tel. 001-802-454-8550
- Virginia Ki Society, George Simcox, 5631 Cornish Way, Alexandria, VA 22310, Tel. 001-703-971-7928

Aikido in Deutschland – eine Adressenauswahl

- Aikido-Verband Baden-Württemberg e.V., Herr Erhard Altenbrandt, Steigstr. 4, D-89428 Syrgenstein, Tel. (09077) 6205
- Aikido-Verband Bayern e.V., Herr Wolfgang Schwatke, Ratoldstr. 30, D-80995 München, Tel. (089) 3148162
- Aikido-Verband Berlin e.V., Herr Roger Zieger, Schönwalder Allee 57, D-13587 Berlin, Tel. (030) 3752353
- Land Brandenburg: SV Blau-Weiß Perleberg e.V., Aikido-Abteilung, Herr Hartmut Voigt, Reetzer Str. 45, D-19348 Perleberg, Tel. (03876) 787816
- Land Bremen, TuS Huchting von 1904 e.V., Aikido-Abteilung, Herr Norbert Grywatsch, Neuer Damm 22, D-28259 Bremen, Tel. (0421) 584335
- Aikido-Verband Hamburg e.V., Herr Dr. Kai Kleeberg, Gluckstr. 72 b, D-22081 Hamburg, Tel. (040) 292224
- Aikido-Verband Hessen e.V., Herr Dr. Hans-Peter Vietze, Zillering 47, D-64546 Mörfelden-Walldorf, Tel. (06105) 23779
- Land Mecklenburg-Vorpommern, Aikido-Club Grevesmühlen e.V., Herr Michael Schramm, Dorfstr. 11, 23948 Groß Walmstorf, Tel. (0172) 3802836
- Aikido-Verband Niedersachsen e.V., Herr Günter Heese, Brunkelskamp 11, D-37154 Northeim, Tel. (05551) 53520
- Aikido-Verband Nordrhein-Westfalen e.V., Herr Horst Glowinski, Greifenberger Str. 7, D-44581 Castrop-Rauxel, Tel. (02305) 79606
- Aikido-Verband Rheinland-Pfalz e.V., Herr Ermano Olivan, Kurweg 47, D-67316 Carlsberg, Tel. (06356) 1835
- Aikido-Verband Sachsen e.V., Herr Wolfgang Jäckel, Am Wasserwerk 3, D-09573 Leubsdorf, Tel. (037291) 61207
- Aikido-Verband Sachsen-Anhalt e.V., Herr Andreas Pohl, Merseberger Weg 23, D-39128 Magdeburg, Tel. (0391) 306065
- Aikido-Verband Schleswig-Holstein e.V., Frau Christiane Zanter-Ziermann, Siegrunweg 35, D-22559 Hamburg, Tel. (040) 812416
- Aikido-Verband Thüringen e.V., Herr Frank Zimmermann, Am Südhang 2, D-07546 Gera, Tel. (0365) 35596

Eine wesentlich umfassendere Liste mit einzelnen Dojos erhalten Sie im Internet unter *http://www.aikido.de*

Aikido in Österrreich

- Österreichischer Aikidoverband, c/o Herr Christoph Stobich, Julius-Raab-Straße 9, A-4040 Linz

Personen- und Stichwortregister

Wenn Sie *Die lernende Intelligenz* nützlich fanden, werden Sie wahrscheinlich auch an Dr. Dawna Markovas anderen Büchern Gefallen finden:

No Enemies Within: A Creative Process for Discovering What's Right About What's Wrong; dt.: Die Versöhnung mit dem inneren Feind – Heilung durch Annehmen und Integration. Paderborn: Junfermann, 1997.

How Your Child Is Smart: A Life-Changing Approach to Learning; dt.: Wie Kinder lernen. Freiburg: VAK, 1996.

The Art of the Possible: A Compassionate Approach to Understanding the Way People Think, Learn and Communicate; dt.: Die Entdeckung des Möglichen. Freiburg: VAK, 1993.

Andy Bryner und Dr. Dawna Markova stehen Ihnen für Beratungen zur Verfügung.

Wenn Sie Kontakt mit Andy Bryner und Dawna Markova aufnehmen möchten, wenden Sie sich bitte schriftlich, telefonisch, per Fax oder E-Mail an Conari Press:

CONARI PRESS
2550 Ninth Street, Suite 101
Berkeley, CA 94710, USA

Tel.: 001-800-685-9595
Fax: 001-510-649-7190
E-Mail: conaripub@aol.com